·光明文丛系列·
光明文丛 Guangming Wencong series

# "双一流"背景下的高校人力资源管理

杨　静◎编著

光明日报出版社

图书在版编目（CIP）数据

"双一流"背景下的高校人力资源管理 / 杨静编著
. -- 北京：光明日报出版社，2023.4
ISBN 978-7-5194-7170-5

Ⅰ. ①双… Ⅱ. ①杨… Ⅲ. ①高等学校－人力资源管理－研究 Ⅳ. ①G647.23

中国国家版本馆CIP数据核字（2023）第071183号

# "双一流"背景下的高校人力资源管理

"SHUANGYILIU" BEIJINGXIA DE GAOXIAO RENLI ZIYUAN GUANLI

编　　著：杨　静

责任编辑：王　娟　　　　　责任校对：慧　眼
封面设计：张馨月　　　　　责任印制：曹　净

出版发行：光明日报出版社
地　　址：北京市西城区永安路106号，100050
电　　话：010-63169890（咨询），010-63131930（邮购）
传　　真：010-63131930
网　　址：http://book.gmw.cn
E-mail：gmrbcbs@gmw.cn
法律顾问：北京兰台律师事务所龚柳方律师

印　　刷：北京圣美印刷有限公司
装　　订：北京圣美印刷有限公司
本书如有破损、缺页、装订错误，请与本社联系调换，电话：010-63131930

开　　本：170mm×240mm　　　印　　张：16
字　　数：252千字
版　　次：2023年4月第1版　　　印　　次：2023年4月第1次印刷
书　　号：ISBN 978-7-5194-7170-5

定　　价：88.00元

# 前　言

　　习近平总书记在中国共产党第二十次全国代表大会报告中指出，要深入实施人才强国战略。培养造就大批德才兼备的高素质人才，是国家和民族长远发展大计。功以才成，业由才广。坚持党管人才原则，坚持尊重劳动、尊重知识、尊重人才、尊重创造，实施更加积极、更加开放、更加有效的人才政策，引导广大人才爱党报国、敬业奉献、服务人民。完善人才战略布局，坚持各方面人才一起抓，建设规模宏大、结构合理、素质优良的人才队伍。要深化人才发展体制机制改革，真心爱才、悉心育才、倾心引才、精心用才，求贤若渴，不拘一格，把各方面优秀人才集聚到党和人民事业中来。

　　本书系统论述了"双一流"背景下高校人力资源管理涉及的不同方面，重点从高校人力资源管理的内涵特征、高校人力资源规划、国内外高校教师的分类发展、国内外各类人才支持计划以及博士后队伍的发展与建设等方面详细阐述了"双一流"背景下高校人力资源管理体系及部分高校在建设师资队伍过程中的实施案例。在本书的撰写过程中，离不开方方面面的支持和帮助，北京理工大学夏吟秋、黄美、李川东、董国昭、朱嘉宝等在相关章节的资料收集和素材整理过程中给予了大力支持；同时，衷心感谢金海波、刘莲在本书定稿过程中提供的帮助。由于作者水平有限，书中难免存在不足之处，恳请广大读者批评指正。

# 前　言

　　习近平总书记在中国共产党第二十次全国代表大会报告中指出，要深入实施人才强国战略。培养造就大批德才兼备的高素质人才，是国家和民族长远发展大计。功以才成，业由才广。坚持党管人才原则，坚持尊重劳动、尊重知识、尊重人才、尊重创造，实施更加积极、更加开放、更加有效的人才政策，引导广大人才爱党报国、敬业奉献、服务人民。完善人才战略布局，坚持各方面人才一起抓，建设规模宏大、结构合理、素质优良的人才队伍。要深化人才发展体制机制改革，真心爱才、悉心育才、倾心引才、精心用才，求贤若渴，不拘一格，把各方面优秀人才集聚到党和人民事业中来。

　　本书系统论述了"双一流"背景下高校人力资源管理涉及的不同方面，重点从高校人力资源管理的内涵特征、高校人力资源规划、国内外高校教师的分类发展、国内外各类人才支持计划以及博士后队伍的发展与建设等方面详细阐述了"双一流"背景下高校人力资源管理体系及部分高校在建设师资队伍过程中的实施案例。在本书的撰写过程中，离不开方方面面的支持和帮助，北京理工大学夏吟秋、黄美、李川东、董国昭、朱嘉宝等在相关章节的资料收集和素材整理过程中给予了大力支持；同时，衷心感谢金海波、刘莲在本书定稿过程中提供的帮助。由于作者水平有限，书中难免存在不足之处，恳请广大读者批评指正。

# 目 录
## CONTENTS

# 引　言

2021年9月27日，习近平总书记在中央人才工作会议上强调，要坚持党管人才，坚持面向世界科技前沿、面向经济主战场、面向国家重大需求、面向人民生命健康，深入实施新时代人才强国战略，全方位培养、引进、用好人才，加快建设世界重要人才中心和创新高地，为2035年基本实现社会主义现代化提供人才支撑，为2050年全面建成社会主义现代化强国打好人才基础。2021年4月19日，习近平总书记在清华大学考察时指出，我们要建设的世界一流大学是中国特色社会主义的一流大学，我国社会主义教育就是要培养德智体美劳全面发展的社会主义建设者和接班人。

习近平总书记强调："教师是教育工作的中坚力量，没有高水平的师资队伍，就很难培养出高水平的创新人才，也很难产生高水平的创新成果。"教师队伍的水平决定着一所大学的水平，"双一流"建设的重要任务之一就是要建设一支高水平的师资队伍，使高校成为国家汇聚和培养优秀人才的重要阵地。

教师是立教之本、兴教之源。党的十八大以来，以习近平同志为核心的党中央坚持把教育摆在优先发展的战略地位，对教育改革发展做出了一系列重大决策部署，推动高校教师队伍建设取得了显著成就。2016年，教育部印发《关于深化高校教师考核评价制度改革的指导意见》，推进高校建立科学合理的教师队伍评价体系；2018年，中共中央、国务院印发《关于全面深化新时代教师队伍建设改革的意见》，吹响了推进新时代教师队伍建设改革的集结号；2019年，中共中央、国务院印发《中国教育现代化2035》，到2035年，总体实现教育现代化，迈入教育强国行列，推动我国成为学习大国、人力资源强国和人才强国，为到21世纪中叶建成富强民主文明和谐美丽的社会主义现代化强国奠定坚实基础。高校教师是文明赓续的传道者、民族复兴的筑梦人、学生成长的领航员、学术创新的主力军，对学生承担着传授知识、培养能力、塑造正确人生观的职责。2021年，为全面贯彻习近平总书记关于教育的重要论述和全国教育大会精神，深入落实中共中央、国务院印发的《关于全面深化新时代教师队伍建设改革的意见》和《深化新时代教育评价改革总体方案》，教育部等六部门联合印发了《关于加强新时代高校教师队伍建设改革的指导意见》，从准确把握高校教师队伍建设改革的时代要求，落实立德树人根本任务、全面加强党的领导，不断提升教师思想政治素质和师德素养、建设高校教师发展平台，着力提升教师专业素质能力、完善现代高校教师管理制度，激发教师队伍创新活力、切实保障高校教师待遇，吸引稳定一流人才从教、优化完善人才管理服务体系，培养造就一批高层次创新人才、全力支持青年教师成长，培育高等教育事业生力军、强化工作保障，确保各项政策举措落地见效等八方面，准确地分析当前的形势和任务，提出了具有全局性、建设性和前瞻性的指导意见。

新时期"双一流"建设背景下高校人力资源管理共同面临以一流学科建设为核心、加强高校人才战略顶层设计，以世界一流大学为标准、构筑人力资源国际化管理体系，坚持"以人为本"理念、建立健全人力资源管理新机制等三方面的主要任务。高校能不能把各类人才都培养好、使用好，发挥人才的最大功效，关键要靠一流的人才成长生态。

当前，国际国内形势和我国高等院校的发展条件均在发生深刻变化，加强和改善高校人力资源管理工作，是实现一流大学和一流学科建设的必然选择。习近平总书记指出，要积极为人才松绑，完善人才管理制度，做到人才为本、信任人才、尊重人才、善待人才、包容人才；要赋予科学家更大技术路线决定权、更大经费支配权、更大资源调度权。这为高校深化人事制度改革，完善人才评价、激励、管理服务等体制机制提供了重要遵循。

进入21世纪以来，很多高校在高层次人才引进、"预聘—长聘"聘用体系、职称分类评审、岗位分类聘用以及薪酬制度等方面均开展了一系列积极探索和改革，取得了显著效果，也提升了高校师资队伍的整体水平，但与"双一流"建设任务的需求相比，高校教师队伍建设水平仍亟待提升。人力资源管理理念、模式相对落后，人力资源管理体制、机制缺乏科学性，人力资源评价、激励机制不够健全，高校人力资源开发与管理水平与世界一流大学相比，都还存在一定差距。具体体现在，有些高校仍存在人才培养、使用、评价、服务、支持、激励等方面的机制和制度障碍，如人才引育规划与学科发展规划结合不紧密，缺乏顶层规划和设计，人事制度缺乏系统性和稳定性，教师引进、评聘、考核、晋升、流转通道单一，师德师风考核、评价和激励机制不健全，教师岗位和水平分类评价体系系统性和匹配度不够，人力资源管理信息化程度不高等问题。

高校人力资源管理是一项复杂的工作，本书紧密结合我国高校人事制度改革现状和趋势，面向"双一流"建设对高校人才队伍的新需求，以高校人力资源规划和分类管理为切入点，重点阐述了专任教师队伍、高层次人才队伍、管理队伍和博士后队伍的专业化管理制度和策略，全书共七章。第一章主要介绍了高校人力资源管理内涵与特征，以及新时期"双一流"建设背景下人力资源管理所面临的任务与挑战。第二章主要阐述了高校人力资源规划相关理论、发展与现状，以及高校人力资源规划的内容、作用、任务、原则、实施流程和方法。第三章主要阐述了国外教师的分类与发展，重点讲述了美洲、欧洲和亚洲高校等世界一流高校的情况。第四章主要阐述了国内教师的分类与发展，重点从教师聘用制度的发展变革、教师分类管理的各个方面、分类管理机制研究、分类管理的成效与问题以及非事业编制的聘用与发展等方面进行详细论述。第五章和第六章主要阐述了国内外高校高层次人才发展历程，按照顶尖杰出人才、学术领军人才、优秀青年人才分别讲述了管理和服务理念、制度和支持计划等。第七章主要论述了国内外博士后制度的发展历程、二者的共性与差异性，并分析了当前我国博士后制度存在的主要问题，给出了制度改革建议。

本书可作为高校人力资源管理从业人员工作参考用书，以及人力资源管理专业的本科生和研究生学习参考用书和培训用书。

# 第一章

# 高校人力资源管理

　　组织，作为名词，指的是按照一定的宗旨和目标建立起来的集体。从广义上是指由诸多要素按照一定方式相互联系起来的系统；从狭义上是指人们为实现一定的目标，互相协作结合而成的集体或团体，如党团组织、工会组织、企业、军事组织等。在现代社会生活中，组织是人们按照一定的目的、任务和形式编织起来的社会集团，是社会的基础。从管理学的角度，所谓组织，是指这样一个社会实体，它具有明确的目标导向和精心设计的结构与有意识协调的活动系统，同时又与外部环境保持密切的联系。任何一个组织要实现自己的目标、使命和价值追求，必须在未来的不同时期都具有数量合适、质量恰当、结构合理的人力资源。

　　高校作为一个独特的组织，其核心任务是培养人才，不同类型的高校为社会培养不同类型的人才，而培养人才的基础和保障则是一支高素质的师资队伍。对高校发展和建设而言，最重要的资源之一就是人力资源，这对保证人才培养质量，提升科学研究水平，促进社会发展，提高高校核心竞争力起着关键性和决定性作用。人力资源管理是高校管理的核心环节，高校人力资源的科学管理必须遵循人才发展规律、结合高校发展目标和任务，对学校各类人员进行合理规划与组织、协调与控制，为高校人才培养、科学研究和社会服务等提供高效率与高效益的人力资源保障。

　　高校人力资源管理的任务在不同时期有着不同的要求。目前，国际国内形势对我国高等院校的发展正产生着深刻的影响。2017年1月24日，教育部、财政部、国家发展改革委联合印发了《统筹推进世界一流大学和一流学科建设实施办法（暂行）》，在师资队伍建设方面，提出了明确要求：教师队伍政治素质强，整体水平高，潜心教书育人，师德师风优良；一线教师普遍掌握先进的教学方法和技术，教学经验丰富，教学效果良好；有一批活跃在国际学术前沿的一流专家、学科领军人物和创新团队；教师结构合理，中青年教师成长环境良好，可持续发展后劲足。

人力资源作为高校发展的第一资源、第一要素和第一推动力，对推进世界一流大学和一流学科建设（以下简称"双一流"建设）起着决定性作用。新时期的高校人力资源管理涉及的内容更加丰富，人员招聘、选拔、聘用、考核、调配、职称评审、离校、退休等全职业生涯管理变得更加复杂，系统性更强、内涵和外延更丰富。高校如何结合自身发展定位对人力资源进行卓有成效的建设，成为当下高校人力资源管理的重点研究内容之一。我们首先从人力资源管理的内涵和特征进行分析。

# 第一节　人力资源管理的内涵与特征

## 一、人力资源管理的内涵

"人力资源"一词先后于1919年和1921年出现在约翰·R.康芒斯的《产业信誉》和《产业政府》两本著作中，康芒斯被认为是第一个使用"人力资源"一词的，当时他所指的人力资源与我们所理解的人力资源相差甚远。1954年，现代管理学之父彼得·德鲁克在其著作《管理的实践》中提出并明确界定了"人力资源"这一概念[①]

人力资源（Human Resource）是指在一定范围内的人口总体所具有的劳动能力的总和；或者是指能够推动整个经济和社会发展的具有智力劳动和体力劳动能力的人们的总和；或者表述为一个国家或地区的总人口中减去丧失劳动能力的人口之后的人口。人力资源也指一定时期内组织中的人所拥有的能够被企业所用，且对价值创造起贡献作用的教育、能力、技能、经验、体力等的总称。

人力资源管理（Human Resource Management）分为宏观管理和微观管

---

① 李忠民，睢党臣.人力资源管理概论［M］.北京：科学出版社，2012.

理。人力资源宏观管理是对社会整体的人力资源的计划、组织、控制，从而调整和改善人力资源状况，使之适应社会再生产的要求，保证社会经济的运行和发展。从宏观上来说，人力资源管理是指运用科学方法，协调人与事的关系，处理人与人的矛盾，充分发挥人的潜能，使人尽其才、人事相宜，以实现组织目标的过程。人力资源微观管理是通过对企业事业组织的人和事的管理，处理人与人之间的关系、人与事的配合，充分发挥人的潜能，并对人的各种活动予以计划、组织、指挥和控制，以实现组织的目标。①

人力资源管理是一门新兴的学科，问世于20世纪70年代末，其历史虽然不长，但人事管理的思想却源远流长。从时间上看，自18世纪末开始的工业革命，到20世纪70年代，这一时期被称为传统的人事管理阶段；从20世纪70年代末以来，人事管理已逐步让位于人力资源管理。

## （一）人事管理阶段

人事管理阶段具体分为以下几个阶段：科学管理阶段、工业心理学阶段、人际关系管理阶段。在这个阶段，"人"被看作档案来管理；人事部门仅仅是一个"办手续"的部门，工作内容包括日常考勤、工资发放、办理离职、退休、离休等手续。20世纪初，以弗雷德里克·温斯洛·泰勒等为代表，开创了科学管理理论学派，并推动了科学管理实践在美国的大规模推广和开展。泰勒提出了"计件工资制"和"计时工资制"，提出了实行劳动定额管理。1911年泰勒发表了《科学管理原理》一书，这本著作奠定了科学管理理论的基础，泰勒也因此被西方管理学界称为"科学管理之父"。以德国心理学家雨果·芒斯特伯格等为代表的心理学家的研究结果，推动了人事管理工作的科学化进程。雨果·芒斯特伯格于1913年出版的《心理学与工业效率》标志着工业心理学的诞生。1929年美国哈佛大学教授梅奥率领一个研究小组到美国西屋电气公司的霍桑工厂进行了长达9年的霍桑实验，真正揭开了对组织中人的行为研究的序幕。

## （二）人力资源管理阶段②

1958年，怀特·巴克出版了《人力资源职能》一书，首次将人力资源管

---

① 董克用. 人力资源管理概论：第2版［M］. 北京：中国人民大学出版社，2007.

② 徐谡. 高校人力资源管理［M］. 北京：清华大学出版社，2016.

理作为管理的普通职能来加以论述。1965年，雷蒙德·迈勒斯在《哈佛商业评论》上发表了一篇论文，使得"人力资源"的概念引起了理论界和管理者的关注。人力资源是指推动社会发展和经济运转的人的劳动能力。人力资源是进行社会生产最基本最重要的资源，和其他资源相比，人力资源具有生物性、时限性、再生性、磨损性、社会性、能动性、两重性和增值性。

20世纪80年代以来，人力资源管理理论不断成熟，并在实践中得到进一步发展，为企业所广泛接受，并逐渐取代人事管理。进入20世纪90年代，人力资源管理理论不断发展，人们更多地探讨人力资源管理如何为企业战略服务，人力资源部门的角色如何向企业管理的战略合作伙伴关系转变。战略人力资源管理理论的提出和发展，标志着现代人力资源管理的新阶段。人力资源管理发展经历了人力资源管理阶段、战略人力资源管理阶段和人才管理三个阶段。

在人力资源管理阶段，强调以"工作"为核心，其目标更看重如何使个人能够完成工作。此时人力资源管理的各个模块开始建立，例如，招聘、培训、薪酬、绩效等，但各个模块之间的关系呈现相互独立状态。

在战略人力资源管理阶段，人力资源副总裁等角色开始出现，人力资源部逐渐成为业务部门的战略合作伙伴，其目标是支撑公司战略的实现。人力资源管理工作的业务范畴增加至组织设计、招聘管理等，并成为提升员工满意度与敬业度的中心部门。战略人力资源观念认为，人力资源才是一切生产资源的核心资源，企业竞争优势的获得和战略目标的实现越来越依赖于企业的快速应变能力和团队合作精神，把人力资源管理与企业的总体经营战略联系在一起，科学地管理人力资源，通过规划、政策与实践，创造实施战略的适宜环境，发挥战略合作伙伴的作用，从而使组织更具竞争力。

在人才管理阶段，人力资源管理被看作一个整体，而不再被割裂成模块。其目标是实现公司发展过程中持续的人才供应，人力资源部门的业务重心转向吸引、招募、发展、管理和留住人才，强化了人力资源的战略地位。

## 二、现代人力资源管理的特征

人力资源管理关心的是"人"的问题，其核心是认识人性、尊重人性，做到"以人为本"。在一个组织中，围绕核心要素"人"，重点关心人本身、人与人的关系、人与工作的关系、人与环境的关系、人与组织的关系等。现代人力资源管理就是一个人力资源的获取、整合、保持激励、控制调整及开发的过程，主要包括引才、育才、用才、激才、留才等内容和工作任务。一般说来，现代人力资源管理主要包括几个子系统：战略规划与决策系统、成本核算与管理系统、招聘选拔与录用系统、教育与培训系统、工作绩效考评系统、薪酬福利管理与激励系统、职业发展设计系统、政策与法规系统和诊断与反馈系统。

现代人力资源管理深受经济竞争环境、技术发展环境和国家法律及政府政策的影响，作为近20年来出现的一个崭新的管理学领域，远远超出了传统人事管理的范畴。具体说来，存在以下区别[①]：

（1）传统人事管理的特点是以"事"为中心，只见"事"，不见"人"，只见某一方面，而不见人与事的整体、系统性，强调"事"的单一方面的静态控制和管理，其管理的形式和目的是"控制人"；而现代人力资源管理以"人"为核心，强调一种动态的、心理的、意识的调节和开发，管理的根本出发点是"着眼于人"，其管理归结于人与事的系统优化，使企业取得最佳的社会和经济效益。

（2）传统人事管理把人设为一种"成本"，将人当作一种"工具"，注重的是投入、使用和控制；而现代人力资源管理把人作为一种"资源"，注重产出和开发。"工具"——你可以随意控制它、使用它；"资源"——特别是把人作为一种资源，你就得小心保护它、引导它、开发它。有学者提出，重视人的资源性管理，21世纪的管理哲学是"只有真正解放了被管理者，才能最终解放管理者自己"。

（3）传统人事管理是某一职能部门单独使用的工具，似乎与其他职能部门的关系不大，但现代人力资源管理与此截然不同。实施人力资源管理职能的各组织中的人事部门逐渐成为决策部门的重要伙伴，从而提高了人事部门在决策中的地位。人力资源管理涉及企业的每一个管理者，现代的管理人员应该明确：他们既是部门的业务经理，也是这个部门的人力资源经理。人力资源管理部门的主要职责在于制订人力资源规划、开发政策，侧重于人的潜能开发和培训，同时培训其他职能经理或管理者，提高他们对人的管理水平

---

① 王翔. 浅谈对人力管理的认识［J］. 企业文化. 中国刊，2013（07）.

和素质。所以说，企业的每一个管理者，不但完成企业的生产、销售目标，还要培养一支为实现企业组织目标能够打硬仗的员工队伍。

# 第二节 高校人力资源及其管理的特征

## 一、高校人力资源的特征

高校人力资源是高等学校的核心竞争力，高等学校的人力资源战略规划与学校事业发展战略规划紧密相关，既决定于学校的发展战略，又服务于学校的发展战略。高校人力资源规划可以促进高校人力资源供求平衡，为高校实现战略目标提供人力资源保障。高校人力资源管理是运用科学方法，遵循人才发展规律，结合高校当前任务及发展目标，对学校各岗位人员进行合理规划与组织，对人事关系进行指导、协调与控制，做好从教职工的聘用到培训考核、工资福利等工作，以实现人力资源的高效率与高效益目标。由于高校人力资源类型多样、工作内容和社会角色的特殊性，与其他组织或企业相比，高校人力资源是一个复杂的人才系统，具有自身独有的特点。

### （一）学历层次较高

高校是培养人才、塑造人才的地方，随着知识经济的来临和国家人才强国战略的实施，高校教师大多经历了硕士、博士乃至博士后的系统学习和专业培养，拥有丰富的理论知识、较强的专业背景和科学研究能力。根据《中华人民共和国教师法》和《中华人民共和国高等教育法》等有关法规的规定，取得高校教师资格一般要具备研究生或者大学本科毕业学历。面对日新月异的高科技发展和社会信息化的趋势，社会和国家对高等教育提出了更高的要求，为保证高校教师具备应有的高素质，建设高水平的高校教师队伍，发达国家十分注重高校教师的高学历化，提高高校教师的聘用标准。随着近几年高校"双一流"建设的深入推进，高校教师队伍的学历层次得到了大幅提高。

## （二）自主意识较强

高校是人力资源密集的场所，其教学科研人员和管理人员拥有知识资本，在组织中具有很强的独立性和自主性。他们需要一个自主的工作环境，喜欢更具张力的工作安排，强调工作中的自我引导和自我实现，并期望得到社会的认可。因此，他们把完成具有挑战性的工作看作一种乐趣，看重在工作过程中获得的满足感和成就感。正是对创造成就的渴求，促使他们不断进取，勇于探索，不断提高人才培养质量、科学研究水平和服务社会的能力。

## （三）个体需求多样性

多样性特点主要表现在教师对个人自由和事业独立等方面的各种追求及对自我价值实现的满足等。高校教师在精神上的需求一定程度上超过物质上的需求。有关调查表明，近年来高校教师的工资有所增长，但增长速度仍然低于受过同等教育的其他行业人员。不过可喜的是，仍然有大批有志者愿意从事高校教学科研工作和管理工作。这说明高校人力资源在承载着"精神"和"物质"的天平上更多地偏向于前者。

## （四）劳动价值性模糊

按照政治经济学的观点，价值是由劳动时间来决定的。高校的学术劳动力本身有很强的独立性和自我意识，在时间和意志等方面享有很大程度的自由，劳动过程主要靠大脑工作来完成，这使他们的价值创造过程是无形的，可能发生在任何时候和任何场所，工作并没有固定的流程和步骤，固定的劳动规则并不存在。另外，由于人才培养的周期性和滞后性，教育影响所产生的社会价值，即教师的劳动成果及教师为改进教学所做出的种种尝试，往往要在学生进入社会并为社会做出贡献之后才能最终体现出来。因此，对高校教师的劳动过程难以直接监控，工作成果难以衡量，很难像8小时工作时间的机关或企业那样严格有序地按指令来进行管理。教师的价值不只体现在课堂上、校园里，更多的是体现在每个学生人生的明天或社会的明天。

## （五）时效与再生性强

高校人力资源具有极强的使用时效性。无论一位教师具有多高的学术水平和人才培养能力，也只能代表他在特定时期具有较高的人力资本积累，如果这位教师无法做到与时俱进，紧跟知识和科技发展的潮流，有所懈怠，其人力资本价值也会相应降低。同时，人力资源也具有一定的可再生性，被耗损的人力资源在一定程度上是可以再生的，教师的人力资本再生是通过持续学习实现的，而不是通过一次性的投资产生的，因此要实现教师素质和能力的提升，需要对教师不断进行培养和投入，以维持他们的人力资源价值。

### （六）人才流动性较强

经济学家普遍认为，资源的流动性是现代经济的重要特征，是衡量一个经济体制优劣与否、成熟与否的重要标志之一。就人力资源而言，通过教育和健康投资等形成的人力资本价值的实现和增值，往往要通过人力资源的流动来实现。人才流动是市场经济条件下市场对人力资源优化配置的必然回应。人才流动总是受到经济利益、社会地位和生存环境等利益机制的驱动。人们向往着更好的发展机会、更好的工作环境和更好的物质待遇，高校教师也不例外。目前，高校中普遍存在的青年骨干教师流失现象，从某种程度上说，是市场经济体制下青年教师对高校现状的一种价值取向的表现。高校的人才流动是必然的现象，未来世界的竞争归根结底是人才的竞争，高校间的竞争也不例外。竞争过程中有序合理的人才流动是市场经济发展的必然结果，有利于激发人才的最大价值，也有利于实现社会人力资源的优化配置，是社会进步的体现。但对于高校来说，如何稳定教师队伍、如何有效吸引高层次及紧缺专业人才是高校人力资源管理部门面临的核心问题之一。

## 二、高校人力资源管理的特征

高校人力资源管理是指运用科学的原理、原则和方法，根据人才成长规律和学校的任务，对人力资源进行规划与组织，对人际关系与人事关系进行指导、协调和控制，做好教职工的聘任录用、调配交流、奖惩任免、培训考核、工资福利发放、职级晋升、离休退休等工作，以达到高等学校人力资源利用的高效率、高效益的目的。随着国内外形势发生的深刻复杂变化，在当今社会不断变革和新时期人才市场竞争的环境下，高校人事管理的概念和管理机制已发生重大变化，由传统的人事管理正在向人才管理方向发展，很多高校的人事部门已更名为人力资源部门。根据高校人力资源自身的特征，高校人力资源管理方式也在随之变化。高校人力资源既在开发中提高，又在利用中增值，这种提高与增值，一方面促进人力资源的提高与增值，另一方面又对其他资源继续开发的广度和深度、效率与效果等起着决定性作用。而且，高校人力资源管理有其客观的发展规律，与其他组织或企业的人力资源管理相比，高校人力资源管理有以下四方面特点。

（一）目的：确保高校使命的完成

当前高校的四大使命是人才培养、科学研究、社会服务和文化传承创新。在高校规模不断扩大、与社会经济的联系日益紧密的情况下，高校人力资源管理更需要向着科学、高效、专业化的方向发展。但是，无论采取何种运作方式和运行机制，都应该保证服从和服务于高校的使命。

（二）重心：对知识的开发和管理

当前阶段，高等教育正处在世界百年未有之大变局和中华民族伟大复兴战略全局这两个"大局"背景中，国家和国家之间的竞争力充分体现在科技和人才的竞争。高校作为人才的高地、知识的摇篮，发展的关键在于提高知识的生产率，即生产知识并把知识转化为技术、产品的效率。知识生产率取决于知识的开发与管理；同时，以知识为基础并以知识为增长驱动力，以先进技术和最新知识武装起来的劳动力成为决定性生产要素，人才素质和技术成为发展的先决条件，智力资源的多寡、开发利用程度的高低决定着组织面向未来的竞争优势。

（三）对象：复杂和多样性

市场观念下的高校人力资源管理，必须根据整体目标的需要，全面规划人才的类型，并拓宽管理范围，使管理的触角伸到各类人员之中，将各类人员进行分类开发与管理。通常，教师队伍分为教学型、教学科研并重型、科研型和教学科研辅助人员，干部队伍分为行政管理干部、党群学工干部，服务人员分为一般服务人员、技术服务人员等。高校必须根据发展需求，吸引和聘用各种高层次人才，提升师资队伍竞争力。因此，高校人力资源管理是一个复杂管理过程，不仅仅是针对某类人群自上而下的单向管理。在高校人力资源开发管理时，应根据各类人员的特点，以能力、素质、实效、贡献为导向，制订不同的开发和聘用方案，有步骤、有针对性地开展开发管理工作，不断提高人力资源整体水平。

（四）关键：体制机制创新

深化体制机制创新，激发师资队伍创新活力和内生动力，系统构建分类科学、激励高效、充满活力的人力资源管理体系是高校人力资源管理的核心。通过在引人、育人、用人、评价和激励等方面，建立适应新时代高校发展的激励、竞争、约束、淘汰新机制，持续完善高校人力资源管理体系。当前，各高校应立足于深化新时代教育评价改革新要求，全面落实立德树人根本任务，在人才能力建设、人才结构调整、人才配置优化的政策设计上，突出品德、能力、业绩导向，克服唯论文、唯职称、唯学历、唯奖项倾向，不断完善现代高校教师管理制度，激发教师队伍创新活力，建设高校教师发展平台，着力提升教师专业素质能力，通过创新机制，突出科学精神、创新质量、服务贡献，形成适应高校事业发展要求、符合教师成长成才规律、突出师德师能相统一的分类分层管理体系，加快完善学校治理体系、提升治理能力现代化水平，增强学校办学活力，提高办学效益，落实办学方针和理念，最终实现办学目标。

# 第三节　新时期高校人力资源管理的主要任务

习近平总书记在中国共产党第二十次全国代表大会报告中指出，教育、科技、人才是全面建设社会主义现代化国家的基础性、战略性支撑。我们要坚持教育优先发展、科技自立自强、人才引领驱动，加快建设教育强国、科技强国、人才强国，坚持为党育人、为国育才，全面提高人才自主培养质量，着力造就拔尖创新人才，聚天下英才而用之。人力资源是大学的战略性资源，是大学的核心竞争力，一流队伍是建成一流大学和一流学科的保障。高校作为育才和用才的主要阵地，把造就一支德才兼备的高素质人才队伍作为事业发展的重要抓手，把优秀人才集聚到学校教学、科研、管理、服务和支撑保障等各项事业中，引进和培育更多的学术大师、教学名师、管理高手、服务能手，真正把人才作为立校之本、兴校之基、强校之源。

高校人力资源的主要特点是知识型教职员工占主导地位。绝大多数高校教师都接受过系统的高等教育，知识能力和对精神层面的需求相对高于社会平均水平。高校教师在教书育人和科研创新的过程中，寻求自我价值的实现，从而获得社会的承认、事业上的发展。然而，由于受到传统教育体制机制的影响，许多高校的人力资源组成复杂，高校教职工在素质、知识、能力、教育背景等方面存在较大差异，导致高校人力资源管理的复杂性，需要采取差异化管理方式，充分挖掘各类型人力资源的积极性和潜力。

在高校人力资源建设中，人力资源管理水平的提升越来越得到重视。现阶段我国高校在人力资源管理等各方面虽取得了显著的进步，但管理理念、体制机制和人文生态等方面尚不能满足一流大学建设的要求。高校要从实际出发，剖析现阶段人力资源管理工作中存在的问题，贯彻以人为本理念，立足中国特色和国际视野，积极创新观念，加强服务意识，勇于探索新方法和措施，构建与高校自身发展相符合的人力资源管理体系与制度，使教职工在自身岗位上发挥最大价值。

在新的历史时期，高校人力资源管理改革和提升是一流大学和一流学科建设的必然选择。高校必须坚持党管人才原则，坚持尊重劳动、尊重知识、尊重人才、尊重创造，实施更加积极、更加开放、更加有效的人才政策，加强师德师风建设，深化人事制度改革。高校的人力资源要围绕学科布局调整和结构优化，完善高层次人才培养、引进机制；拓展选拔视野，抓好教育培训，强化立德树人，健全激励机制，建立"人岗相宜"的合理流动机制以及评价激励、薪酬分配机制，充分激发全体教师的内生动力和活力，打造与一流大学相匹配的高水平师资队伍。"双一流"背景下，高校人力资源管理所面临的主要任务包括一流大学人才战略顶层设计、构筑人力资源战略国际化管理体系、建立健全科学的人力资源管理制度体系等。

## 一、以一流大学建设为目标，构筑人力资源国际化管理体系

2015年10月24日，国务院印发的《统筹推进世界一流大学和一流学科建设总体方案》（以下简称《总体方案》）指出，要加强与世界一流大学和学术机构的实质性合作，将国外优质教育资源有效融合到教学科研全过程，开展高水平人才联合培养和科学联合攻关。2022年1月26日，教育部、财政部、国家发改委印发《关于深入推进世界一流大学和一流学科建设的若干意见》（以下简称《若干意见》）进一步指出，要坚持引育并举，打造高水平师资队伍，统筹国内外人才资源，创设具有国际竞争力和吸引力的高端平台、资源配置和环境氛围，集聚享誉全球的学术大师和服务国家需求的领军人才，为加快建设世界重要人才中心和创新高地提供有力支撑。师资队伍国际化是世界一流大学和一流学科建设的必然要求，高校必须坚持开放建设理念，树立"择天下英才而用之"的人才观，要善于统筹国内外资源，立足国际视野，深化人事制度改革，建立一流人才发现机制、一流人才招聘模式、一流人才考评机制、一流人才薪酬制度。推动人才政策与国际一流人力资源管理水平接轨，汇聚世界优秀人才。

## 二、以一流学科建设为龙头，加强高校人才战略顶层设计

学科建设是一流大学的"立校之本、发展之基"。《总体方案》明确指出，要坚持以学科为基础，引导和支持高等学校优化学科结构，凝练学科发展方向，突出学科建设重点，创新学科组织模式，打造更多学科高峰，带动学校发挥优势、办出特色。因此，学校要坚持以一流学科建设为龙头，加强人才强校战略的顶层设计。要按照"双一流"建设要求和建设目标，结合学校人力资源的现状和需求，加强人才强校战略的顶层设计，科学制订和实施人力资源战略规划。从一流大学建设的历史经验来看，无论是人才培养、科学研究、社会服务还是师资队伍建设，都必须以学科建设为抓手，坚持为学科发展服务，遵循学科发展的规律和要求，才能快速提升高校的办学质量和人才培养水平。一流学科聚集一流人才，一流人才创造一流学科。高校人力资源管理必须牢固树立人力资源的顶层设计意识，科学制订不同层次、不同

类别学科人才资源建设的原则、规模和结构。要紧密围绕自身学科定位和办学特色，根据本学科的建设目标、特色方向、梯队结构、学缘结构、年龄结构等要素，对师资队伍进行顶层设计规划，构建与本学科发展理念相匹配的人才队伍架构。

### 三、以一流队伍建设为核心，健全人力资源考核评价制度

《总体方案》指出，深入实施人才强校战略，强化高层次人才的支撑引领作用，加快培养和引进一批活跃在国际学术前沿、满足国家重大战略需求的一流科学家、学科领军人物和创新团队，聚集世界优秀人才。遵循教师成长发展规律，以中青年教师和创新团队为重点，优化中青年教师成长发展、脱颖而出的制度环境，培育跨学科、跨领域的创新团队，增强人才队伍可持续发展能力。加强师德师风建设，培养和造就一支有理想信念、有道德情操、有扎实学识、有仁爱之心的优秀教师队伍。教育部《关于深化高校教师考核评价制度改革的指导意见》提出完善教师考核评价制度是当前和今后一段时期深化高等教育综合改革的紧迫任务。考核评价是高校教师选聘、任用、薪酬、奖惩等人事管理的基础和依据。考核评价政策是调动教师工作积极性、主动性的"指挥棒"，对于新时期高校推动教学改革、提高教育质量、坚持正确科研导向、促进科研成果转化、开展创新创业和社会服务，具有全局性和基础性影响。完善教师考核评价制度是当前和今后一段时期深化高等教育综合改革的紧迫任务。要坚持全面考核与突出重点相结合，坚持分类指导与分层次考核评价相结合，坚持发展性评价与奖惩性评价相结合，形成推动教师和学校共同发展的有效机制。因此，高校人力资源管理应建立科学的绩效评价与绩效管理机制、引才聚才的长效激励机制。分类管理是高校人力资源管理改革的趋势，要在科学分类的基础上，以岗位职责任务为核心实行目标管理，以业绩贡献和能力水平为导向，制订科学的绩效考核评价指标体系。强化激励机制，落实凭贡献、凭业绩、凭能力聘用，实现"评聘分离"，岗位聘用"能升能降"。实现从绩效评价向绩效管理的转变，将绩效管理与学校战略紧密结合。深化人事制度改革，分配制度改革是关键。要坚持效率优先、兼顾公平的原则，优化薪酬结构；建立重实绩、重贡献、向高层次人才和重点岗位倾斜的分配激励制度；实施以岗定薪、按劳取酬、优劳优酬的

薪资分配办法；建立灵活多样的收入分配形式，使分配向高层次人才和创新团队倾斜，实现一流人才、一流业绩和一流报酬的结合，强化竞争和激励机制。

# 第四节 新时期高校人力资源管理面临的挑战

我国高校的人力资源管理制度大多沿袭为完成学校任务而建立的传统人事管理模式，面对新时期"双一流"建设新任务和国内外形势的变化，各高校积极探索人力资源管理改革，正处于从传统的人事管理模式向人力资源管理模式过渡，并开始向人才管理模式发展的关键阶段。部分高校的人力资源管理改革已取得初步成效，但随着我国高等教育改革日趋深入，如何因地制宜引育一流师资队伍，如何建立适合中国特色世界一流大学发展的人力资源管理体系，更好地服务高校"双一流"建设和发展，新时期高校人力资源管理面临的挑战也越来越凸显。总体而言，高校人力资源管理正处于深化改革和积极探索的阶段，在管理理念、机制和信息化等许多方面有待不断完善和提升。

## 一、管理理念和管理模式落后

高校人力资源管理部门目前大多强调人事管理的规范性和严格性，即是否能将各类事项管理得井井有条，绝大部分工作还停留在日常事务处理上，管理的职能主要集中在招聘选拔、教育培训、绩效管理、薪酬管理等方面。教师入职后缺少职业发展规划和跟踪管理。在招聘与选拔方面，强调应聘者的外在条件是否与岗位相匹配，或者只起到用人部门负责人与应聘者之间的桥梁作用，很少关注应聘者的价值观念是否符合学校的核心价值观及学校发展的战略目标。

目前虽然很多高校对人才引进、教师聘用与激励等方面进行了改革，但在管理理念和机制方面还需进一步完善。首先，未能充分落实"以人为本"的理念，管理过程中，过分强调事而忽视人，过分强调服从组织安排，而忽略其个性化需求和发展。其次，高校人力资源开发和管理机制尚需完善，缺乏适应一流大学建设的选人、用人、管人模式和激励机制，教师资源整体开发力度和深度不够，特别是活跃在国际学术前沿领域和国家重大战略需求领域的高层次领军人才整体明显不足，人力资源配置尚需优化，围绕学科布局调整和结构优化的高层次人才培养、引进机制需进一步加强，缺乏科学合理的教师考核评价体系。

## 二、管理体制机制缺乏科学性

我国高校人力资源管理构建于计划经济基础上，长期以来，高校人事管理部门被视为机要部门，人事管理人员被视为"管人的人"，与现代人力资源管理具有较大差距。受到传统管理模式的影响，行政配置性和垄断性是高校人事管理的主要特点，导致高校只重视人力资源的组织建设，在很大程度上忽略了人力资源的开发和规划，缺乏长远性和计划性，不利于高校的长远发展。部分高校人力资源管理的理念落后，存在重形式、轻实质的现象，整个人力资源制度体系缺乏必要的激励措施和竞争机制，教师的积极性和内生动力未被完全激发出来。高校管理者只认识到人力资源管理的重要性，却很少能从体制机制层面，真正将人力资源管理上升到学校发展的战略高度予以重视。

## 三、评价和激励机制不够健全

高校人力资源评价体系要紧密结合时代发展要求，对人力资源管理观念、方法及手段等进行及时更新。合理的激励机制逐渐被各高校所重视，使高校人力资源结构得到一定优化，在高校发展中发挥着重要作用，有效提升了高校人力资源管理工作的效率与水平。教育部《关于深化高校教师考核评价制度改革的指导意见》指出，近年来各高校积极探索教师考核评价改革，在教师分类管理、考核指标体系建立、评价机制创新、强化聘期考核等方面做了有益尝试，积累了不少经验，但仍然存在教师选聘把关不严、师德考核操作性不强；考核评价缺乏整体设计，对教师从事教育教学工作重视不够、重数量轻质量的情况还比较严重；考核评价急功近利，考核结果的科学运用有待完善等问题。必须通过深化改革，有针对性地加以解决。受到传统人事管理模式的影响，有些高校人力资源管理制度缺乏系统性和完整性，激励措施和竞争机制作用发挥不明显。多数高校的薪酬体系和人力发展规划主要还是依据职称和资历。有的高校评价机制对调动单位和个人的工作积极性效果不明显，缺乏发展性评价，容易导致部分教师在专业技术职务晋升后或获批人才称号后动力不足。有些高校的人力资源评价和考核机制的科学性、客观性、公正性有缺失，对职工贡献度的考核和评价无法得到广泛认可。有些高校缺乏有效的竞争和激励机制，终身制的思想根深蒂固，论资排辈现象明显，而实际工作业绩不受重视。

## 四、开发与培养形式内容单一

受传统人事管理理念的影响，有些高校存在重引进、轻培养，重专业、轻技能与品德等现象，人力资源管理缺乏系统完善的教师培训体系。同时，培训内容重学术水平与学历、忽视教学技能与技术和思想政治素养的提升，从而使部分高校教师的工作重点并未放在人才培养上，而过分专注于学术或自身学历提升，导致教师人才培养水平不高、理想信念缺失。尽管一些高校已经开始意识到高校员工培训的重要性，并逐渐丰富培训的内容和手段，但过分注重新进教师的组织纪律、学校概况、管理状况及办事流程等培训，很少组织其他方面的培训，很难建立全面的人力资源培训与开发体系，无法完全适应当前人才培养和科学研究的需求，更难以结合教职工的个人职业发展规划提供系统的培训与开发，使得教师在职业发展追求与学校发展目标不匹配，缺乏主人翁意识，导致高校员工参与培训的积极性不高。

## 五、信息化管理水平普遍偏低

随着高校人力资源管理水平的不断进步，对信息技术的应用越来越受到重视，但目前有些高校的人事信息系统只用到人员基础信息收集的功能，人员的入职、离职、职称晋升、校内调配、合同管理、考勤管理、报表统计、工资调整、保险管理等业务工作仍以手工完成为主，且未与财务、教务、科研等系统实现信息数据共享，信息化程度总体上处于初级阶段。信息化程度低下导致人事部门无法顾及人力资源管理的战略问题，无法为学校决策提供准确直观的有效数据支撑。

总体而言，除了管理体制与机制方面的因素，高校人力资源管理缺乏总体规划是造成人力资源管理诸多问题的关键。人力资源规划是高校发展战略的重要组成部分，也是实现高校战略目标的重要保障。目前，我国部分高校对于教师队伍的建设和人力资源的合理配置缺少长远规划，对高校的人才资源缺乏预测、监控、规划、配置，不能及时准确地提供高校人力资源的完整和系统信息，即使有人力资源规划，也大多停留在数量的管理层次上，而无法提升到环境层次、组织层次和管理活动层次上来，直接影响到人力资源的合理有效配置和利用率。

许多高校为了提升高校形象和满足办学规模扩张，在缺少科学规划的前提下，盲目引进人才，使人力资源总量在短期内急剧膨胀，而在人力资源管理理念、制度和体制机制方面严重滞后，导致在人才层次结构、学科专业布局方面无法匹配学校事业的持续发展。作为培养高层次专门人才的高等学校，聚集一定数量的人力资源作为支撑是非常重要的，但是如何科学合理地配置、使用人力资源，就不能单纯看人力资源的数量，更要看人力资源是否具备合理的知识结构、学缘结构、年龄结构和职称结构，是否符合学校的长期发展规划。在制订各种措施稳定和激励高层次人才的同时，还要注重后备人才的规划、培养和储备，从而建立一支结构优化、业务精良、团结协作、乐于奉献、前承后继的师资队伍。因此，高校应首先制订出科学合理的高校人力资源规划，并严格执行，为实现高校战略目标提供人才保障。

# 第二章

# 高校人力资源规划[①]

　　为贯彻落实党的二十大精神，根据《国家教育事业发展"十四五"规划》《统筹推进世界一流大学和一流学科建设总体方案》《统筹推进世界一流大学和一流学科建设实施办法（暂行）》《关于深入推进世界一流大学和一流学科建设的若干意见》，围绕世界一流大学和一流学科建设目标，全面贯彻习近平新时代中国特色社会主义思想，落实立德树人根本任务，各高校竞相加快了"双一流"建设步伐。"双一流"建设首要任务要保证足够的投入、营造良好的学术氛围、吸引一流人才，并使他们充分发挥自己的潜能，在人才培养、科学研究、社会服务、文化传承创新等方面尽展其才。在我们熟知的THE（泰晤士高等教育世界大学排名）、QS（Quacquarelli Symonds，英国高等教育资讯和分析数据提供商QS世界大学排名）和ARWU（Academic Ranking of World Universities，软科世界大学学术排名）等世界大学排名评价体系中，教师队伍质量无一例外地占有较大权重。在QS世界大学排名中，师生比占到20%，综合反映大学教师水平的指标合计占到60%，一流的师资对于"双一流"建设至关重要。因此，围绕学校的"双一流"建设目标，进行科学的人力资源规划，是实现目标的重要前提，同时也是实现人力资源管理高效运作的前提和基础，是高校人事管理活动的重中之重。

　　高校人力资源规划的目标在于通过战略和规划促进高校和教师个人的共同发展。高校人力资源规划必须与学校的发展战略保持一致，做到以学生和教师为本，保证学生、教师和学校共同发展，同时通过对战略性人力资源规划实施的控制、评价和反馈，及时修订人力资源规划，解决高校人力资源建设中的问题，使之能服务于实现高校整体战略、学术战略和市场战略的目标。

---

[①] 徐潆. 高校人力资源管理［M］. 北京：清华大学出版社，2016.

高校人力资源规划是一项复杂的系统工程，必须把适应型理念和发展理念结合起来，运用科学的技术和手段，实现人力资源规划的制订、执行、控制、评价和反馈等系统性过程。人力资源规划为师资队伍建设提供规划性的框架和思路，在规划整体思路的牵引下还应就不同时期、不同岗位和不同学科制订个性化的具体执行方案。高校人力资源规划是一个长期的动态过程，应根据内外部环境的变化及时进行调整和修订，灵活运用高校人力资源规划。

# 第一节　人力资源规划的相关理论

## 一、人力资源规划的内涵

人力资源规划（Human Resource Planning，HRP）也可称为人力资源计划，是指组织或企业根据自身的发展战略以及目标，通过分析和预测未来人力资源的供给和需求状况，并对人力资源的获取、配置、使用以及留用保护等环节进行职能性策划，确保组织在需要的时间和需要的岗位上，能获得与之相匹配的人力资源的规划。人力资源规划包括广义和狭义两类。广义的人力资源规划包含内容较为广泛，既有长期战略规划（一般5年以上），也有短期战术规划（1年以下），以及介于两者之间的中期规划；而狭义上的人力资源规划则主要聚焦组织的经营发展目标，充分考虑组织或企业所处的生产经营环境，综合利用各种合理有效的方法，对未来发展的人力资源需求进行具体分析，再对组织的人才供给能力进行科学预测，结合相关的人力资源配套措施，形成有效的激励机制，最终实现组织人才的合理规划和优化配置，达到人力资源供需的动态平衡[1][2]。

自从1954年彼得·德鲁克提出"人力资源"的概念后，人力资源管理的理念已经发生了重大转变。现代人力资源管理深受经济竞争环境、技术发展

---

① 李延华. 企业人力资源规划存在的问题与对策［M］. 企业改革与管理，2016（15）：69-71.

② 韦恩，蒙迪，等. 科学管理译丛：人力资源管理［M］. 葛新权，等，译. 北京：经济科学出版社，1998：93-103.

环境和国家法律及政府政策的影响。它作为近20年来出现的一个崭新的和重要的管理学领域，远远超出了传统人事管理的范畴。人力资源规划涉及人力资源开发与管理的全部内容，按内容分为四方面：战略发展规划、组织人事规划、制度建设规划、员工开发规划，其具体含义为：（1）必须依据组织或公司的发展战略和目标来制订人力资源规划；（2）人力资源规划必须适应组织或公司内外部环境的变化；（3）人力资源规划的主要内容是制订满足组织或公司发展的人力资源政策及相应措施；（4）人力资源规划的作用是保证人力资源供需平衡，促使组织或企业可持续发展和员工利益的实现。人力资源规划作为现代人事管理的核心要素应包括以下主要内容：

（1）总计划：陈述人力资源计划的总原则、总方针、总目标。

（2）岗位编制计划：陈述企业的组织结构、岗位设置、岗位描述和岗位资格要求等内容。

（3）人员配置计划：人员配置计划陈述企业每个岗位的人员数量、人员的岗位变动、岗位空缺数量等。

（4）人员需求计划：通过总计划、岗位编制计划、人员配置计划可以得出人员需求计划。需求计划中应陈述需要的岗位名称、人员数量、预期到岗时间等。

（5）人员供给计划：人员供给计划是人员需求计划的对策性计划。主要陈述人员供给的方式、人员内部流动政策、人员外部流动政策、人员获取途径和获取实施计划等。

（6）教育培训计划：包括教育培训需求、培训内容、培训形式、培训考核等内容。

（7）人力资源管理政策调整计划：计划中明确计划期内的人力资源政策的调整原因、调整步骤和调整范围等。

（8）投资预算：上述各项计划的费用预算。

## 二、人力资源规划的原则

人力资源规划首先应充分考虑内部、外部环境的变化。只有充分地考虑环境的变化，才能适应需要，真正地做到为组织或企业发展目标服务。内部变化主要指组织或企业发展战略的变化，还有员工的流动变化等；外部变化指社会消费市场的变化、政府有关人力资源政策的变化、人才市场的变化等。为了更好地适应这些变化，在人力资源规划中应该对可能出现的情况做出预测，最好能有面对风险的应对策略，其次应确保组织或企业的人力资源保障。

人力资源保障问题是人力资源计划中应解决的核心问题。它包括人员的流入预测、流出预测、人员的内部流动预测、社会人力资源供给状况分析、人员流动的损益分析等。只有有效地保证了对企业的人力资源供给，才可能去进行更深层次的人力资源管理与开发。此外，人力资源规划要使组织或企业和员工都得到长期的利益。人力资源计划不仅是面向组织或企业的计划，也是面向员工的计划，组织或企业的发展和员工的发展是互相依托、互相促进的关系。如果只考虑组织或企业的发展需要，而忽视了员工的发展，则会阻碍组织或企业发展目标的达成。优秀的人力资源计划，一定是能够使组织或企业员工获得长期利益的计划，一定是能够使组织或企业和员工共同发展的计划。因此，在制订人力资源规划的过程中，应坚持以下几个基本原则[①]：

## （一）兼顾内外的原则

人力资源管理的宗旨就是为组织或企业的发展服务，为了实现这一宗旨，人力资源规划必须考虑内外部因素的变化。内部因素变化主要指组织或企业结构变革、业务领域的扩大或缩小、业务指标的调整、工程开发量的变化、人才流失率以及人员晋升等；外部因素指宏观经济政策的变化、国内外市场的变化、政府及相关领域的政策变化、有关法律的颁布及废止等。为了保证组织或企业能够在变化中赢得更广阔的发展机会，适应瞬息万变的外部环境，人力资源规划的重点之一就是对可能出现的风险做预判，并制订出规避风险的应对方案。

## （二）满足需求的原则

组织的人力资源供需平衡是人力资源保障的关键所在，一切人力资源规划的最终目的都是实现人才需求与供给的动态平衡。它包括人才招聘分析、

---

① 韦恩，蒙迪，等.科学管理译丛：人力资源管理［M］.葛新权，等，译.北京：经济科学出版社，1998：93-103.

人才流失分析、员工晋升及调岗预测、外部人才供给能力分析等。充足的人力资源供给，是开展其他一切人力资源管理的必要条件，也只有实现了充足的人才供给，才有可能开展其他更深入更全面的人力资源规划与管理。

### （三）利益一致性原则

人力资源规划不仅是为组织或企业战略目标服务，也是为员工的个人发展服务，两者是相辅相成的有机统一体。如果仅仅关注了组织或企业需求，而忽略了员工个人诉求，则不利于员工稳定，为公司长期战略目标达成埋下隐患。优秀的人力资源规划方案，一定是能够与员工共同成长的方案，也一定是员工利益与组织利益相一致的方案。

### （四）目标一致性原则

人力资源规划不是针对人力资源本身的规划，而是根据企业的发展目标分解转换而来的，只有把合适数量、合适能力的人放在合适的岗位上，组织的运转才能顺畅，企业的整体目标才能实现。因此，人力资源规划的目标要时刻保持与企业发展目标相一致，才能体现人力资源规划的目的和意义。

## 三、人力资源规划的作用

人力资源规划是组织开展各项具体人力资源管理活动的纲领和依据，是基于组织发展目标而制订的人力资源管理方案，确保组织内部任何部门有任何需要时，都能及时调配具有一定知识与胜任力的人力资源。组织的整体人力资源管理效果都受到人力资源规划的直接影响，因此人力资源规划被认为是组织或企业人力资源管理的首要工作[①]。

人力资源规划是日常人力资源管理工作的依据，其目的是组织根据自身对当下及未来的发展目标进行合理预测，科学地分析出组织在不断变化的内外部环境中，对人力资源的需求和供给情况，制订出适合本组织的可行措施，以期保证在各种所需情况下有充足且可胜任岗位的人才可用。

### （一）保证组织目标的完成

组织或企业之间的竞争归根结底就是人才的竞争。面对风云变幻的生

---

① 张明蕊. 浅谈人力资源的管理模式［J］. 人力资源管理，2017（11）：100-101.

存环境，要想取得成功，首要的就是要规划中长期的人力资源，根据组织或企业的发展战略，预先为组织或企业运营及发展储备优质的人才资源。发展战略是组织或企业对自身成长的一种规划，这需要依据内外环境的变化将人力资源作为一个变量考虑。人力资源规划是实现组织战略的基础计划之一。制订人力资源规划的一个主要目的是确保组织完成发展战略。组织的发展战略一经确定，那么下一步就是要有人去执行和完成，人力资源规划的首要目的就是有系统、有组织地规划人员的数量与结构，并通过岗位设计、人员补充、教育培训和人员配置等方案，保证选派最适配的人选完成预定目标。就企业而言，当企业在面对外部经营压力不断改变时，就必须要对市场的变化做出反应，制订出与企业效益相契合的人力资源规划方案。同时，在执行中发现预测与实际情况有出入时，要及时调整策略来应对新局面的出现。因此，制订出合适的人力资源规划有益于组织或企业总体战略的布局及运行，并起到很好的助力作用。

（二）适应环境变化的需要

人力资源计划有助于组织或企业对政策、环境、竞争、任务等做出相应的调整反应。现代组织或企业处于多变的环境之中，一方面，内部环境发生变化，将对组织人员的结构与数量等提出新的要求；另一方面，外部环境的变化也直接影响到组织或企业对人员的新需求，影响到员工的工作动机、工作热情及作业方式。人力资源规划的作用是让组织或企业能更好地把握未来不确定的经营环境，适应内外环境的变化，及时调整人力资源的构成，保持竞争优势。

（三）有利于稳定人员队伍

人力资源规划在组织或企业中是高度的系统性管理行为，是建立在组织或企业对自身现有的人力资源状况进行较为全面的综合分析基础上的，它不仅涵盖了人员数量、类别的总和，还包含了任职情况和人员质量，从而有利于在发展中进行均衡的人力资源配比，还能在实际工作中发现并预防存在的人力资源低效或冗余现象。组织或企业通过人力资源规划的制订，既可提升内部人力资源利用率又可吸纳外部优秀人才，来达到改善人员供给和使用状况的目的。因此，在维持自身发展时要保持组织或企业内部员工工作环境相对稳定，同时还要依据外部变化适时调整规划，来满足不断变化的内外环境，从而确保组织或企业良好运转。

### （四）确保提升管理的效率

人力资源规划帮助管理人员预测人力资源的短缺和冗余，纠正人员供需的不平衡状态，减少人力资源的浪费或弥补人力资源的不足。良好的人力资源规划能充分发挥人员的知识、能力和技术，为每个员工提供公平竞争的机会；能客观地评价员工的业绩，极大地提高劳动积极性。通过人力资源规划，辅助员工制订适合个人的职业生涯发展计划，提高员工生活质量，开发员工的生产能力，最终提高组织对人力的使用效率。对企业而言，人力资源规划在为企业创造价值的同时，也不可避免地产生了运作成本，而良好的企业经营又体现在其利润最大化上，在实际的商业活动中以最小的投入实现最大的产出。

### （五）为其他人力资源职能提供指导

作为组织或企业战略决策的重要组成部分，人力资源规划是组织或企业制订条款和处理各种具体人事工作的基本，组织或企业只有在人力资源供需信息准确时，才能做出正确的具体的人事决定。虽然人力资源规划目标的实现是建立在其他管理职能之上，但其具有的纲领属性决定了人力资源规划对所含职能的指导意义，为具体工作的实施提供了宏观的依据和明晰的工作方向，使得具体职能可以紧密地贴合企业发展。因此，组织或企业通过明确人力资源规划，可以很好地使组织或企业诸如选聘、晋升、培训、薪酬等资源管理职能相配套，环环相扣，发挥良好的效能，为组织或企业创造更多的价值。

## 四、人力资源规划的流程

人力资源规划是一系列复杂规划的集合，涉及组织或企业多项职能活动，是人力资源管理的整体工作，对组织或企业发展具有重要影响。人力资源规划是以组织或企业发展战略为指导，以全面核查现有人力资源、分析组织或企业内外部条件为基础的一项系统工程，具有动态性和战略性等特点。

规划流程主要涉及以下四个基本步骤[①]：

步骤一：信息采集与处理。在制订人力资源规划之前，应当先采集组织或企业的基本信息和关键数据，采取科学有效的方法对其加工处理，转换成有价值的核心资料，为后续工作的开展奠定基础。需要收集的信息和数据包括发展战略、面临的内外部环境、组织结构以及存在的主要问题等。

步骤二：规划目标和需求预测。首先，通过对组织或企业人力资源现状的盘点、整理、调查和分析，了解和掌握人力资源供给状况，明确员工学历结构、技能结构、年龄结构以及岗位结构等；其次，对人力资源需求进行评估，确定未来需求的规模和组织结构；最后，对组织或企业人力资源的需求和供给状况予以评估，考虑员工调动、退休等情况对现有评估结果的影响程度，做出科学、合理的预测。

（1）对组织内现有人力资源进行测算。包括各种人员的年龄、性别，工作经历和教育、技能等方面的信息，组织内各个工作岗位所需的知识和技能，各个时期人员变动的情况，雇员的潜力、个人发展目标以及工作兴趣爱好等方面的情况。职工技能主要包括其技术、知识、受教育、经验、发明、创造以及发表的学术论文或所获专利等方面的信息资料。

（2）分析组织内人力资源流动情况。一个组织中现有职工的流动通常有以下几种情况：第一，滞留在原来的工作岗位上；第二，平行岗位的流动；第三，在组织内的提升或降职变动；第四，辞职或被开除出本组织（流出）；第五，退休、工伤或病故。

步骤三：人力资源规划设计。通过步骤二对组织或企业内部人力资源供给情况的统计，以及未来对人员资源的需求预测，制订包括人才招聘规划、人才培训与开发规划、薪酬与激励规划以及人员流动规划等多项业务规划。同时，根据未来发展战略和经营宗旨，系统考察人力资源的成长性和持续性，完善长期规划和总体规划策略。

步骤四：人力资源规划的评估和保障措施。企业应当在开展"步骤三"制订人力资源规划具体工作时，形成实施过程记录，以备规划实施前后对比和后期调整。同时，人力资源规划实施过程中，组织或企业需要采取必要的

---

[①]　安鸿章，岳威. 企业人力资源管理师，二级［M］. 北京：中国劳动社会保障出版社，2007.

保障措施，类似于组织保障、制度保障、文化保障、沟通保障以及物资保障等。对于人力资源规划的实施结果，组织或企业还应当进行科学评估，归纳整理有价值的评估信息，对出现差错的工作程序及时予以调整。在经过人力资源供给测算和需求预测比较的基础上，组织应制订相应的政策和措施。

### 五、人力资源规划的方法

为保证人力资源规划的科学性、合理性，组织或企业通常采用定性与定量相结合的方法开展人力资源规划制订，较为常见的人力资源规划方法为供给预测法与需求预测法。

#### （一）供给预测法

人力资源供给预测法是指组织或企业为了保障人力资源供需平衡，结合发展战略、内外部环境、行业属性等情况，对现有人力资源数量、质量和结构进行恰当预测的方法[①]。该方法能够帮助企业了解自身人力资源现状，明确现状与理想状态的差距，有利于人力资源规划工作的有效开展。常用的供给预测法包括三种：

#### 1. 现场核查法

现场核查法是指通过对企业现有人力资源数量、质量和结构进行详细核查，从而了解人力资源现状的方法，该方法对于短期人力资源供给的预测最为有效。现场核查的资料来源通常是人力资源管理档案。管理档案一般包含两种清单：技能清单和管理才能清单。其中技能清单列示了非管理人员的基本信息和工作情况；而管理才能清单则记录了管理人员的基本信息和工作情况。

#### 2. 管理人员替补法

管理人员替补法是通过对员工以往工作绩效和综合表现进行记录，决定组织或企业下层管理人员提拔和上层管理人员接替的方法。该方法对于了解组织或企业管理人才的供给情况，提高后备人才队伍的建设速度至关重要。但对关键岗位人员的能力要求不同、审查方法不尽统一等原因，致使组织或

---

① 孙国霞. 马尔科夫模型在星级饭店人力资源供给预测中的应用［J］. 北京第二外国语学院学报，2015（7）：56-61.

企业需要确定多位替补候选人，以针对组织或企业各部门人员的流动情况，综合确定最佳接替人。

### 3. 马尔可夫分析法

马尔可夫分析法是通过观察组织或企业员工数量在某一特定时期内的转移变动情况，总结归纳人员流动规律，并使用统计分析技术，计算出人力资源流动率，然后对组织或企业未来的人力资源供给情况进行预测。该方法通过构建典型的矩阵模型，帮助管理者及时了解员工动态，以便采取适当的措施调整和补充人员，提高人力资源供给的灵活性和及时性。

### （二）需求预测法

人力资源需求的预测是制订规划的必备条件，是组织或企业根据发展战略目标，对未来人力资源在数量、质量和结构等方面的需求进行预测和估算的方法。目前对人力资源需求的预测主要从定性分析法和定量分析两个方面开展，定性分析中经验预测法、现状预测法、德尔菲法等方法应用较多，而定量分析的主要方法是回归分析法、转换比率法和驱动因素分析法等[1][2][3][4]。下面对以上几种方法进行简要的介绍：

### 1. 定性分析法

（1）经验预测法

经验预测法，顾名思义是指管理人员根据以往工作经验，结合组织或企业现有信息，推测未来对人力资源需求的方法。经验预测法是一种受到中小企业欢迎的预测方法，具有简单实用的特点，但该方法的准确性会受到制订计划人员的经验水平或企业经营规模不断变动的影响，不适用新增岗位或有

---

[1] 廖特明，李苏苏，张成娟，等. 浅析劳动定员和人力资源需求预测 [J]. 中小企业管理与科技（上旬刊），2015（3）：21-23.

[2] 张茜茜，司林波，乔花云. 河北沿海地区产业发展人力资源需求预测分析 [J]. 长春理工大学学报：社会科学版，2014（9）：97-100.

[3] 林伟敏，李中斌. 福建省现代农业竞争力区域比较与人力资源需求预测 [J]. 台湾农业探索，2015（6）：54-59.

[4] 刘畅，张前雄. 高科技企业人力资源需求预测方法研究 [J]. 人力资源管理，2017（7）：64-65.

较大幅度变化的职务的预测，故需根据多位管理人员的预测结果制订计划。同时，该方法适用于结构稳定、发展前景较为明晰的企业，以确保制订的人力资源规划具有一定的可行性并对企业发展起到正向促进作用。

（2）现状预测法

现状预测法不考虑组织或企业当前人力资源中的短缺和分配不当的情况，仅关注退休、离职等情况发生时产生的人员补充的需要。故现状预测也是对人员退休、离职的统计，在制订1年以内或部分5年以内的短期人力资源规划时，现状预测法较为适合。

（3）德尔菲法

德尔菲法，也称专家调查法，1946年由美国兰德公司创始实行。该方法是由若干专家和预测组织者组成一个预测机构，按照规定的程序，以匿名的形式征询专家对所给问题的意见或者判断，进行整理、归纳、统计，再匿名反馈给各专家，再次征求意见，再集中，再反馈，在得出结果之前往往需要经过数次讨论，直至得到一致的专业化意见。德尔菲法能充分发挥各位专家的作用，能把各位专家意见的分歧点表达出来，取各家之长，避各家之短，集思广益，准确性较高。

## 2.定量分析法

（1）回归分析法

回归分析法是利用数学模型，从过往的离散数据中找出规律，获得对未来需求的预测。趋势分析是最简单的回归分析方法，利用时间因素对趋势的影响做出预测，即把过去趋势直接导向未来，依据曾经某一特定时期内组织或企业的人员数量变化来预测未来的人员需求情况。计量模型分析法是回归模型中一种广泛应用的方法，其方法是寻找一个与人力资源的需求量之间相关的因素，根据这个因素得出一个回归方程。这一方法对因素有两个要求：①该因素必须与人力资源的需求量有极高的相关性；②该因素的变量的历史数据必须是易获取的，这也是计量模型分析法的难点所在。回归模型的显著性水平越好，对人才需求的预测越准确。

（2）转换比率法

转换比率法是将组织或企业运作经营所需的工作量量化为人员的数量，

由于不同水平和专业的人才所能承担的工作量不同，故首先要对组织或企业核心人才和关键技术职能的岗位人才的需求进行评估，在其基础上进一步预估相关辅助人员的数量，最终获得总的人才需求的预期。转换比率法适合于对人力资源短期需求的预测。

（3）驱动因素分析法

驱动因素分析法旨在通过分析影响组织或企业发展的关键因素，预测组织或企业未来对人力资源数量、质量和结构需求状况的方法。该方法具有针对性强、准确度高、适用性广等优点。由于组织或企业人力资源需求状况的影响因素众多，很难在预测过程中将可能的影响因素全部考虑在内，因此该方法在应用过程中面临着巨大的挑战。

# 第二节　高校人力资源规划的作用

高校人力资源规划是指根据高校的发展战略、组织目标及内外部环境的变化，预测高校未来的任务和高校经营管理环境变化对高校提出的各种任务和要求，以及为完成这些任务，确定高校需要什么样的人力资源结构并如何获得、使用这些人力资源的过程。高校人力资源规划的目标是确保高校在适当的时间和不同的岗位上获得适当的人选，包括数量、质量、层次和结构，一方面，满足变化的高校经营管理环境对人力资源的需求；另一方面，最大限度地开发和利用高校内现有人力资源的潜力和才智，使高校、教师都得到最大化的可持续发展。

## 一、高校人力资源规划的战略作用

人力资源是组织最重要的核心资源，制约着组织其他资源效益的发挥，是组织管理的重要依据，在组织中的角色已由被动地位转向组织发展战略伙伴的地位。在组织环境变化的条件下，任何组织都会不断地追求生存和发展的空间，人力资源的获得和运用是其中最主要的制约因素。高校作为一种组织同样也不例外。无论是人员需求量、供给量的确定，还是职务、人员以及任务的调整，不通过一定的规划显然难以实现，免不了出现"头痛医头、脚痛医脚"的混乱无序状况。将高校人力资源规划提高到高校发展战略的高度，与高校其他发展战略相结合，为高校人力资源管理提供方向、指明道路，可以保证从"人"这一最重要的资源协助高校各部门达成高校发展目标。

人力资源规划具有前瞻性，通过对组织未来环境的预测，可以及时为组织人员的录用、晋升、培训、调整以及人工成本的控制等提供准确的信息和依据。从高校人力资源的供应来看，高校要寻觅到有助于发展的高层次人才，在人才竞争日益激烈的今天实属不易。而人的天赋、个性等较难改变，人的素养是个长期累进提高的过程，这些事实决定了高校培养自己现有的人才，使之合乎高校发展需要也是长期的过程。高校人力资源规划由于能预先掌握高校发展对人才需求的动向，可以及早地引导高校开展相应的人事工作，以免面对环境的变化措手不及。所以，高校人力资源规划可以把握高校的发展趋向，引导高校的人事决策，有助于高校帮助教师就此开展职业生涯设计和职业生涯发展规划。

## 二、高校人力资源规划的保障作用

预测人力资源供求差异并及时调整，是人力资源规划的基本职能。高校的生存和发展与高校人力资源的结构和教师素质密切相关，高校人力资源规划保障了高校在生存发展过程中教师的需求数量、质量和结构。高校人力资源规划在分析高校内部人力资源现状、预测未来人力需求和供应的基础上，来制订人员增补、晋升和培训计划，满足高校对人力资源的需要。

由于高校所处的内外部环境时刻都在发展变化和调整，高校对教学、科研、管理、服务人员的数量和质量要求都可能发生变化，因而对人力资源需求做非常准确的预测是不现实的，为此规划的具体方案必须是短期的和灵活的，它是一种动态性的规划，因此人力资源规划制订后必须随着客观条件的变化不断调整更新，如及时跟进国家调整有关离退休年龄的规定，以适应学校的教育研究工作管理的变化，不能把人力资源规划简单理解为静态的信息收集和相关的人事政策设定。对处于一个动态发展的高校来说，高校的内外环境由于各种因素处在不停地变动之中，外界环境的变化、高校内部教师的离职等都会造成高校人力资源的短缺、需求与供给的不平衡。这种缺口和高校人力资源需求与供给的不平衡不可能自动修复，高校人力资源规划可以通过分析供给的差异，并采取适当的措施吸引和留住高校所需人员，以调整这种差异，适时满足高校对人力资源的各种需求。

高校人力资源规划一方面通过对现有人才结构的分析，可以预测和控制高校教师的变化，逐步调整人员结构，使之合理化，促进高校人力资源的高效使用；另一方面通过有效的薪酬激励规划，充分发挥高校每一分钱的作用，尽可能降低人力资源成本。如果没有高校人力资源规划，就无法预知未来的人力资源成本，难免会超出预算，降低效益。因此，应在预测高校未来发展的条件下，有计划地调整教师的分布状况，把人力资源成本控制在合理的范围，保障高校的可持续发展。

### 三、高校人力资源规划为高校的科学管理提供依据

人力资源规划具有先导性，通过对高校未来一段时间环境的预测，可以及时对组织人员的录用、晋升、培训进行针对性调整，同时为人力资源成本的控制等方面提供可靠的信息和参考。高校对确定人员的需求量、供给量、职务、人数以及教学科研任务的调整，不通过一定的计划是难以实现的。而人力资源规划则会为高校的录用、晋升、培训、人员调整等活动，提供准确的信息和依据。

高校人力资源的开发与管理是一个系统的工程，这一过程包括工作分析与设计、人力资源计划、人员招聘和选拔、人力资源开发、绩效管理等方面，高校人力资源规划与工作分析是人力资源开发与管理的基础，它将高校人力资源管理活动的方方面面串在一起，可以使高校的人力资源开发与管理工作在及时了解人力资源变化的基础上，协调高校各方面的关系，改进相应的策略，有效地利用人力资源，促进高校的健康快速发展[①]。

### 四、高校人力资源规划对教师个体的激励作用

人力资源规划不仅是针对学校的规划，也是针对教职工的规划。学校的

---

① 李小华，董军. 人力资源规划的特征与作用分析［J］. 理论界，2006（1）：211-212.

发展和教职工的发展是互相促进、互相依托的关系。高校在人事政策上如果出现了较严重的问题，往往是因为没有制订一个科学细致的人力资源规划。合理的人力资源规划是紧密联系学校和教职工个体之间的桥梁，既能使每个教职工的才能得到充分的发挥，同时又使教职工知道自己在学校目前和将来工作中的适用性，明白自身水平与学校发展要求间的差距，从而促使其积极提高自身能力，使其在不断的努力中得到成长。

对于优秀教职工的流失，表面上看来是因为学校无法给教师员工提供优厚的待遇或者晋升通道，其实这正是显示了高校人力资源规划的不足。高校人力资源规划有助于调动教师的积极性，通过合理的教师培训和调配规划，可以让教师找到适合自己的岗位，充分发挥教师潜能；通过晋升和薪酬激励规划，教师能够明确发展晋升通道，会更加努力工作，实现自我价值。

高校想要留住人才，就需要根据学校自身情况，营造学校和教师员工共同发展的组织氛围，充分发挥团队精神，调动教职工的内生动力和活力，为学校发展贡献力量。因此高校人力资源规划要本着"以人为本"的理念，着力考虑教职工的发展问题，让教职工可以根据学校人力资源规划，了解未来的职位空缺，同时给予教职工目标责任的压力，这样既可规范教师的行为，又可激发他们奋力拼搏的斗志，不断提升自己，从而适应学校发展的人力需求，并在工作中获得个人成就。

# 第三节　高校人力资源规划的任务

高校人力资源规划是高校人力资源管理的重要内容，紧密结合高校的发展战略目标，从机构改革、用人制度、分配激励机制、人才流动与资源配置机制等方面科学合理地制订人力资源规划，对推进高校的"双一流"建设具有非常重要的意义。

## 一、推进高校机构深化改革

第一，应按照"总量控制、微观放权、规范合理、精简高效"的原则进行高校机构改革。理顺管理体制，实行国家制定编制法规和实施宏观控制、高校主管部门贯彻编制法规和进行检查评估、高校遵守编制法规和有效实施编制管理的管理办法。

第二，根据高校教学、科研、校办产业、后勤服务各方面的不同职能，实行不同的管理办法。

第三，根据《中华人民共和国高等教育法》和《中国共产党普通高等学校基层组织工作条例》的精神，以及高校本身实际发展的需要，合理设置学校党政职能部门。合并主体职能相近的部门，对任务性质基本相同的机构可实行合署办公。

第四，根据高校教学、科研发展的需要及党的建设工作的要求，在上级主管部门核定的编制总数内合理确定人员结构比例并配置各类人员，优化高校教师队伍。

## 二、建立新时期的高校用人制度

为推进"双一流"建设，贯彻落实人才强校战略，深化多模式人员聘用制度改革，根据国家政策和高校实际情况，需建立符合"双一流"建设背景下的岗位聘用制度，在教学、科研、管理等工作岗位设置关键核心岗位，对专业技术人员采用"预聘—长聘"制度，对管理人员实施职员制度，选人用人实行公开招聘和考试制度等。

第一，全面推行全员岗位聘用制度。进一步强化竞争机制，改革固定用人制度，破除职务终身制和人才单位所有制，按照"按需设岗、公开招聘、平等竞争、择优聘用、严格考核、合同管理"的原则，推行全员聘用制度。

第二，严格教师上岗从业资格。把教师聘任制和教师资格制度结合起来，授课教师必须从具有教师资格的人员中聘用。专业技术职务聘任工作要理顺评审与聘任的关系，职称评审破除"五唯"倾向，强化岗位聘任，做到"能上能下"。

第三，实行更加积极、更加开放、更加有效的管理政策，建立一支适应世界一流大学发展目标的多元化、高素质的人才队伍，通过劳动合同或人才派遣等方式聘用各类人员，探索建立相对稳定的非事业编制人员聘用机制和出入有序的退出机制。

### 三、健全高校的分配激励机制

1. 积极推进高校分配制度改革。在国家政策指导下，建立与现代大学制度相适应的薪酬分配制度，体现以增加知识价值为导向的收入分配机制，激励创新、激励贡献、激发潜能的多元化薪酬体系。

2. 坚持人才优先、兼顾公平的原则。鼓励学校加大绩效津贴总量投入，改革增量向提升学校核心竞争力的拔尖优秀人才倾斜，向教学科研一线倾斜，向优秀青年教师倾斜，努力营造人才优先发展的良好环境，保证基础绩效水平持续稳定增长。

3. 积极探索适合各个高校特点的灵活分配形式。以岗位目标业绩和能力水平为导向，坚持考核评价、差异化激励的原则。根据教职工的不同岗位目标，分类制订合理的考核评价标准，差异化激励，充分调动广大教职工的工作积极性和主动性，促进学校"双一流"建设。

4. 积极探索按生产要素分配的改革。认真贯彻落实《促进科技成果转化的若干规定》等与国家有关科技成果转化奖励和优惠的政策，加强产学研相结合，兑现高校科技人员成果转化的奖励。

### 四、优化人才流动与资源配置机制

采取有力措施，建立柔性人才引进机制，通过各种渠道，吸引海内外的优秀专业人才到高校工作。积极探索延聘和返聘的相关政策，延聘和返聘教学能力强、专业水平高、身体健康的老教师继续工作。积极推进学校之间教师互聘联聘工作，盘活教师资源，提高办学效益。面向社会招聘具备教师资格的人员担任专职或兼职教师。积极推行在校研究生兼任助教工作，以进一步缓解扩招后教师不足的问题。对于不能胜任教育教学和科研任务的教师，应根据相关流出机制，坚决裁汰。

各高校应当根据聘用合同规定的岗位职责任务，制订切实可行的培训计划和政策措施，全面考核工作人员的表现，重点考核工作绩效。高校教师培训要贯彻责任共担、效益共享的原则，充分发挥学校和教师个人的主动性、积极性。要以中青年骨干教师为重点，着眼于加强师德师风建设，更新和拓展知识结构，提高教育教学能力。教师要有宽广厚实的业务知识和终身学习的自觉性，掌握必要的现代教育技术手段，做到教学相长，在教学科研工作中勇于探索创新。

## 第四节　高校人力资源规划的环境、原则和内容

### 一、影响高校人力资源规划的环境因素

高校人力资源规划客观上受到诸多因素的影响制约。因此，在制订高校人力资源规划时必须研究其影响因素。影响高校人力资源规划的因素包括高校外部因素和高校内部因素。

#### （一）外部环境影响因素

**1. 宏观经济形势与劳动力市场供求关系**

取决于国内外经济发展状况，如果处于经济萧条时期，整体失业率高，人力资源供过于求，劳动力成本低；处于经济上升发展阶段，劳动力成本高。

**2. 国家劳动、教育政策及相关法律法规**

如社会保险制度、地区工资最低标准、《中华人民共和国高等教育法》《中华人民共和国教师法》等。

**3. 教育技术的更新换代**

市场的激烈竞争加速新技术的发展，新技术的发展会产生新的职位，例如人工智能、大数据工程师，这也会改变高校人力资源需求状况。

**4. 社会科技的发展对需求的变化**

随着社会科技的不断发展，新的学科领域不断涌现，这就需要更多的专业人才投入到社会经济建设中去，高校需要培养新兴学科人才，势必需要先引进新兴领域的人才。

**5. 高校市场需求的变化**

二十大报告确定的奋斗目标、描绘的发展蓝图催人奋进，伟大梦想的

实现从根本上讲要靠教育、靠科技、靠人才。置身于这一伟大进程，高等教育和高等学校必须在"两个一百年"奋斗目标的实现中找准发展定位，坚持"立德树人"的初心，自觉承担起"四个服务"的历史使命。

此外，社会文化环境、地区经济差异等也是影响高校人力资源规划的外部因素。

### （二）内部环境影响因素

#### 1. 学校的发展战略

高校人力资源规划是基于学校的发展战略进行的，当高校发展战略调整时，人力资源规划也要随之做出相应的调整。自国务院2015年11月颁布《统筹推进世界一流大学和一流学科建设总体方案》，"双一流"建设已成为影响未来中国高等教育发展的新战略。"双一流"政策惠及所有的高校，尤其是为地方高水平大学实现内涵式发展带来了前所未有的利好政策和发展机遇。各高校基于新的发展目标和定位制定了发展战略和中长期发展目标。

#### 2. 学校的办学规模

办学规模是政府规划和评估高校的重要方面，决定着学校资源的投入、配置与产出效益。办学规模不仅限于在校生规模，还包括影响学校办学效益的其他要素（诸如师资规模、专业规模、学科规模、校园规模、投入规模等），这些要素都具有"规模"意义。高校的办学规模直接影响到高校的生源，同时也会影响到专职教师的规模、行政管理人员的规模，以及后勤服务人员的规模。

#### 3. 学校办学特色

办学特色是有关办什么样的学校以及怎样办学的问题，涉及人才培养、科学研究、社会服务、学科专业、办学理念等教育核心问题。办学特色作为新一轮中国高校教学工作水平评估中的一项重要内容，是大学核心竞争力的集中体现，是高校赖以生存和发展的生命线。高校注重特色发展已成为一种世界趋势，研究办学特色必将对中国高校寻求个性化发展、办出优势、走向国际起到重要推动作用。高校的办学特色决定了其发展的定位和规模，不同类型的高校决定了相关专业和类型师资的比例。

#### 4. 人力资源机构体系

创新高校内部治理是深化高等教育领域改革、优化服务能力的必然要求。近年来，高等教育领域简政放权力度不断加大，对微观事务的直接管理逐渐减少，微观管理的权力逐步下放到学校，如不断探索落实与扩大高校用人自主权、薪酬分配权、职称评聘权等。构建上下衔接和左右协同机制，促进校内权力的逐级下放[①]。高校内部的组织机构和运行模式也决定了其人力资源规划的制订。

#### 5. 人力资源素质及人力资源部门人员的素质

高校人力资源的素质主要包括教职工的学历结构、职称结构、年龄结构等。人力资源部门人员是人力资源规划的分析和具体计划的制定者，他们的素质在很大程度上影响着人力资源规划的进行。此外，学校组织氛围和文化、员工满意度等都对高校人力资源规划存在着影响。

### 二、高校人力资源规划的原则

#### （一）全局性原则

人力资源规划必须具有全局性，因为其规划会涉及高校的各党政部门、各服务支撑部门，以及各院系的相关规划和发展。从狭义上讲，一般的人力资源规划只包括人员配置计划，即人员增长、人员补充、人员调配和人员离职等方面的计划。但在现在这个竞争激烈且人力资源管理日益成熟的条件下，这些是远远不够的，一个完整的高校人力资源规划应该包括岗位职务设置规划、外部人员补充规划、内部人员流动规划、退休解聘规划、职业生涯规划、培训开发规划、绩效评估规划、薪酬激励规划、校园文化规划等各个方面。因此，决策者在进行高校人力资源规划时要注意各部门之间的关系，从全局出发提出规划方案，注意各规划方案之间的协调。

#### （二）系统性原则

一个高校在人数相同的情况下，用不同的组织架构连接起来，形成不同

---

① 周海涛，闫丽雯. 新时期高校内部治理创新的路径 ［J］. 国家教育行政学院学报，2019（10）：6.

的权责结构和协作关系，可以取得完全不同的效果。一个有效的人力资源规划能使不同的人才结合起来，从而形成一个有机的整体，可以有效地发挥整体功能大于个体功能之和的优势，也就是所谓的"系统功能原理"。一般来说，系统性原则体现在教职工在知识、能力、经验、性格、年龄的互补性等方面。

### （三）适应性原则

人力资源规划是高校整个发展规划的重要组成部分，其首要前提是服从高校整体利益的需要，必须与高校发展目标相适应，只有这样才能保证高校发展目标与高校资源的协调，保证人力资源规划的准确性和有效性。例如，把学校定位为研究型高校，应以科研岗位为主体；定位为教学型高校，应以教学岗位为主体；定位为教学研究型的高校，应以教学科研型岗位为主体。因此，在制订人力资源规划时，必须考虑到与发展目标相一致、相适应。

以下介绍高校四种类型相协调的人力资源规划方案。

### 1. 研究型大学

这类型学校是培养拔尖人才的基地，是自主创新的领头羊，是培育和发展先进创新文化的发源地，拥有很强的创新能力，高水平的科研成果不断涌现。教师队伍研究能力强，拥有一批世界公认的学术权威、知名学者。以培养创新型高层次人才为主，博士、硕士研究生的数量占较大的比重。学科门类相对齐全，有雄厚的财力支持科学研究和人才培养，国际交流与合作活动十分活跃，崇尚学术自治和学术自由。

此类学校人力资源规划方案的特点是具有相对稳定的总体规划，增强创新能力是其人员补充、配置、培训等规划的重点。人员补充渠道以内部培养梯队为主、外部引进为辅，充分重视人才的职业生涯规划。

### 2. 研究教学型大学

研究教学型大学是科研实力仅次于研究型大学的学校。这类学校是介于研究型和教学研究型大学之间的高校，师资力量较强，拥有部分知名学者、一流专家，培养具有研究潜力的研究应用型人才。在人才培养层次上一般是研究生教育与本科教育并重、科研与教学工作并重，强调科学研究的重要地位。拥有相当规模的博士生、硕士生和博士后研究人员，承担一定数量的国家重大科研课题，有足够的科研经费和一定数量的具有标志性意义的科研成果。强调在研究中学习和在学习中研究，用科研促进教学，并广泛开展国际交流与合作。

此类学校人力资源规划方案的特点是总体规划相对灵活。人员补充、配置和培训规划以自我学习能力和激励能力强的教职员工为主体，人员补充渠道为内部培养和外部引进相结合，辅以灵活的柔性模式，重视建立在个人需求之上的职业生涯规划。

### 3. 教学研究型大学

教学研究型大学是以教学为主、科研为辅，教学科研协调发展的大学。该类学校是介于教学型和研究教学型大学之间的高校，师资力量尚可，拥有小部分知名学者、专家；具有较齐全的学科专业和少数优势学科；以本科教育为主，硕士与博士研究生培养具有一定能力。大力结合行业、地方经济文化需要开展科学研究，少数优势学科能产生高水平的科研成果；积极主动为地方经济建设、区域经济和行业发展服务，培养大批高级技术应用人才，能够积极开展国际交流与合作。

此类学校人力资源规划方案的特点是适应性的总体规划。科学研究能力是影响员工补充、培训规划的首要因素。人员补充渠道以外部引进为主，内部培养为辅；充分重视人才的职业生涯规划，劳动关系比较稳定。

### 4. 教学型大学

该类学校是以培养本科生为主，仅培养少量的研究生。立足于教学，培养大量的高级专门人才。用传播知识和应用知识与社会进行密切的联系，既要适应社会对各类人才的需要，又要适应社会发展的需要，在为社会发展服务的同时，也从社会获得促进学校发展的动力和活力。在学科设置、科学研究、人才培养上具有复合型特征，办学提倡区域化。

此类学校人力资源规划方案的特点是周密的总体规划。教学效果好的员工是人员补充、培训等规划的主体。人员补充渠道为内部培养与外部招聘相结合。培训规划主要为上岗培训和拓展训练。教职员工的职业生涯规划与学校发展需求相联系。劳动关系比较稳定。

### （四）发展性原则

高校发展所需要的人力资源保障问题是人力资源规划应解决的核心问题，主要包括教师的流入流出预测、内部流动预测、社会人力资源供给状况分析等。只有有效地保证高校发展所需要的人力资源供给，才能保障高校按照预期目标有效开展各项工作，才可能有效地为社会提供优质的教育资源和服务。

### （五）能级对应原则

"没有无用的人，只有不会用人的人"，如何利用和发挥每个人的潜能，知人善用，这里大有学问。能级层序是来自物理学的概念。能，是表示做功的能量；能级是表示事物系统内部个体能量大小形成的结构、秩序、层次。这样才形成了稳定的物质结构，这就是能级对应关系。将能级层序原理引入人力资源管理中，指具有不同能力的人，应摆在组织内部不同的职位，给予不同的权力和责任，使其能力与职位对应。这里的能力不仅指知识、经验，还包括人的道德水平、价值观。一个组织大体上可以分为决策层、管理层与执行层等不同职位，对人员素质的要求差别比较大，决策层要求具有很强的决策能力和丰富的管理知识；管理层要求很强的管理能力和一定的决策能力；执行层则要求很强的执行能力。对于教师而言也是如此，如果给擅长教学的人安排大量的科研工作，势必不能充分发挥其优势。由于人员的实际素质和能力千差万别，因此实现能级对应是一个十分复杂艰巨的动态过程。

### （六）环境适应原则

人力资源规划只有充分考虑了高校的内外环境变化，才能适应高校经营管理的需要，真正地做到为高校的发展目标服务。内部变化主要包括在校生人数的变化、新兴专业与传统专业的变化、教师流动的变化以及高校发展战略的变化等。外部变化主要包括国家的教育政策法规的变化、政府有关人力资源政策的变化以及教育市场的供需矛盾的变化等。为了能够更好地适应这些变化，在人力资源规划中应该对可能出现的情况及时做出准确的预测和风险分析，要有能够应对风险的应急策略。

### 三、高校人力资源规划的内容

高校人力资源规划是人力资源管理系统运行的依据，是人力资源战略的核心，应重点考虑如何解决以下问题：第一，如何保证学校战略能够及时体现在人力资源管理的目标、任务、制度和流程之中？第二，如何使人力资源管理从以往的适应需求型转变为面向战略的供给推动型？第三，如何依据学校发展战略，为学校提供充分、高效、结构合理的人才支持？第四，如何推动教师员工对学校战略、文化和价值观的普遍认同？如何确保高校在人力资源规划工作中做到科学有效，首先需要清楚地认识高校人力资源规划的核心内容，可以从宏观和微观两个层面进行设计。

（一）宏观角度

高校人力资源规划应基于高校发展战略及其内外部环境的分析，从近期规划、3~5年中长期规划以及10~20年的长期发展规划来对高校人力资源进行规划分析。一般来说，中长期人力资源规划对高校未来人力资源发展方向具有很强的导向作用；短期规划重点对高校现实的人力资源配置执行予以规划和调控，需按照中长期规划，而中长期规划要基于高校发展战略的调整而不断调整，是一个动态调整的过程，并非一成不变的，这就给人力资源规划带来了更大挑战。

中长期规划包括人力资源总体发展的战略规划、组织变革与组织发展规划、人力资源管理制度改革规划、职务体系分析与素质评价体系规划和员工职业生涯规划等。短期规划包括人员补充调配、绩效考核与评价、教职工培训开发、薪酬福利保险与激励、人事调配晋升与退休解聘、劳动关系调整、员工满意度调查等相应的规划。

在高校人力资源规划体系中，人力资源的数量规划、人力资源结构优化规划、人力资源素质提升规划是其核心内容，人力资源规划体系中所有规划的制订与执行都要以核心内容为基础进行。

**1. 数量规划**

人力资源数量规划是依据未来高校办学模式、教育教学规模、科学研究规模和组织结构等因素，确定高校未来各级组织人力资源数量及各种职类、职种人员配比关系和比例，并在此基础上制订未来高校人力资源需求计划。人力资源数量规划主要解决人力资源配置标准的问题，为高校未来的人力资源配置乃至整个人力资源的发展提供了基本依据。

### 2. 素质规划

人力资源素质规划是依据高校发展战略、办学模式和对教职工的行为要求，设计各职类、职种、职级人员的任职资格要求，包括素质模式、行为能力及行为标准等。人力资源素质规划是开展选人、用人、育人和留人的基础与前提条件。

人力资源素质规划有两种表现形式：任职资格标准和素质模型胜任力。任职资格标准要反映高校战略及组织运行方式对各职类、职种、职级人员的任职行为能力要求，素质模型则反映各职类、职种、职级需要何种行为特征的人才能满足任职所需的行为能力要求，如图2.1所示。

图2.1　高校人力资源素质规划图

### 3. 结构规划

人力资源结构规划需要依据高校办学规模、未来战略重点发展的学科及教育研究模式等，对人力资源进行分层分类，同时设计和定义高校的职类、职种、职级功能、职责及权限等，从而理顺各类人员在高校发展中的地位、作用和相互关系。人力资源结构规划的目的是要打破组织壁垒，为按业务系统要求对相关人员进行人力资源开发与管理提供条件。同时，人力资源结构规划也为建立或修订人力资源管理系统（如任职资格体系、素质模式、薪酬体系和培训体系等）打下基础。

## （二）微观角度

与宏观层面的规划内容相比，微观层面规划涉及的内容相对具体和详细，更多是实际操作层面的工作。高校人力资源规划从实际操作层面可以大体分为机构设置规划、编制和岗位设置规划、人员聘用规划、职业生涯发展规划、培训开发规划、绩效评估规划、薪酬激励规划以及校园文化规划等。

### 1. 机构设置规划

根据有关文件精神，高等学校可以根据实际需要和精简、效能的原则，自主确定教学、科研、行政职能部门等内部组织机构的设置和人员配备。学校管理机构根据学校的层次和规模，按照精简、统一和效能的原则，设置学校治理结构、行政执行机构、教学科研、民主管理与监督机构、保障服务机构，各机构根据学校规定履行管理、保障和服务等职责，建立办事高效、运转协调、行为规范的管理体系。通常在做高校的机构设置规划时，主要指校内常设的实体机构，不包括各类虚体机构和非常设机构，如各类委员会、领导小组以及虚体研究院所等。一般情况下，高校机构按职能分为三大类：第一类是党政管理机构，承担党政管理职能的处（部、室、院）和群团组织及科级机构；第二类是教学科研机构，承担教学科研任务的学院、教学部、实体研究所（中心、院、室）等单位；第三类是教学辅助、服务机构，为教学科研和学校教育事业提供服务的单位。

### 2. 定编定岗规划

所谓定编定岗规划，是指根据高校内外环境变化和发展战略目标，通过合理的机构设置、核编定岗、人员聘用等方式科学有效地配置人力资源，实现"人适其事、事得其人、人尽其才、才尽其用"目标的规划，主要包括机构设置规划、定编定岗规划、人员聘用规划等。旧有的定编定岗方法只是简单地照搬照套主管部门下达编制数时所附加的各种限制性规定，然后按一定比例分划给各个二级机构，至多是在这个基础上再根据各单位的现有人员数与历史经验予以个别调整。其结果必然是各单位满编之日，就是整个学校编制数被突破之时。因此，长期以来，各高校普遍存在不断修订校内各单位编制岗位职数方案的现象。这就需要人力资源部门探索一套新的定编定岗方式。一般来说，根据《关于新时期加强高等学校教师队伍建设的意见》（教人〔1999〕10号文件）规定，学校教学、科研和教育教学辅助人员应占学校人员总数的80%以上，其中专任教师应占学校人员总数的60%以上，其他党政工作人员应控制在学校人员总数的20%以内。

在做编制规划的过程中，要充分考虑到规划周期内到期解聘人员，因此，同时要做好退休解聘规划。退休解聘规划是指根据高校内外环境变化和组织发展的战略，通过有计划地让已经达到退休标准的人员和不合格人员离开学校，从而使高校的人员结构得到更优化、更合理的规划。

### 3. 人员聘用规划

招聘规划是指根据高校内外环境变化和组织发展战略，通过有计划地吸收高校外部人员，从而对高校中长期内可能产生的空缺职位加以补充的规划。对比预测的人力资源需求与供给的结果，分析高校未来有哪些岗位将空缺。如果没有合适的内部人员胜任这些岗位，就要考虑从外部招聘人员作为储备。如果有合适的内部人员接任，则要考虑调动内部人员后又会出现哪些职位空缺，最后空缺的职位也必须从外部吸收人员补充。因此，只要供小于求，就要考虑吸收外部人员，以备填补直接空缺或间接空缺的岗位。制订外部人员补充规划的目的是有计划地吸纳外部人员补充未来空缺职位。外部人员补充规划不仅是简单地计划需要引进类型和数量，还要配合制订一系列的计划以保证能招到合适的人力资源。根据规划的步骤和内容，可以将外部人员补充规划再分成两个子规划，即招募规划和甄选规划。

### 4. 职业生涯发展规划

职业生涯规划是一种以对自身职业要求为目标的目标管理，通过职业规划让个人明确知道预期的目标，自觉地按照目标的要求开发潜能，提高综合素质，解决个人在职业中发展的计划。职业生涯规划具有明显的个人特征，目的是促使个人目标与组织目标一致。教师的职业生涯指一个人作为教师从事教师职业的整个过程。教师的发展可以促进高校的发展，高校人员的发展主要包括晋升和调动。晋升规划包括职务和职称晋升。在职务晋升中，对有管理能力并在学术上有建树的教师要委以重任，以满足职务对人的需求和教师追求自我价值实现的需求。在职称晋升中，要为符合相应职称晋升条件的教师提供良好的晋升环境，创造积极向上的学术范围，满足人才优化配置和机构合理性的需求。在晋升中，既要保证质量，避免名不副实，又要防止硬化，使教师看不到发展前途，积极性受到挫伤。晋升规划的目的就是要人尽其才、才尽其用，最大限度地发挥教师的积极性和能动性。

### 5. 培训开发规划

所谓培训开发规划，是指根据高校内外环境变化和高校发展战略，考虑教师发展需要，通过对教师有计划的培训和开发，提高教师能力、引导教师价值取向，使教师适应未来岗位的规划。在培训开发需求分析的基础上，制订科学的培训开发规划。随着"双一流"建设的深入推进，大多高校都成立了教师发展中心，主要负责高校各类人员的培训规划制订与实施的相关工作。根据对高校教师素质的研究，结合高校教师的实际情况，培训的基本方针主要概括为以下四方面：

（1）培训目标的专业化

高校教师是一种专业化的职业，这个专业化不只限于教师的学术研究方向，还应更多地注重教师传授专业知识的能力，比如说，课堂授课能力。通过培训应该让高校教师能够从自身特点出发，提高教师的职业化能力和水平。

（2）培训内容的信息化

当前是知识更新无比迅速的时代，对教育也提出了信息化的要求，所以对高校教师的培训内容也提出了现代化的要求，通过培训更新高校教师的教育观念，使得高校教师群体能够不断吸收新的教育理论，同时能够掌握在新时代下信息化的教学和科研手段。

（3）培训体系的多元化

在全社会强调创新型人才培养的背景下，教师的培训体系也必然呈现出开放化的趋势和很多新颖的形式，包括校内的培训、跨校的交流式培训、远程网络培训，等等，在这种多元培训体系的条件下，应当注重加强对不同体系的宏观监管，强调不同培训体系之间的相互沟通与衔接，才能发挥出最好的培训效果。

（4）培训方式的个体化

在对高校教师进行培训的时候，应当依据教师的个体差异、学科差异、教学风格等，采取不同的培训方式，使每个教师的风格都能够得到充分的体现，而且技术的进步也使这种培训方式个体化的实现成为可能，高校教师则可以通过多样化的方式，比如远程网络教育等来获得不同的培训内容和相应的培训方式。

### 6. 绩效评估规划

所谓绩效评估规划，是指根据高校内外环境变化和发展战略，为了把组织目标、部门目标和个人工作目标紧密结合起来，形成一个高效的目标工作系统，确保整体目标的实现，制订一系列考核标准和程序来评估教师的工作态度、工作表现、工作能力、人际关系和工作结果等的规划。绩效评估既是检验人力资源管理活动的手段，又为人事决策和改进人事管理提供依据。

### 7. 薪酬激励规划

所谓薪酬激励规划，是指根据高校内外环境变化和发展战略，为了使教师结构保持在一个恰当水平，提高教师工作绩效，激发教师工作热情和动力，制订一系列的薪酬激励政策的规划。科学、有效的薪酬激励规划应包含以下几方面的内容：第一，建立薪酬激励规划的出发点是满足教师的个人需要。第二，建立薪酬激励规划的直接目的是调动教师的积极性、主动性和创造性。第三，建立薪酬激励规划的核心是分配制度和行为规范。第四，建立薪酬激励规划的效率标准是使激励规划的运行富有效率。第五，薪酬激励规划的最佳效果是在较低成本的条件下达到激励相容，即同时实现教师个人目标和组织目标，使教师个人利益和学校利益一致。

### 8. 文化生态规划

对于任何一项规划，其制订、执行、评价的过程都会不由自主地带有某种风格。事实上，贯穿于始终，体现于整体及细微，融合于表层和内在的风格，就是组织的文化。引人、育人也要营造一种全校惜才爱才聚才的文化和氛围。因此，人力资源管理非常重视组织文化建设，组织文化是指组织在长期的生存和发展中所形成的，为组织多数成员所共同遵循的最高目标、基本信念、价值标准和行为规范。其实，校园文化与人力资源有着天然的联系。首先，"以人为本"是人力资源和校园文化的核心理念，二者本质上相通；其次，培育发扬校园文化的工作必须通过人力资源部门落实，人力资源部门的一些工作也直接与校园文化有关。二者密不可分，相互促进。

# 第五节 高校人力资源规划的实施

人力资源规划的实施可分为三个阶段。一是信息收集处理阶段，即对高校发展战略、高校内外部环境、人力资源状况及其相关影响因素进行分析；二是总体规划分析阶段，即根据收集处理后的信息来制订人力资源规划的总体设计方案及目标；三是实施计划阶段，即制订与业务战略直接相关的详细计划。

## 一、信息收集处理阶段

### （一）确立目标

这是人力资源规划的第一步，主要根据高校的建设和发展目标来确定，这一步至关重要。目标分为"硬性"与"软性"两种，前者包括人员类别结构、人员层次结构、人力总成本等可以量化的一些结构性或者确定性指标的目标。后者包括工作满意度、员工成熟度、员工和岗位的适合度、领导者素质与形象的提升程度、组织效能的提高程度、校园文化建设目标等不易量化的目标。确立这些"硬性"和"软性"的目标，就是给整个高校的发展和高校人力资源规划定下基调并指明方向。

### （二）信息采集与分析

在制订任何规划之前，都需要进行调查，收集有关信息，对这些信息进行整理、分析，为制订规划提供全面的信息。信息的质量直接决定着规划的质量，所以要充分认识信息的重要性。良好的信息不仅有助于人们更理性地决策，而且也能激励人们做出更优的战略性决策。高校人力资源管理是为实现高校的战略发展目标服务的，因而其规划应以高校的发展战略为核心。高校采取增长战略、稳定战略、紧缩战略或是混合战略，直接决定高校未来需要的人员规模、未来人员结构等，高校发展战略是人力资源规划的出发点，应作为首要信息进行分析并定位。

其他信息主要包括组织内外环境的变化趋势、战略发展方向、人力资源现状，不仅要了解现实情况，更要分析发展潜力和现存问题。因此，还需要调查分析"内在、外在"人力资源的供需状况。"外在"的人力资源供需状况包括劳动力市场的结构，市场供给需求现状、教育培训政策、教育工作，劳动力职业观等外部政治、经济、文化、科技、法律、社会、自然环境；对于"内在"的人力资源供需与利用状况的调查分析，通常是人力资源规划中最重要的部分，一般包括高校的资源、竞争力、组织结构、规章制度、现有员工的一般情况，例如年龄、性别、政治面貌、知识、经验、能力、潜力、兴趣、需求、绩效、培训状况、人力资源流动状况、人力资源结构与现行的人力资源政策等。

这些信息是人力资源规划的基础，应予以高度重视，但仅仅认识到这些信息还不够，还应该对这些信息进行预测，估计在规划期内将如何变动，预测出高校未来的内外环境，才能据此制订出各项规划。这就需要高校建立科学有效的人力资源信息系统，随时更新修正，不断完善。

## 二、总体规划分析阶段

### （一）预测供需

高校人力资源规划的目的是在未来为高校提供合适的人力资源。合适的人力资源，即要在数量、质量、结构上合适，保证每个岗位上的人员合适。由于未来具有很大的不确定性，高校人力资源部门只能通过预测对未来做出一个尽可能贴近的描述。在高校人力资源规划中，最为关键的是人力资源需求预测和人力资源供给预测，它们是制订各种策略、计划和方案的基础，在人力资源规划中占据核心地位。预测的思路是预测人力资源需求量和供给量，在此基础上再预测供求平衡情况。

### 1. 高校人力资源需求预测

高校人力资源需求是指为了实现高校的发展目标需要聘用的各类人员的数量和质量等。高校人力资源需求预测是指根据高校的发展规划和高校的内外部条件，选择适当的预测技术，对高校人力资源需求的数量、质量和结构进行预测。

首先，预测要在综合考虑内部条件和外部环境的基础上做出，必须符合现实情况；其次，预测是为高校的发展规划服务，这是预测的目的；再次，应该选择适当的预测技术，预测要考虑科学性、经济性和可行性，综合各方面的选择；最后，预测的内容是未来人力资源的数量、质量和结构，应该在预测结果中体现。根据预测方法的特性，高校人力资源需求预测方法可以分为定性预测法和定量预测法。定性预测法包括经验预测法、专家预测法、现状预测法、描述预测法、工作研究预测法、驱动因素预测法等。定量预测法包括发展趋势预测法、回归分析预测法、成本分析预测法、工作负荷预测法等。

### 2. 高校人力资源供给预测

高校人力资源需求预测和供给预测是高校人力资源规划的核心内容，通过对比两者预测结果，估计未来人员供求不平衡可能，制定相应的人力资源政策。高校人力资源需求预测只是分析高校内部对人力资源的需求，而人力资源供给预测需要分析高校内部供给和高校外部供给两个方面。内部供给预测需要考虑高校内部条件，估计经过未来一段时间的调整后，高校的内部供给将会怎样。外部供给预测需要考虑高校外部环境的变化，预测人力资源市场满足高校需求的能力如何。这是客观上提供的人力资源状况。供给预测需要考虑的因素更多、更不可控，只有认识到其特点，选取合适的方法，才能增加预测的准确性。

高校人力资源供给预测是指为了满足高校未来对人员的需求，根据高校的内部条件和外部环境，选择适当的预测技术，对高校未来从内部和外部可获得的人力资源的数量和质量进行预测。首先，预测供给是为了满足需要，不是所有的供给都要预测，只需要预测高校未来需要的人员；其次，人员供给有内部和外部两个来源，因而必须考虑内外两个方面；再次，应当选择适当的预测技术，用较低的成本达到较高的目的；最后，需要预测出供给人员的数量和质量。根据预测法的特性，也可以把高校人力资源供给预测分为定性预测法和定量预测法。定性预测法包括人力资源盘点法、人员继承法等。定量预测法包括马尔科夫转移矩阵模型、相关因素预测法、市场调查预测法等。

### 3. 高校人力资源供需预测

在前两步预测的基础上，还应分析未来高校人力资源供需平衡情况。人力资源预测的结果大致分为三种：供求平衡、供过于求、供小于求。如果预测的需求和供给一致，只要保持过去的政策即可，但实际上，两者往往会出现差距。只要预测的需求和供给不平衡，就要制定相应的政策进行调节，促使两者一致。预测的人力资源供需平衡情况是制订人力资源规划的依据，后面的各项规划均是围绕解决供求矛盾而展开的。在充分调查与分析、预测供需平衡的基础上制订人力资源规划，使人力资源的补充和需求达到最佳的平衡，减少由于人力资源过剩造成的浪费和由于人力资源不足造成的制约。合理有效地进行人力资源的配置，使各类人员的岗位类别结构、学科结构、专业结构、年龄结构、学历学位结构、职称结构、学缘结构等合理布局，并留有必要的岗位轮换空间，激发各类人员的内生动力和积极性。

### （二）制订规划

为了保证高校未来的人力资源状况合理，需制订高校人力资源总规划。总规划是从总体上统筹工作，任何一个庞大的工作都应先从总体入手，如果没有从总体上规划，很难分清各项规划和工作的关系。因此，必须先制订高校人力资源总规划。高校人力资源总规划方案的制订是一个需要精心筹划的复杂工程，它涉及要确定制订方案的机构、制订方案的期限、设计方案的内容及措施等问题。制订高校人力资源规划方案，一要注意规划与高校的发展战略目标和总体发展规划相协调。高校人力资源规划作为高校总体发展规划的一个组成部分或子系统，服从于总体发展规划及其目标。二要注意高校人力资源总规划方案与各子规划方案之间的协调，例如外部人员补充规划与内部人员流动规划、培训开发规划与职业生涯规划之间的协调等。三是高校的人力资源规划与高校各类人员发展之间的协调，制订高校人力资源规划方案时，不仅需要考虑高校的发展目标，还应同时考虑个人的发展目标，这两者之间的关系协调主要在高校人力资源职业生涯规划设计中体现。

高校人力资源规划涉及高校内人力资源供求配置的诸多方面，每一方面的规划形成作为总体规划的有机组成部分。总规划制订后才能在其基础上制订各项具体的业务计划及人事政策。一般来说，高校人力资源总规划包括岗位职务设置规划、外部人员补充规划、内部人员流动规划、退休解雇规划、职业生涯规划、培训开发规划、绩效评估规划、薪酬激励规划、校园文化规划等。

### 三、制订实施计划阶段

高校人力资源规划要变为行动，才能发挥其作用。一个好的高校人力资源规划必须通过执行实现，执行是管理中的核心环节，如果缺少执行，规划只能变成一纸空文。因此，在制订高校人力资源规划时，要考虑到其可行性。高校人力资源规划是一个长久持续的动态工作过程。由于高校内外诸多不确定因素的存在，造成高校战略目标的不断变化，也使高校人力资源规划不断变更。规划方案的实施过程中，为了防止出现大的偏差或出现偏差后能及时纠正，需对规划方案的执行情况进行追踪监控和反馈，以使规划方案在实施过程中逐步达到预期的结果。在定期检查方案的执行情况时，如果发现执行情况偏离了目标，首先应分析产生偏离的原因，然后再采取相应的纠正或调整措施。产生偏差的原因可能有两种：一是确定的目标和标准不具有可行性，二是方案执行中存在问题。也可能这两种原因兼而有之。在第一种情况下，纠正偏差的方法是修正原有目标和执行标准。在第二种情况下，则需采取专门的措施来解决存在的问题。

执行是高校人力资源规划实现的基础，监控是其实现的保障。进行规划方案监控的一个必要条件是确定衡量规划方案执行情况的分项目标、短期目标以及具体绩效标准。分项目标就是由规划方案总目标分解出来的各子规划实施方案的目标，短期目标即为达成总规划方案和子规划方案的长远目标而划分出来的阶段性目标，绩效标准则是由分目标或短期目标分化出来的衡量目标实现程度的具体准则。分项目标和短期目标既需要定性描述，也需要定量描述。

### 四、评估及反馈阶段

通常，人们往往只注重人力资源规划的制订和实施，而忽视人力资源规划的评估工作。不对规划实行评估，则不知道规划的正确与否，不知道其缺陷所在，也就不可能有效地了解整个人力资源管理工作，规划也就失去了应有的作用。评估人力资源规划也是下一步修订人力资源规划的基础。

　　评估人力资源规划后还需要及时反馈，评估上一轮规划的得失，为下一轮规划提供经验。在对人力资源规划进行评估时，一定要客观、公正和正确。评估时一定要广泛征求院系和职能部门等各个层级的意见。评估所得结果应及时反馈，并对正在执行中的规划进行必要的修正和改进，避免产生谬误。

# 第三章

# 国外高校教师的分类发展

国外在高校教师的分类管理上，主要将岗位设置分为终身轨道制体系和讲座教授制体系。

终身轨道制体系中，根据教师岗位人员的聘用期限，又将教师岗位分为终身制教师和非终身制教师两类。这种分类方式主要应用于北美地区，在管理权限上，高校相对自由，享有高度的自主权。终身制教师一般是高校的核心，他们一般在学术科研上都有一定的造诣，在某一领域有着一定的影响力。而非终身制教师主要负责辅助终身制教师工作，承担一些基础性的教学和科研任务，这一类人进入准则低，薪酬也相对偏低，因此以兼职人员为主，流动性相对较强。

讲座教授制体系主要应用于英国、德国、日本等国家，高校对人事管理制度方面的管理权限相对较低，政府对高等教育的干预程度较高，因此在教师队伍管理和建设上受到一定的束缚。本章将分别讲述主流地区和国家的高校教师分类发展情况[①]。

## 第一节 美洲高校的主流模式

### 一、岗位分类与设置

美国高等教育取得了举世瞩目的成绩，其中高校教师分类管理制度的

① 王金友，蒲诗璐，王慧敏，等. 高校教师岗位分类管理刍议——国外一流大学的经验和我国高校的实践［J］. 四川大学学报（哲学社会科学版），2014（2）：127-136.

不断发展、完善对美国高校发展有着极为重要的促进作用。美国大学人力资源总体规模大、结构类型复杂，不同类别的人员有不同的招募标准和聘任程序、不同的薪酬体系和福利政策。

美国的高校一般仅将从事教学工作的岗位界定为教师岗位，将教师岗位上的从业人员称为"Faculty"，而包括教师在内的所有教职员工则称为"Staff"。美国高校对教师岗位的分类主要有两种，一是按照教师岗位的层次划分，一般分为教授、副教授、助理教授、讲师、教员五个层次；另外一种则是按照聘用时间的长短划分，将教师岗位分为终身制（Tenure）岗位、终身制轨道（Tenure-Track）岗位和非终身制岗位三类。从对应关系上来看，一般将教授和副教授定为终身制岗位，将助理教授（也有高校包括副教授和讲师）定为终身制轨道岗位；将讲师和教员定为非终身制岗位。非终身制岗位又可分为固定聘期岗位和临时聘用岗位。美国高校教师岗位分类设置情况可见图3.1：

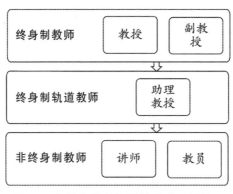

图3.1　美国高校教师岗位分类设置情况

美国高校将教师岗位在分层的基础上设置成了终身制和非终身制，终身制的教师岗位几乎没有晋升或考核的压力，而非终身制的教师岗位实施"非升即走"的政策，因此在晋升为终身制教师之前压力非常大。哈佛大学只将教授定为终身制岗位，副教授则属于终身制轨道岗位，也面临着"非升即走"的压力。具体而言，哈佛大学的教师按职称从低到高划分为四类：讲师、助理教授、副教授、教授。其中，教授又分为终身制教授和非终身制教授。讲师、助理教授和副教授都属于非终身制教师。耶鲁大学的教师岗位主要有三种：一是梯级教师岗位系列，二是非梯级教学岗位系列（主要包含教辅及保障），三是研究系列。梯级岗位包括助理教授、可转变身份的讲师、期限聘任的副教授、终身制副教授和教授。

## 二、引进与聘用机制

在教师聘任环节，一般坚持以下几个原则：一是公开竞争、择优录取。如有教师岗位出现空缺，高校就会面向全球进行公开招聘，择优录取。二是高标准，高要求。一般要求应聘者具有博士学位，应聘一流大学教师岗位的应聘者还需要有名校的博士学位，不少高校还要求应聘者具有相应的教学或研究经历。三是多元化的用人导向，严格限制近亲繁殖。例如，哈佛大学教师在引进过程中就坚持"远缘杂交"的原则，本校优秀应届博士毕业生需要在其他大学或机构中工作一段时间，具备一定的学术成就，才允许与其他的应聘者一起到哈佛大学应聘，直接留校任教的比例一般控制在15%以内。此外，为鼓励学术争鸣和学术创新，促进各高校之间的教师流动和学术交流，优化教师结构，哈佛大学的终身教轨教授通常不会在学校的副教授中直接晋升，而是在全世界范围内进行招聘。

耶鲁大学也是世界顶尖学者交流的重要平台，通过"世界学人计划"和其他学者交换计划，吸引和引进世界顶尖人才。耶鲁大学在教师引进过程中，采取"开放性入选和比较性评估"原则，面向全国及世界范围内公开选聘非终身制岗位教师，同时放眼国际范围选聘终身制岗位教师，要求受聘者应该且必须达到世界范围内该学科领域的前沿水平，并与该领域学科带头人能够一争高下，在著作和教学方面证明自己在学术性和原创性方面有着一定的声望。

## 三、晋升与激励机制

美国大学对教师最主要的激励是岗位的晋升，岗位的晋升会伴随着各项待遇的提升。终身制岗位的给予是对教师最大的激励。终身教职制度为教师提供了稳定的职业保障，使其能够按照自己的兴趣爱好开展学术研究。除此之外，各所高校还会在建立良好的工作文化和氛围、提供一流的教学和研究设施、明确合理的工作量这三个方面给予老师正面激励。在美国，助理教授一般是3~6年的试用期。试用期满3年后，助理教授将经历一场严格的评审，通过后，试用期第五年就可以申请进入终身制并同时晋升为副教授。但申请终身制只有两次机会，如果两次申请都通不过，在第七年年末就必须离开本校。根据院校差异，评选通过率一般为10%~50%。

以哈佛大学为例：哈佛大学的教师聘任制度以学术为主导，行政部门起到适当的辅助作用，不会影响教师的聘用结果。教师的晋升流程主要分为本人提出申请、校外同行专家评审、系级评审、院级评审、校级评审、校长审核等几部分。教师晋升的难度逐级递增，"非升即走"的聘任和晋升机制，保证师资队伍的内生动力及新鲜活力。哈佛大学的教授需在全世界范围内拥有很高的学术地位，学术价值是评价的最重要的标准，除了需要极高的学术创造力和学术造诣，还需要拥有十分出色的教学能力。哈佛大学的教授来源主体并非本校的副教授或破格提拔的青年教师，而是在全世界范围内的优秀学者中聘请。据相关数据统计，21世纪初，被哈佛大学初次聘为终身教授的平均年龄是37岁，其中，40岁以下的占55%，并且，有77%的终身教授是获得了特别委员会的批准。终身教授制度为教授的学术自由提供了有力的保障，有利于教师提高学术水平，研究出具有创新性的成果。2019年，哈佛大学的终身教职（TENURED）有1084位，常任轨教职（TENURE-TRACK）有413位。加入常任轨教职意味着有成为终身教职的机会，但是要经过严格的考核和评估。哈佛大学设立校级教授（University Professor）荣誉，授予在专业领域有极为突出贡献的教授，他们的研究不受所在学院的限制。校级教授是哈佛给予学校教员的最高荣誉，获得该荣誉的终身教授数量极少，其中就包括诺贝尔经济学奖获得者Eric S. Maskin、哈佛第27任校长Lawrence H. Summers、哈佛大学医学院系统生物学系主发起者Marc W. Kirschner[①]。

再以耶鲁大学为例：为保证教师岗位快速地转移到学生感兴趣的学科和新出现的科研领域，耶鲁大学采取"一当二"的教师岗位分配政策，即一个终身岗位相当于两个非终身岗位，同时，终身岗位与非终身岗位都由一个初级教师当量的计量单位来统一配置。在教师聘用阶段，主要包含岗位招聘申报、征询信推荐（请校外专家推荐该终身岗位的合适人选）、评估信评估

---

① 京领新国际. 深度解析哈佛大学师资：128位诺奖得主，教授均薪164万[EB/OL].
[2019-04-15]. https://www.sohu.com/a/307989723_100169020.

（对候选人做出比较性评估）、追加信了解（对候选人的优缺点做更为深入的比较性了解）、学系遴选委员会评审以及岗位聘任委员会评定等过程。通过评审的助理教授岗位应聘者有机会签一份一般为期3年、最长5年的合同，续聘后总聘期不超过7年。获得终身副教授岗位的应聘者有机会在5年内申请终身教授，评审时主要注重所在院系对其近年来的学术成就考核结果。同时，教务长可以对已聘满7年的终身副教授直接向董事会建议将转为正教授。耶鲁大学的教师聘任制度区别于传统的"终身教轨体系"，助理教授若能满足晋升终身制的标准，可获聘终身岗位，耶鲁大学比较注重从校内的助理教授中晋升终身副教授，因此，与哈佛不同，学校终身制教师大部分是本校教师培养晋升而来。对于新兴学科方向，耶鲁大学仍注重全球化的招聘。据有关数据统计，1995—2005年从助理教授晋升终身岗位的平均成功率是人文14%、社会科学15%、自然科学22%、生物科学39%。

## 四、考核与退出机制

美国大学教师一般有三类考核：升等考核（Merit-Increase Review）、终身制考核（Tenure Review）和后终身制考核（Post-Tenure Review），每一类考核都有一套科学、规范、制度化的评估指标体系。

升等考核以年度考核为主，也可两三年进行一次。这类考核通常伴有小幅晋级加薪，故称"升等考核"。其考核内容包括教学、科研和服务，考核结果必须与教师本人交流，通过交流，帮助被评教师总结问题、分析问题，达成共识。

终身制考核是对终身制轨道教师的考核评估，通过后会被晋升为副教授或正教授等终身制岗位，并有大幅加薪。美国大学中讲师聘任合同一般为1年；助理教授为3～4年，还可续聘3～4年；到期后，如无法通过专门委员会对其教学效果、科研能力、论文及著作水平以及咨询或服务质量等方面的考察，就会被解聘。

后终身制考核是对已获得终身制岗位的教师进行的综合考核，通常是每5～7年进行一次。针对部分终身制教师变得不思进取、"学术体制逐渐僵化"等现象，近年来，美国大学开始对Tenure-Track制度进行反思，一些州的立法机构、政府机构、大学董事会等开始要求对大学终身制教师进行定期的综合考核，这就是后终身制考核。

美国高校教师岗位的退出制度主要通过以下几种机制实现：

一是"非升即走"的淘汰机制。美国大学中非终身制教师岗位上的教师，严格实行"非升即走""无著作论文就解聘"等原则，大学教师如果没有在规定的期限获得晋升，必须离开所在的大学。

二是市场调节机制。主要指大学教师流动的供求机制、价格机制、竞争机制等。

三是教师岗位管理机制。高校教师有规范的聘任、考核、晋升、退出管理办法，如教师在任期内不能达到合同约定的必要业绩水平的教师就会被解聘。固定聘期制的教师在聘期结束后也会按照合同约定解聘。

四是学生评价机制。美国大学一直非常重视学生对教师的评价，如果教师在学生评价中不合格，就会转岗或解聘。

五是退休制度。美国高校中终身教授退休，退休金替代率达到70%以上，确保了退休后的生活质量，也是教师退出机制的重要组成部分。在美国大学中，终身教授退休，给招聘新教师带来了机会，因为终身教授薪酬很高，一名终身教授退休，可以招聘数名新的非终身制助理教授，并可以促进教师种族和性别的多样化。

# 第二节　欧洲高校的主流模式

## 一、岗位分类与设置

英国的高校教师岗位分类主要有三种：

一是按照工作职责划分，分为教学科研岗（工作职责包含科研和教学）、科研岗（工作职责全部或主要集中于科研）、教学岗（工作职责全部或主要集中于教学）三类。这三类岗位的人员在满足一定的条件时可以相互转岗。如诺丁汉大学规定，只关注科研或只关注教学的人员在科研和教学同时开展工作时，可申请升职至讲师（5级，教学科研岗）。

二是按照级别划分，教学科研岗主要分为教授（Professor）、准教授（Reader）、高级讲师（Senior Lecturer）、讲师（Lecturer，5级）四个级别；教学岗主要分为讲师（5级）、教学助理（4级）、助教（4a级）三类；科研岗主要分为高级研究员（5级）、研究员（4级）、助理研究员（4a级）三类。

三是按照聘期长短划分，英国的高校教师队伍中既有终身制的教授，也有非终身制的临时讲师和短期契约的雇佣教师。上述岗位中，教授、准教授和高级讲师没有规定任期，类似于终身制；讲师及其他类别一般实行聘任制（非终身制）。

表3.1 英国高校教师岗位设置情况

| 分类一 | 教学科研岗 | | | | | | 科研岗 | | |
|---|---|---|---|---|---|---|---|---|---|
| | | | | 教学岗 | | | | | |
| 分类二 | 教授 | 准教授 | 高级讲师 | 讲师 | 教学助理 | 助教 | 高级研究员 | 研究员 | 助理研究员 |
| | | | | 5级 | 4级 | 4a级 | 5级 | 4级 | 4a级 |
| 分类三 | 无聘任期限 | | | 固定聘期或短期聘任 | | | | | |

德国高校的教师岗位主要分为教授和教授辅助人员两大类。教授是一个学科领域（讲席）的组织者和执行者，是大学教师职业生涯的最高阶段，是由政府任命的具有终身教职的国家公务员，是德国大学教学科研的核心力量。一个学科领域的其他人员都是围绕教授开展工作。教授又分为讲座教授、C4级教授（相当于教授）、C3级教授（相当于副教授）、C2级教授（相当于讲师）。教授辅助人员分为助手和学术雇员两类。助手是有限期聘用职位，最多6年他们必须离开现在的位置，因此他们必须在6年内获得教授备选资格，然后去另一所大学谋求教授职位。

表3.2 德国高校教师岗位设置情况

| 分类一 | 教授 | 教授辅助人员 | | | | | | | |
|---|---|---|---|---|---|---|---|---|---|
| | | 助手 | | | | | 学术雇员 | | |
| 分类二 | 讲座教授 | W3级教授 | W2级教授 | W1级教授 | 大学讲师 | 高级助教 | 高级技师 | 艺术助教 | 学术助教 |
| 分类三 | 长期聘任 | 固定期限聘任 | | | | | 无固定期限聘任 | | 固定期限聘任 |

### 二、引进与聘用机制

英国大学聘任教师通常采取公开招聘的方式，申请者需具有优秀业绩、取得专业学位及有教育研究经验。准教授和高级讲师多数是校内升格者，要求发表独创性的研究论文，校外专家也参加审查以及评价。教授岗位实行公开招聘，选任委员会推荐，由董事会任命。高级讲师以上基本享受终身制待遇，没有正当的理由不能进行解聘。

英国的大学都是独立法人，大学教师不是公务员，由各大学（理事会）负责聘任，作为雇主的大学是根据雇佣契约来聘任从事大学教育研究工作的被雇佣者。大学教师中肩负教育和研究双重职责的教师占教师总数的60%，只从事研究工作的占30%，只从事教育的占10%。教授、准教授和高级讲师没有规定任期，而有些大学对一般讲师实行聘任制。准教授和高级讲师在工资表上属于同一分类，高级讲师是从一般讲师中选出的优秀者，因教授职位有限而不能升格者就称准教授。

以英国的亚伯大学为例，其选聘标准分为三个层次：其一是关于教师自身能力的标准，具体包括教师学位、专业能力、实践经验、教学技能技巧、表达能力等；其二是关于教师人际关系层面的标准，具体包括教师与学生的沟通能力，以及与同事之间的沟通协调能力等；其三是关于教师职业素养层面的标准，如师德水平、奉献精神、团队意识等。

德国大学的人才招聘从最低岗位就进行公开招聘。当出现职位空缺时，德国大学会在权威学术期刊、国际新闻杂志、专业门户网站等多种平台发布招聘信息，并通过参加全球人才招聘会、挖掘本校教授已有学术联系、建立与猎头公司的长期合作等渠道扩大宣传力度，尽可能在最广泛的范围内延揽优秀专家学者。不仅如此，部分大学还在国外设立了代表处，以更快速地对接国际顶尖研究人员。无论什么国籍，申请成为德国大学教授均需具备从事学术工作的专业资格，即取得相应专业的博士学位，并拥有较强的教学能力和丰硕的学术研究成果。针对不同级别教授的聘任，德国各州各大学的程序也有所差异。W1级教授的聘任流程相对简单，而W2和W3级教授的判定选拔则相当严格，其主要包括：制定职位描述；发布职位公告；对应聘者开展内部及外部审查；由遴选委员会确定候选人；州教育部审查并召集候选人；候选人与大学、州政府部门进行面谈；最终任命候选人。

德国高校教师具体聘任过程是由大学遴选委员会统筹负责。联邦政府及各州法律并未对遴选委员会中是否需要国际成员做出明确规定，但至少应有1名校外专家的参与，降低终身教授在招聘过程中可能存在的非中立倾向而带来的消极影响。首先，在预选和面试环节中，遴选委员会对学科劳动力的市场态势，用人学院的特殊需求，申请人的教学经验、研究水平、跨学科的兼容能力、与大学整体目标的契合程度等因素进行全面评价，并邀请2名以上同行评审进行权衡判断；以此为基准，遴选委员会确定3位最佳候选人，做出尽可能科学的理性推荐；然后，学院管理委员会对候选人名单进行审阅，认可后提交至大学校长办公室确认。在终选阶段，州教育部按排名顺序邀请拟聘请人和校长进行"任命谈话"，就教学研究理念、薪资、办公条件、配备资金和人员等事项进行协商，并由此做出最终选择。拟聘请人应在规定时间内回复是否接受任命；如未接受，则依次递延至第2顺位候选人。如3位候选人均未与大学达成协议，大学需重新启动招聘程序，开始新一轮的选聘工作。

德国大学的教师聘任制度具有开放包容和缜密公正的双重特质。招聘信息的公开透明和招聘渠道的广泛多样，为国际人才平等竞争学术岗位提供了先决条件。人才评价标准的同一性、同行评审和校外专家的公信力与专业性、相关部门人员的协同性，保障了大学在现有条件下选拔到最具胜任力的学者。但不可忽视的是，由于德国大学在教育经费上主要依赖政府，其人才聘任也有着明显的行政力量标记，如教师的招聘信息，包括招聘人数和条件要通过州和直辖市政府的公告和新闻媒体向社会公布；由政府确定最终人选等。

### 三、晋升与退出机制

1992年，英国启动了全国范围内的大学教师评价活动，"追求卓越"成为英国研究型大学教师评价改革的主题。在高等教育发展的新时期，大学教师评价在变革中不断调整和完善以适应高等教育发展的时代诉求。其主要在以下几个方面进行改革：面向世界一流，聚焦大学教师科研成果的国际影响力；发挥董事会外部治理作用，建立广泛的大学教师评价协调机制；实施多维度系统性评价，注重大学教师的学术公民身份；提升大学教师评价效能，优化大学教师学术职业发展路径。2012年起英国推行全新的研究卓越框架为高等教育拨款机构提供经费分配方案，并向大学推广卓越研究的评价标准。在研究卓越框架中科研成果、学科声誉和科研环境分别占65%、20%和15%的比重，科研成果划分为"国际领先""国际著名""国际知名""国内知名"四个等级。根据这一方案大学教师须将四项代表性成果提交评议小组，后者采用专家评议的形式对科研成果的引用率等其他指标进行具体判定，最后纳入科研成果综合分数。英国研究型大学在对教师的科研成果进行评价时也采用与研究卓越框架相一致的评价标准[①]。

英国大学对教师的考核评估是全方位的，从教学、科研、公共服务等多个方面着手，通过一套科学规范的指标体系和制度设计，对每个岗位上的教师进行品德、能力等多方位的评价。考核评估优秀者，就可以晋升到终身制岗位。如诺丁汉大学重点关注教师在以下三个领域获得的成就：学术研究、教学活动、大学学术服务，以及良好的公民身份（比如在校内提供领导力、管理、行政、学术推广或牧师等服务，或者代表学校参与社区乃至国际性的活动）。所有教师都需要在以上领域中展示自己的优秀成绩和胜任相应岗位的能力，才能得到聘任或晋升。在考核评估的基础上，牛津大学、剑桥大学、诺丁汉大学等都针对不同岗位教师建立了在职培训项目，鼓励教师在岗提升职业能力。

德国实行非常严格的"非走不升"的政策。德国《高校总纲法》明确规定：德国高校教师想要晋升，只有离开原所在高校，到别的大学去应聘。这种制度设计就使教师的流动有了制度保障，有效地促进德国高等教育平坦化，使德国各大学的整体水平差不多，没有明显的层次差别。此外，为增进大学活力和教授工作积极性，德国政府和大学实行了教授职位和工资制度，设置基本工资和业绩工资，每5～7年对教授的工作业绩进行一次评估，作为加薪和资源配置的依据，以加强对大学教师的激励。

在德国，想成为教授，必须取得博士学位，至少在大学做6年助教，其间参评者需完成一篇教授资格论文，并完成至少3个与专业方向相关的专题报告。经过答辩委员审核通过后，才能拿到W1教授（青年教授）的职称，不过

---

① 刘之远，沈红.治理视角下英国研究型大学教师评价政策改革与借鉴［J］.国家教育行政学院学报，2017（12）：7.

这类职称及岗位，聘期一般为6年，属于有期限的公务员。平均来说，德国人获得博士学位的年龄约在32岁，W1教授受聘年龄平均为42岁。要想拿到具有终身制的W2和W3，学者们还得继续努力。在W1教授级别继续工作6年后，学者可以根据自己的科研成果和教学成绩申请W2的职位。W2在德国被称为"非正常教授"或"计划外教授"，相当于美国高校职称体系中的副教授，此时大部分人的年龄已接近50岁。从助教到W3，学者至少经历12年，W3是德国真正意义上的教授，数量很少，岗位数量固定，前一个岗位的人不走，后面的人也上不来。根据欧洲科学院院士、锡根大学教授张传增介绍，"在德国某些专业的教授招聘时需要教授资格，但是获得教授资格后不一定能得到教授位置"。德国大学不仅晋升困难，招聘竞争也很激烈，在招聘教授时不考虑本校人员。明斯特大学数学与计算机科学系系主任蒋晓毅曾介绍过德国大学教授应聘的激烈竞争情况——上百个优秀的候选人竞争一个岗位，招聘委员会最终筛选出6~8人进入面试。

# 第三节　亚洲高校的主流模式

## 一、岗位分类与设置

在亚洲，日本和新加坡的大学教师岗位有着典型的代表性。

2007年，日本修订了《大学设置基准》，最新的高校教师职称从低到高分别为助教/助手、讲师、准教授和教授。自此，日本高校基本设置分类以这四类为教员的主要组成部分，以下是部分高校的各岗位聘用人数：

**表3.3　日本部分高校各教师岗位规模[①]**

| 学校 | 教授 | 准教授 | 讲师 | 助教 | 总计 |
|---|---|---|---|---|---|
| 东京大学 | 1304 | 984 | 287 | 1311 | 3886 |
| 东京工业大学 | 372 | 337 | 15 | 328 | 1052 |
| 京都大学 | 977 | 766 | 184 | 772 | 2699 |

① 数据来源于各大学官网统计数据。

新加坡南洋理工大学以提高教育教学水平、促进学校与个人共同发展为目标，坚持突出教研、兼顾发展的原则，将全体教职工分为教学型、科研型、管理型、服务型4种人员类型，形成了科学的人员结构，有利于学校教育教学和科研等综合水平的提高。在全体教职工中，专职教学型人员比例为23%，其中教授及副教授的比例为46%。科研人员占全体教职工总人数的40%，管理人员占总人数的15%，服务保障人员占总人数的22%。科研人员40%比重的配置十分明显地突出其科研导向，同时专职教职人员又能够专门从事学校日常教学的工作。合理的分工不仅能够做到教学力量和科研力量的合理投入，避免教学科研不分造成的混乱，也能够更为集中地发挥教学和科研的各自的优势。

## 二、引进与聘用机制

日本的大学教师存在学阀意识，并且近亲繁殖现象比较严重。传统上日本大学教师基本上是终身任职制，在"终身雇用"和"年功序列"惯行体系中身份得到法律保障，由于该制度消退了教师的工作积极性，所以日本开始改革并酝酿任期制度，目前正逐步向任期制度推进。

1995年9月，作为文部大臣咨询机构的大学审议会提出实行任期制的建议：①不论国立、公立，还是私立大学，任期制以助教、副教授和教授等所有的大学教师为对象。②是否实行任期制，委托给大学方面判断（选择性任期制）。③实行任期制的期限、作为对象的教师和学部、有无再任等由各大学自己决定。关于能否再任，各大学应该设定标准，不仅是研究业绩，而且要考虑到学生的授业评价和讲义内容等教学业绩。

现在，有10%以上的大学实施任期制，早稻田大学、东京大学、庆应义塾大学等都不同程度地实行了任期制。如早稻田大学规定所有助教的任期原则上为3年，最长不能超过5年；东京大学法学部规定助教任期为3年、讲师任期为2年；庆应义塾大学从1995年开始实施从校外聘请教师规定任期的制度；筑波大学尖端学际领域研究中心（TARA）为贯彻竞争原理的基本方针，1994年，首次在《SCIENCE》和《NATURE》杂志刊登求人广告，公开招聘7名教授。来自26个国家的187人提出申请，由校外专家占2/3的审查委员会进行公开审查，结果任用校内3人、校外4人（其中1个是美国人）。事先规定这7名新任用的教授"若在7年中没有研究成果，就要离开TARA以及筑波大学"。按照文部省的官方解释，即使本人"不想离职"，也必须遵守法律的规定。由此可见，文部省对实施大学教师任期制是有法可依的。

日本大学教授、副教授的聘用一般从副教授、讲师中晋升，或者向社会公开招聘。1996年日本内阁向国会提交"关于大学教员等任期的法律草案"，试图对目前的大学教师人事制度进行改革，增加包括选择性任期制的新内容。诸如，通过流动确保高校师资队伍的多样性人才，以求改善大学的教育研究组织；从事研究者可以担任助手之职；根据特定目的在既定期间可以担任教育研究之职；有关大学教师的岗位种类和任期长短由各大学自主制订公布，但要得到应聘者本人的同意。这种国家主导的大学教师任期制正在激烈的争议中迅速实施，其目的在于打破大学固有的安定现状和解决人才难以流动等实际问题，唤起大学教师的改革意识及其职责使命。

新加坡南洋理工大学遵循严格的同行评议及选聘程序，从全球招聘最优秀的人才。为了确保本校人才的质量和数量，学校以国际视野在全球范围内引进人才，按照高薪酬、多渠道的策略制订人力资源引进办法，拓展人才引进尤其是国际高端人才引进渠道和方式。在国家高等教育人才战略的推动下，南洋理工大学的人才招聘进一步强化其全球视野和择优机制，在引进中采用政府指导与市场相结合的方式展开，具体由选拔世界顶级人才和挖掘具有潜力的杰出人才两部分组成。

南洋理工大学在人才引进的遴选中提供丰厚待遇，吸引精英人才，同时采用世界杰出同行评议机制，保证遴选的最优化。如2007年，欧洲科学基金会前总裁、诺贝尔基金会成员、瑞典林雪平大学前校长博蒂尔·安德森教授，经过严格的选拔程序当选为南洋理工大学的常务副校长。2011年7月1日，安博迪教授出任南洋理工大学第三任校长。2018年1月，美国麻省理工学院工程学院前院长、美国国家科学基金会前主席、卡内基梅隆大学前校长苏布拉·苏雷什教授出任南洋理工大学第四任校长。得益于国际化的人才招聘机制，有很多国际顶尖学者、全球科学家加入南洋理工大学，这使其学科建设得到快速发展，国际知名度和国际影响力大幅提升，成为新加坡的品牌。学校高等研究所聘请了David Baltimore、小柴昌俊、李远哲、杨振宁等10位诺贝尔奖得主和1位菲尔茨奖得主担任顾问。

此外，南洋理工大学还充分利用新加坡国立基金研究会于2007年启动的"研究员计划"和其自身创立的"南洋助理教授计划"吸引世界范围内杰出的教育工作者和研究人员。学校通过提供南洋助理教授职位、国立研究基金会研究学者奖学金等措施吸引了不少全球青年才俊。如在2008—2016年75位国立研究基金会奖学金研究学者当中，36人（48%）选择加盟南洋理工大学。

### 三、晋升与激励机制

日本高校的助教或助手一般从研究生院优秀学生或毕业生中选拔。而讲师一般需由教授提名，经教授会同意，校长批准。从助教到讲师一般需要2年及以上的时间。评选准教授时，参选人须有任大学助教3年以上的经历或任助教的经历及经认定的研究能力；或5年以上旧制高中和专科学校副教授或专职讲师经历和教育研究成果；抑或5年以上研究所、试验所、调查所任职经历和研究成果。而评选教授时，参评人须有5年以上其他专科学校的教授经历。日本大学的职称评定可以由教师本人根据工作年限和教学科研成果以及学校标准随时向系主任提出晋升申请。

理论上，一名学者从助教评到教授，如果快的话，仅需要10年左右的时间。但实际上，日本学者晋升普遍比这个时间要久。根据统计资料显示，2009年日本各大学教师当中的教授平均年龄在53~58岁，准教授的平均年龄在41~50岁。2015年，日本教授的平均年龄是56.2岁。大多数人是50岁以上才能评上教授。

一方面，日本对教授职称的控制比较严格。另一方面，1997年颁布了《关于大学教师等的任期制的法律案》后，日本公立、私立大学广泛采用聘任制，如今日本的教师也都不再属于公务员性质。由于竞争激烈，大多数中青年教师为了提高竞争力，刻意拉长战线去做研究、攒成果，争取一步到位。

同时，日本高校建立了完备的薪酬激励体系，建立了基本工资、绩效补贴和年终奖等年薪制工资体系，极大地保障了教师的生活条件，为潜心科研奠定了基础。以下是京都大学年薪制教师的薪酬情况一览表：

表3.4　京都大学年薪制教师薪酬情况[①]

| 种类 | 职务年薪（职务给） | 绩效工资年度上限<br>（インセンティブ手当） | 年终奖上限<br>（业绩一时金） |
|---|---|---|---|
| 教授 | 7,200,000日元 | 7,200,000日元 | 750,000日元 |
| 准教授 | 5,400,000日元 | 5,400,000日元 | 600,000日元 |
| 讲师 | 4,200,000日元 | 4,200,000日元 | 500,000日元 |
| 助教 | 3,600,000日元 | 3,600,000日元 | 450,000日元 |

南洋理工大学职称评审工作坚持优胜劣汰原则，达不到标准则宁缺毋滥。教育部门对岗位职数不进行总量和比例的控制，学校也没有名额限制，只要达到标准就可以评审，特别看重同行专家的意见。新加坡南洋理工大学为了确保教学质量和灵活性，虽对各层级教职人员数量及比例不做硬性规定，但对人员职称晋升采取非常严格的标准进行评定。第一，该校对晋升副教授和教授的时限做出了严格规定。助理教授晋升到副教授不得多于9年，副教授晋升至教授则不能多于6年，如在规定时间内未能晋升，学校则不再与之签订聘用合同。从统计数据上看，该校终身教职的淘汰率在20%左右。第二，职称晋升主要参考国际学术评价的方式进行，一般参照著名美国大学的标准，并邀请学科领域的权威专家作为评审专家，专家人数一般为6~9名。评审中如果有2位专家给予不通过的评分，则该教职工的评议结果为不通过。截至2020年7月1日，NTU共有教职工7976人。教学人员中，教授占比13%、217人，副教授占比35%、583人，接近一半比例的教学人员由教授和副教授组成（数据来源：NTU官网）。

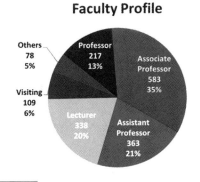

**Faculty Profile**

---

① 100万日元约5.1万元人民币（汇率按照2023年2月时计算）。

通过上述年度考评和职称晋升机制的施行，南洋理工大学充分调动了教职工的积极性，激励教职员工以更加饱满的工作热情、更加负责的工作态度投入学校的教学科研工作当中。

同时，南洋理工大学也建立了完备的薪酬激励体系，助理教授的年薪15万新加坡元左右（含"年终花红"，即年终奖），副教授23万新加坡元左右，教授30万新加坡元左右。学校还制定了一系列灵活多样、较为丰厚的福利措施，如"带薪休假制度、自助餐式福利、子女教育资助以及住房补贴等"。新加坡大学教师的薪酬高于英国和澳大利亚一般大学的水平，与美国中等大学基本持平，加之新加坡生活的费用相对较低，其薪酬颇具吸引力。

学校高度重视青年人才的成长，通过各种各样的方式给他们提供发展进步的空间。例如，学校每年将近有150万新加坡元给予年轻教师做科学研究；学校还设置了优秀博士生奖学金，鼓励学生潜心研究与求学；年轻老师的指导教师全部由具有深厚资历的教授担任，以便给予他们充分的支持与帮助；年轻教师在入校的前三年，学校鼓励他们全身心进行科学研究工作，因此大大减轻了对他们的课时要求和对非教学性事务的要求。国际化的人才待遇得到了高额回报。从2005年起，学校外部资助研究金大幅攀升，增幅达到500%；2015年有4694篇论文被《科学网》引用，影响因子＞10的论文总数显著增长，2000年为0.16%，至2015年达到7.2%。

## 四、考核与退出机制[①]

为激发教师活力，南洋理工大学以考核为抓手，注重目标导向，采取奖惩结合的方式激励教师全身心投入工作。学校在教职员工管理上采用严格考评、精确的业绩评价和有效激励相结合的模式，构建了灵活的薪酬体系与严格的奖惩制度。

考核周期：每年5月启动教职工的考核工作，考核区间为上一年度的7月1日至本年度的5月31日，7月产生结果，考核工作按程序进行，结果严格保密，结果仅告知院长、系主任和被考核人员本人。

---

① 柯尊韬，陈芳. 自主化办学背景下新加坡高校人事制度改革的经验与启示——以南洋理工大学为例 [J]. 煤炭高等教育，2020（3）：6.

考核指标：主要体现教师的岗位职责任务。考核分数共12分，其中助理教授、副教授、正教授系列：教学5分、科研5分、服务2分，获得A等级，教学至少要拿到4分（其中双肩挑教师可选择：教学2分、科研2分、服务8分的考核指标）；讲师系列：教学8分、科研2分、服务2分。除了基本考核外，学院还将对正教授从推动跨学科研究、是否有学术领导力等方面进行评估。由于正教授参与学校层面的学术事务较多，大学将在学院评估的基础上对正教授进行额外评估。系主任、副院长由院长进行考核，各学院的院长由学部进行打分，之后由教务长、校长打分。所有考核结果保密、不公示，避免互相攀比。评估的指标包括教学业绩指标、科研业绩指标、服务业绩指标。服务业绩由学院平时掌握，教学与科研业绩指标的评估内容如表3.5所示。

表3.5　南洋理工大学教师评估考核指标

| 比例 | 标准 |
| --- | --- |
| 1. 过去1~3年的教学指标分 <br><br> 2. 指导硕士学生已毕业数/正就读数，指导博士已毕业数/正就读数 <br><br> 3. 教学奖情况 <br><br> 4. 教学创新情况 | 1. 论文发表总数 <br> 2. 过去3年发表论文总数、第一作者和主要作者数 <br> 3. 一级期刊发表总数，一级期刊第一作者或主要作者数 <br> 4. 过去3年一级期刊发表总数、过去3年一级期刊第一作者或主要作者数 <br> 5. 过去3年被引用的总数 <br> 6. 赫希（hirsch）指数 <br> 7. 过去3年专利数 <br> 8. 学术期刊编委成员 |

考核结果：考核分为ABCDE五个等级，与薪酬待遇紧密挂钩。每个等级的比例由学校规定，等级比例与薪酬和花红（花红相当于1~3个月的工资）挂钩。绩效考核结果绩效和工资晋升的重要依据（其标准与比例如表3.6所示）。评定为A等级的教师所得花红为当年月工资的3倍，下一年度工资增长约3.5%；B等级所得花红为当年月工资的2倍，工资增长约2.5%；C等级所得花红为当年月工资的1倍，工资增长约1.5%；D等级无花红，工资增长约1%；E等级无花红，工资不增长，被评为E等级的教师，院长要亲自与其谈话，指出不足，提出努力方向和改进措施。

表3.6  南洋理工大学教师评估考核等级、比例和标准

| 等级 | 比例 | 标准 |
|:---:|:---:|---|
| A | 12% | 能力水平远超过职级要求，达到卓越标准，比例不能超过12% |
| B | 30% | 多项能力超出职级要求，达到优秀标准 |
| C | 45% | 一些方面超过职级要求，达到良好标准 |
| D | 10% | 基本符合职级要求 |
| E | 3% | 未达到职级要求，比例不能低于3% |

# 第四章

# 我国高校教师的分类发展

在以往很长一段时间内，我国高校并未体现出"教师岗位"的概念，因人设岗、人变岗变的情况时有发生，围绕"教师岗位"进行的管理服务工作一方面没有突出重点，另一方面也没体现出系统性的方法，既不适应现代高等教育发展需求，也不符合人力资源管理的原则。随着我国高等教育规模的不断扩张，以及高校教师队伍的不断扩大，高校教师管理成为关乎我国高等教育事业发展的重要议题。1986年中央出台《高等学校教师职务试行条例》决定实行专业技术职业聘任制度，开启我国高校教师人事管理制度的改革进程。教育部在制定《国家中长期教育改革和发展规划纲要（2010—2020）》时明确提出，要在10年内完善中国特色现代大学制度，完善高校治理结构。对高校教师，则要求全面实行聘任制度和岗位管理制度，确立科学的考核评价和激励机制。自此，以"教师岗位"为中心的管理服务模式为特点的高校教师岗位分类管理制度被确立起来。相比而言，国外起步早，很多高校都在长期的实践中形成了比较科学合理的职位分类体系。

本章节聚焦于高校教师的岗位分类管理，针对现行的高校教师岗位分类管理存在的问题提出优化策略，以期对提升高校教师管理水平提供解决思路。

## 第一节 高校教师聘用制度的发展变革

### 一、高校人事制度改革的阶段

高校人事制度改革从20世纪80年代中期开始，其进程大体分为四个阶段，岗位分类管理也是在改革的过程中逐步推进和实施的。

第一阶段：20世纪80年代中期到90年代前期。改革重点是政府简政放权，高校自主管理，健全学校内部管理制度，体现按劳分配原则，形成高校人事制度改革第一次高潮。1986年中央出台《高等学校教师职务试行条例》决定实行专业技术职业聘任制度，开启我国高校教师人事管理制度的改革进程；开始落实高校人事分配自主权，推动从政府直接管理、高度集中的计划管理向政府间接管理、学校自主管理的转变。

第二阶段：20世纪90年代中期之后的10年时间。改革重点是高校用人机制改革，全面推进人力资源配置方式改革，逐步实现从身份管理向岗位管理的转变。这个阶段具有标志意义的举措，一是1998年实施"长江学者奖励计划"，引领北京大学、清华大学创新性地实施岗位津贴制度，带动了高校人事分配制度改革。二是教育部先后发布两个关于深化高校人事制度改革的指导性文件，促进改革在更大的广度深度上展开。之后，随着"985工程"、教育振兴行动计划的实施，高校大力推进了编制管理、岗位管理、人员聘用和薪酬分配改革。

第三阶段：自2006年开始至2017年。改革重点是改进高校教师人事管理制度，完善教师岗位分类管理。2007年的《国家教育事业发展"十一五"规划纲要》提出："改进高校教师人事管理制度，完善教师岗位分类管理。"同年教育部制定的《关于高等学校岗位设置管理的指导意见》（以下简称《意见》）明确指出，高校的岗位应分为管理岗位、专业技术岗位和工勤技能岗位。而专业技术岗位又被分为教师岗位和其他专业技术岗位；教师岗位主要分为教学型、科研型和教学科研相结合型3种，《意见》对高校教师基于岗位设置形成的分类管理提出明确的要求。由此，我国高校教师分类管理制度开始建立，并逐步完善成为当前高校教师队伍构建的基本制度。这一阶段高校人事制度改革强调完善机制制度，强调岗位管理与聘用制改革结合，与灵活的用人机制相结合，与收入分配制度改革相结合。同时，改革校内管理体制，推进教学科研基层组织建设。

第四阶段：自2018年开始至今。改革的重点是全面深化新时代教师队伍建设，理顺体制机制。2018年1月20日颁布的《中共中央国务院关于全面深化新时代教师队伍建设改革的意见》提出，"要深化教师管理综合改革，切实理顺体制机制"，要"根据各类教师的不同特点和发展实际"，"采取有针对性的制度举措，定向发力"。如何依据实际、有针对性地对高校教师进行分类管理，实现高校教师资源的分类开发，推动高校教师分类发展，成为高等学校科学治理必须面对的重要问题。高校教师分类管理制度主要来源于国家及高校，国家层面的制度更多是从宏观政策上为高校教师分类管理指明发展方向，学校层面的制度则是国家宏观政策的进一步细化和具体化。

为全面贯彻习近平总书记关于教育的重要论述和全国教育大会精神，深入落实中共中央、国务院印发的《关于全面深化新时代教师队伍建设改革的意见》和《深化新时代教育评价改革总体方案》，加强新时代高校教师队伍建设改革，2021年1月4日，教育部等六部门发布的《关于加强新时代高校教师队伍建设改革的指导意见》提出了8项20条要求，对新时代高校教师队伍建设指明了方向。其中明确指出要完善高校教师聘用机制：充分落实高校用人自主权，政府各有关部门不统一组织高校人员聘用考试，简化进人程序；要加快高校教师编制岗位管理改革：积极探索实行高校人员总量管理；要依法采取多元化聘用方式自主灵活用人：统筹用好编制资源，优先保障教学科研需求，向重点学科、特色学科和重要管理岗位倾斜；要强化高校教师教育教学管理：完善教学质量评价制度，多维度考评教学规范、教学运行、课堂教学效果、教学改革与研究、教学获奖等教学工作实绩；要推进高校教师职称制度改革：研究出台高校教师职称制度改革的指导意见，将职称评审权直接下放至高校，由高校自主评审、按岗聘任；要深化高校教师考核评价制度改革：突出质量导向，注重凭能力、实绩和贡献评价教师，坚决扭转轻教学、轻育人等倾向，克服唯论文、唯帽子、唯职称、唯学历、唯奖项等弊病。

## 二、教师岗位聘用制的发展 ①

### （一）酝酿期：2000年以前

1985年《中共中央关于教育体制改革的决定》的颁布，吹响了教育体制改革的号角。从岗位聘用来看，1993年颁布的《中国教育改革和发展纲要》要求"在合理定编的基础上，对教职工实行岗位责任制和聘任制，在分配上按照工作实绩拉开差距"，这是官方文件中首次在教师人事任用上提出聘用制的概念。此后，《中华人民共和国教育法》《中华人民共和国教师法》和《中华人民共和国高等教育法》均提出要实施聘任（用）制，"教师的聘任应当遵循双方地位平等的原则，由学校和教师签订聘任合同，明确双方的权利、义务和责任"，其为聘用制的实施提供了教育法上的依据和保障。但囿于当时的社会发展条件，聘用合同机制设计阙如，理论内涵认识不清、阐释不明，实践中无法真正落实。从人事管理来看，这一时期仍沿用传统的计划编制模式。20世纪80年代以后，高校教职工开始由计划经济下"单轨制"的全员在编，发展为市场经济下"双轨制"的编内编外用人并存，开始出现外聘工勤人员，但对于专任教师，则一直采用行政化的编内管理模式。固定编制是这一时期的主要特征，即编制与教师形成一对一的对应关系，严格同身份挂钩，与岗位无关。

### （二）探索期：2000—2006年

以2000年人事部、教育部《关于深化高等学校人事制度改革的实施意见》的颁布为标志，教师聘用制进入实质落实阶段，目标是强化教师与高校间的合同用人关系，扩大高校的用人自主权，使高校初步获得对教师的管理和评价权。这一时期主要完成了聘用合同的机制设计和实践探索。2002年国办转发人事部《关于在事业单位试行人员聘用制度意见》的通知，对聘用合同的条款、期限、考核、解聘辞聘事由、经济补偿等内容做了较为详细的规定。2005年，人事部发布了《事业单位聘用合同（范本）》，为高校签订聘用合同提供指导和示范。

---

① 徐雷，高媛. 高校教师聘用制的制度逻辑与演进路径［J］. 高校教育管理，2018，12（3）：10.

从政策方面，建立了公开招聘、聘用合同制度，规范了岗位、人事聘用关系成立的实体要求和程序要件。在"退出"层面，亮点在于对聘用合同解除的规定上。但也有不足，首先，聘用制推进速度不均衡。因校情有别，发展程度不同，没有实现各校同步推进，而是呈现有快有慢的态势。其次，制度设计态度暧昧，如只阐明聘用合同解除的可能性，未明确解除的后果等。另外，为防止政策过于激进或执行"刚性"过强，折中思想贯穿始终，突出表现在对落聘人员的处理上，要求"设立校内人才交流中心""妥善安置未聘人员"，而并未放开社会流动。因此，在这一时期，大多数高校都成立了人才交流中心，有的至今仍在沿用。

### （三）推进期：2006—2014年

当探索期进一步平稳迈出之后，聘用制框架已具雏形，接下来聘用制改革的推进目标放在细化规则、丰富内容上。确立岗位理念是这一时期发展的重心，推进逻辑为：开展岗位设置与分类管理改革，按需设岗，明确岗位职责和要求；按岗设编，将原来的身份编制转变为岗位编制；落实岗位聘任，建立考评标准，实行定期考核；将考核结果与合同管理挂钩，考核不通过即终止岗位聘用关系。

岗位合理设置与岗位分类管理并进。岗位设置的概念最早出现于"教师专业技术职务岗位设置"上，职称即岗位，如1986年颁布的《高等学校教师职务试行条例》中将教师分为助教、讲师、副教授、教授四个职务岗位，并赋以相应的职责和任职条件，这一规则延续了很长时间。2007年，以《事业单位岗位设置管理试行办法》及其实施意见为指导，人事部、教育部出台的《关于高等学校岗位设置管理的指导意见》，为教师岗位类别、等级、基本任职条件的明确提供了政策依据：首先，岗位类别划分更加明确，由笼统的"专业技术岗位"扩展为管理、专业技术、工勤三个岗位大类，每个大类下又设置了二级岗位类别，专任教师被归入"专业技术"大类下的"教师"岗位；其次，该意见设置了专业技术岗位等级，将专业技术岗位分为高、中、初三级十三等，既与专业技术评聘相区别，又紧密关联；最后，该意见赋予高校二级岗位类别下的分类设置、管理自主权。高校有权自主确定教师岗位的分类，并上报备案加以固定。形式上既可采用文件中推荐的"教学为主岗、教学科研岗、科研为主岗"三类划分方式，也可根据校情自行设计。根据人社部统计，2011年全国事业单位岗位备案核准率超过90%；2014年全国事业单位岗位设置完成率超过95%。但由于岗位设置是一种新生事物，如何设计适合学校实际的岗位类型，如何确定不同岗位等级的比例及如何落实按岗聘用等问题，仍有待完善。

岗位职责明确与考评机制完善并行。实现科学有效的考核评价，是决定岗位设置改革成功与否的关键。考核评价的首要任务是明确岗位职责。各高校普遍做法是，在学校层面制定统一的岗位职责规范，将其纳入聘用合同，形成总则性的合同条款；同时在双方充分协商的基础上，由学院将具体岗位任务如发表要求、教学要求等，以任务书的形式列入合同补充条款，从而构成总分结合的岗位职责。考核评价包括考核项目、考核标准、考核程序、考核组织、考核结果等内容。考核项目涉及"德、能、勤、绩"，尤其关注教师师德和工作业绩。就考核程序而言，其多设置为个人填表并附佐证材料，经院、校两级审核并确定考核结果后，进行全校公示。在考核的组织上，由高校组建专门的聘任考核领导委员会，统筹开展考核工作。对考核结果基本合格和不合格的教师，高校会给予相应的惩处，连续不合格者低聘或解聘。尽管这一时期聘用考核的落实力度加大，但总体而言，由于各校推进进程不平衡，有些高校并未实现全员聘用，仍采用过去的身份管理，对岗位职责的明确有待进一步深入。此外，因缺乏科学方法的指导，考核项目笼统，指标体系不健全，考核标准不科学，考核过程形式化仍是突出问题。

动态编制管理向岗位编制管理转化。这一时期的人事编制管理模式开始由动态身份编制转化为岗位编制。其特征是，国家先期审批岗位设置及数量，对已核定的岗位设置编制，支付财政经费，而不问是谁聘用在这个岗位上，具体聘用交由高校负责，从而以岗位为链条，把编制和具体的人联系起来，形成"编制—岗位—人"的对应关系，完成了国家与人员的分离。这一转向使原本的"国家与教师对应"过渡到"国家与岗位对应"，将具体人员管理权限下放到高校，进一步扩大了高校的用人自主权。然而，管岗不管人也引发了吃空饷的新问题，为修补漏洞，2007年，中办、国办颁布的《关于进一步加强和完善机构编制管理严格控制机构编制的通知》要求试行机构编制实名制管理，确保机构设置与审批一致，实有人员与编制数对应。这里的编制实名制管理并非要重回编制与教师人头直接对应、国家直接参与人员管理的老路，而是要在放权的同时加强监督，先由国家"定编到岗"，再由高校"以岗定人"并向国家实名报备，国家没有对定人的干预权，但有对人在不在岗的监督权，从而实现了国家监督与高校用人的合理分权。

聘用合同制全面推行，"进""出"机制进一步落实。新教师入职签订聘用合同成为常态，老教师补签聘用合同也基本得以完成。尽管这一时期国家并未出台新的指导方案，但许多高校探索并总结实践经验，将全员聘用纳入政策规范，固化了前期成果。从教师退出机制看，聘用岗位职责和考核评价标准趋于明确，高校开始按照聘用合同进行聘期考核，考核不通过可导致岗位聘用关系的解除，实践中也出现了一些教师因不胜任而以调岗的方式离开教师岗位改任行政岗位，或以内退的方式至退休。但也存在相关问题，如入职时的岗位职责若一直未做更新，能否用来作为情势变化后的考评依据？发生解聘争议时，考核标准的客观性和考评程序的合理性应由谁来做最终判断？清华大学解聘方艳华事件就引发了外界对于解聘标准"重科研"还是"重教学"的诸多质疑。由于政策上尚未补齐岗位聘用解除与人事聘用解除之间互通的缺口，多数高校为稳妥起见，对考核不合格的教师仍执行"保留人事关系、校内调岗"政策，真正意义上的教师退出机制仍未确立。

（四）改革期：2014年至今

以2014年行政法规《事业单位人事管理条例》的出台为标志，岗位聘用与人事聘用在政策上实现并轨，聘用制改革的视角随之开阔，将师资建设与学科、国际化及人才培养等目标结合起来，聘用合同的功能框架不断得到充实，评价机制和争端解决机制趋于完善，实现了由粗放向精细、由宏观向微观、由框架性向实操性的转变。

**1. 聘用合同的功能框架得以充实**

首先，规范文件的法律位阶得以提升。《事业单位人事管理条例》以立法的形式规定了包括高校在内的事业单位人事管理制度改革的基本原则和基本制度，统一了聘用合同的订立、履行、解除、终止，结束了以往因行政规范性文件层级过低而导致的聘用合同约束性效力低下的问题，极大推进了高校的法权治理进程。其次，教师进入机制更为规范。全员聘用制被得以很好地贯彻，全国事业单位工作人员聘用合同签订率超过93％，基本实现了高校新老教师的全覆盖。更重要的是，高校开始逐步适应自己作为合同缔约方而非管理者的角色，由原来的被动实施国家规定、完成管理任务转变为实践中遇到争议积极化解、主动反思并规范缔约的各个环节。一方面，合同文本内容更为规范。各高校摒弃了以往完全照搬国家程式化规定设计合同条款的做法，构建起以聘用合同书为主体，以岗位目标责任书、补充合同为重要组成部分的权利义务集合。如《武汉大学全员聘用制实施意见》中规定："聘用合同由合同书和岗位目标责任书构成，其中合同书确立受聘人与学校的人事关系……岗位目标责任书确定岗位名称、职责任务、考核要点等内容。"

其次，缔约程序也被规范化。高校不再采用简单化的"一签定终身"模式，而是对入职聘用和过程聘用做出区分，完善程序设计，规定当教师专业技术职务晋升或岗位变动时应重签合同或增签补充合同，将新的岗位职责和考核条件列入合同条款。例如北京理工大学就要求"教学系列职位教师在获晋升后……要签署新的聘用合同"，"续聘的研究技术系列职位的人员，应签订新的固定期限的聘用合同"，提高了合同的约束力。

最后，教师退出机制实现岗位管理和人事管理的并轨。一直以来，教师退出不畅的主要原因在于未在制度层面建立岗位解聘与人事解聘之间的联系，教师落聘后若不愿自行离校，校方因缺乏解除人事关系的制度依据，只能予以校内安置。而《事业单位人事管理条例》第19条打破了这一藩篱，规定"自聘用合同依法解除、终止之日起，事业单位与被解除、终止聘用合同人员的人事关系终止"，使聘用合同解除的效力及于人事关系，清除了聘用合同发挥完整效力的最后一道障碍。高校借此获得了足够的法律授权，在解除聘用合同的同时一并终止人事关系并移除个人档案，实现了对身份关系的彻底剥离，形成了"能进能出"的完整逻辑闭环。

### 2. 岗位聘用制度在实践中得以创新

第一，"预聘—长聘"岗位从试点到铺开。"预聘—长聘制"（以下简称长聘制）借鉴自美国长聘教职的相关制度设计。教师与高校达成合意，将职称晋升与聘用合同存续挂钩，若在一定期限内未获晋升则聘用合同终止，实质上是一种试用期导向的附加晋升条件的聘用模式。教师一方面要承受工作高压，但通常也以"年薪制"获得高额绩效回报，形成科研产出、职称晋升与合同存续的三位一体机制。2014年年底教育部发布的《深化教育领域综合改革实施方案（2014—2018年）》提出，先期综合改革试点高校将全面实施长聘制作为人事制度改革的重要内容，这使自2003年北京大学人事改革争议后，长聘制再度进入学界视野。以此为契机，众多研究型大学在院系试点基础上，以政策文件将其纳入学校师资管理体系，完成了对长聘制岗位属性的确认。如北京大学在《教研系列职位管理办法（试行）》中规定"教研系列职位按照无固定期限预聘制方式管理"，将长聘制直接对应至该校教学科研类岗位；再如北京理工大学将教师岗位分为新体系和原有体系两大类，新人新办法，老人老办法，通过颁布《专聘、长聘岗位聘用实施细则》，并在全校范围内启动了原有体系教师向长聘教职的并轨过渡；深圳大学则以《预聘—长聘制教师管理办法（试行）》，直接规定"在核定的教师岗位总数内设置预聘—长聘制教师岗位"，明确了长聘制的岗位属性。由于缔约时双方自愿、约定明确，长聘制较好地实现了优胜劣汰。长聘制使聘用关系转变为"以合同为中心"，体现了契约精神与按绩效分配的结合，推动了校内的良性人才竞争，也为普通聘用合同制下的教师退出做出了示范。

第二，岗位管理和考核由单一到多元，从只注重量化指标到"质""量"结合。针对考核缺乏整体设计、考核结果科学性不足等问题，2016年教育部发布《关于深化高校教师考核评价制度改革的指导意见》，提出全面考核和重点考核并存、分类指导和分层考评并列、发展性评价和奖惩性评价并举的基本原则，将考核内容确定为师德师风、教育教学、科学研究、社会服务、专业发展等。各高校结合校情，也不断地开展有益探索，如在评价机制上，复旦大学、中国人民大学在高级职务聘任工作中实施"代表性成果"评价制，在一定程度上扭转了以往重数量轻质量的科研评价倾向。另外，在考评体系上，许多大学深入探索体系设计，针对不同类型、层次的教师，按学科特点、岗位职责分别构建考核评价指标体系，促进了考核的有效和规范。

### 3. 编制管理和社保体系的健全与突破

这一时期的编制管理开始由审批制向备案制过渡，编制上附着的额外价值进一步消弭。中办、国办颁布的《关于进一步深化事业单位人事制度改革的意见》提出，公益二类事业单位在备案编制内设岗。之后，北京市发布的《关于创新事业单位管理加快分类推进事业单位改革的意见》积极响应，提出对市属高校实行备案制管理，实名统计现有审批制下的编内人员，随自然减员逐步收回编制，进一步明确了编制管理由审批制到备案制的发展趋势。备案制一方面消解了传统审批制下编制隐含的所谓"国家审批后成为公家人，高校无权终止人事关系"的公权属性，为教师退出及流动做了必要铺垫；另一方面也摒弃了审批制下"基数加增长""综合定额加专项补助"以及"基本支出预算加项目支出预算"等财政拨款模式所体现出来的"数人头"理念，确立了以"绩效评估"理念为支撑的绩效支出一揽子拨款模式。教师工资不再是与编制绑定的"人头费"，而是由高校统一掌握的绩效评价激励手段。教师编制终将回归备案登记的原始特征，不再蕴含过多额外价值。

### 4. 社保机制与人才市场机制不断得到健全

首先，教师养老保险实现并轨。根据2015年1月发布的《国务院关于机关事业单位工作人员养老保险制度改革的决定》，高校教师的养老金制度由退休制度改为基本养老保险制度，并建立相应的补充养老保险制度，形成了"基本养老加补充养老"的制度体系，实现了与企业职工社保体系的并轨，去除了影响师资自由流动的最主要障碍，为聘用制改革提供了有力的支持。

其次，人才市场机制体现出价值导向。人才是经济社会发展的第一推动力。在国家建设"双一流"及地方"人才强省、人才强市、打造人才高地"等发展战略的驱动下，各地出台各类人才计划，提供资金、物质支持，吸引高层次人才加盟，高校也在引进高层次人才上不惜投入高成本。有研究表明，东部地区普通地方大学为引进两院院士等第一类别人才所提供的平均年薪为193万～246万元、平均科研经费为66万～1500万元、平均一次性生活补贴或安家费为450万元。高校教师的个体价值得以在薪酬中充分体现，与教师流动密切相关的户籍、档案、医疗、住房等制度也显现出良性的"松绑"态势。社会保障与人才市场机制的健全，不仅为落聘教师的妥善安置提供了更多选择，解除了高校不敢解聘、不愿解聘的后顾之忧，还使真正优秀的教师在高校内外部的分配体系中获得了与其贡献相称的优异地位，实现了个体价值的回归，并能基于自由市场的"默契"和知识价值的"互认"，更加自如地进入人才市场，参与竞争选拔，实现知识价值与学术水平的同步增益。

表4.1　高校聘任制度相关的国家政策文件

| 时间 | 相关文件 | 具体条文 |
| --- | --- | --- |
| 1993年 | 《中国教育改革和发展纲要》 | 高等学校教师实行聘任制 |
| 2000年 | 《关于深化高等学校人事制度改革的实施意见》 | 改革固定用人制度，破除职务终身制和人才单位所有制，在高等学校工作人员中全面推行聘用（聘任）制度。 |
| 2002年 | 《关于在事业单位试行人员聘用制度的意见》 | 事业单位除按照国家公务员制度进行人事管理的以及转制为企业的以外，都要逐步实行人员聘用制度。 |
| 2007年 | 《关于高等学校教育事业单位岗位设置管理的指导意见》 | 在确定岗位总量时，应根据核定的教职工编制总量和学校实际工作需要综合确定。学校在新聘用教职工时，应积极实行人事代理制度。 |
| 2014年 | 《事业单位人事管理条例》 | —— |
| 2018年 | 《中共中央国务院关于全面深化新时代教师队伍建设改革的意见》 | 推行高等学校教师职务聘任制改革，加强聘期考核，准聘与长聘相结合等。 |
| 2019年 | 《关于深化本科教育教学改革全面提高人才培养质量的意见》 | 出台高校教师职称制度改革的指导意见，推行高校教师职务聘任制改革，加强聘期考核，准聘与长聘结合，做到能上能下、能进能出。 |
| 2021年 | 《关于加强新时代高校教师队伍建设改革的指导意见》 | 完善高校教师聘用机制，充分落实高校用人自主权，简化进人程序；加快高校教师编制岗位管理改革，积极探索实行高校人员总量管理。 |

## 第二节 高校教师分类管理的各个方面

### 一、分类管理的依据

"分类是一种把握事物共性同时辨识事物特性的逻辑手段。分类不仅能使人的认识条理化，而且能实现处置上的目的性与有效性。"①正是基于这样的认识目的和行为目的，政府和高校会依据一定的标准对高校教师进行类别的划分。本章所界定的高校教师分类，一方面是围绕高校办学目标和职能，按高校教师岗位的性质把各种职位分成若干类，在类之下再按职位的责任大小、工作简繁、所需的教育程度、技术精粗划分若干等级；另一方面，在高校教师分类过程中还需树立人本意识，关注高校教师性别、年龄等生理发展特点，并依此将高校教师划分为不同类型。总的来说，本研究所界定的高校教师分类实质上既是对岗位的分类，也是对人的分类，力图追求一种高校教师工具理性和人性关怀的统一。

人才培养、科学研究、社会服务、文化传承创新和国际交流合作是高校办学的主要目标和职能，在现代大学管理制度下，高校教师一般都围绕高校办学目标和职能开展工作，客观上形成不同的岗位类型，如北京大学的"两分法"分类模式，将高校教师岗位分为教学科研型和专任教学型两种类型；三分法分类模式，将高校教师划分为"以教学工作为主的教学型教师、以科研工作为主的科研型教师和教学与科研并重的教学科研型教师"等三种类型。这些不同的分类模式主要是依据岗位性质对高校教师岗位进行分类，在具体的高校教师岗位管理实践中还需要在类之下再按职位的责任大小、工作简繁、所需的教育程度、技术精粗划分若干等级，主要基于职称梯度和岗位分级两个维度展开。

高校教师岗位的科学分类设置是高校教师岗位分类管理、系统管理的核

---

① 梁廷辉.试论如何做好企业的人力资源规划［J］.人力资源管理，2014（6）：1.

心。把哪些岗位界定为教师岗位、教师岗位内部又如何进行科学合理的分类和分层，既是界定高校教师的关键，也是进行高校教师岗位分类管理的基础和前提。本章研究的高校教师分类更多地将关注点放在了相应岗位与教师的结合点上，并不是仅仅关注教师个人身份或岗位类型，其目的就是明确高校教师职位分类，虽然这只是人力资源管理的一种方式手段，但是在这种相对工具化的职位分类情境下，我们同样不能忽视针对岗位本身和高校教师的人文关怀，高校教师的职位分类仍应坚持"以人为本"，服务教师成长、服务学校发展的基本理念。

## 二、分类管理的内涵

分类管理是针对工作岗位的分类而产生的。高校教师分类管理是一种主体基于一定管理制度和规范对客体进行管理和服务的实践活动。在这种实践活动中，主体和客体不再是传统的主动和被动的关系，而是基于现代大学制度体系下的共同参与的多元行为，无论是主体还是客体都是基于一定的行为目标和遵循一定的原则来进行和参与相应的管理活动，实现高校教师管理的优化。具体来看，高校教师分类管理的核心目标，一方面，高校教师分类管理就是基于"以人为本、人尽其才"的现代高校教师人力资源管理理念为理论基础，以最大限度地合理利用高校教师人力资源作为管理出发点，通过精细化、类别化、系统化的科学管理方法实现"人岗匹配、人岗相宜"的高效而和谐的现代高校管理；另一方面，就管理的现实目标来说，高校教师分类管理，就是为了通过对高校教师的差异化管理，促进教师专业发展，帮助教师更好地实现其职业理想。

本书研究的高校教师分类管理，是指在高校教师岗位设置和类别划分的前提下，对不同岗位类型、不同级别、不同类型的高校教师所采取有针对性的差异化管理策略。分类管理既需要科学的岗位设置，也会对岗位设置和职务管理的科学性起到一定的保障作用。从教育管理学上来讲，高校教师分类管理就是针对不同岗位、级别的高校教师，在岗位分析、岗位设置、岗位聘任、岗位考核、岗位培训、岗位退出等环节采取有针对性的差异化管理策略，目的是推进高校教师的专业化进程，提升高校师资队伍的整体水平，更好地发挥高校教师在高校发展过程中的主力军作用。从管理学上来讲，高校教师分类管理就是实现高校教师管理从身份管理到岗位管理的转变，是深化高校教师聘任制改革，进一步落实高校人事管理制度改革的重要体现。

### 三、分类管理的原则

我国当前高校教师分类管理的应遵循以下主要原则：

#### （一）按需设岗原则

按需设岗是事业单位人事制度改革的核心内容。科学高效的教师岗位分类管理要按照实事求是、按需设岗的原则。教师岗位分类在高校人事制度改革中起着调控与导向的作用，科学的高校教师岗位分类管理没有一成不变的分类管理办法，要根据学科的不同、学校定位和学校所处的不同发展阶段进行教师岗位的设定。

按需设岗是优化教师队伍结构、提高人才培养质量的客观要求。一个国家的教育结构要与其经济结构相适应，而教师队伍结构则必须与教育结构相适应。教师队伍结构要符合教育的区域结构、类别结构、层次结构、学科结构的需要。具体到学校来讲，还要讲求知识结构、学缘结构、年龄结构、性别结构等，以适应课程结构、年级结构、学生年龄和性别结构的需要。不同的学科有不同的发展规律、有不同的服务对象，所以制定的岗位分类也不同。因此，高校教师岗位分类没有放之四海而皆准的模式，必须根据学校特色以及学科的不同发展和特点实施差异化的岗位分类。

#### （二）以人为本原则

战略人力资源管理理论强调以服务为中心，以人为本，构建人力资源管理战略体系，充分提升人力资源管理效率，促进人才开发和个人专业发展。高校教师分类管理制度归根结底是为了促进高校教师人力资源开发和高校教师专业发展，其立足点正在于教师本身，在于以教师为本。以人为本的原则要求在高校教师岗位分类管理制度中，要以彰显人性、尊重人格、赋予权力、满足需要为立足点；以促使改革依靠人、发展人、尊重人，实现教师和学校的共同发展为目标。结合马斯洛需求层次理论，我们能更好地理解高校教师分类管理中的"以人为本"的原则：

**图4.1　马斯洛需求层次理论**

第一层面是最基本的生理需求保障，对应高校教师分类管理中的福利、薪酬分配等制度。通过制度体系的构建，为教师生活创造物质条件，能较好地满足教师的生存需要，使教师具备安定的生活和工作环境；第二层面是安全需求，教师发展需求有稳定科学的分类管理体系作为保障，对应的是高校教师分类管理中的教师引聘、分类考核、分类晋升等相应制度，可为教师提供畅通的发展和晋升通道；第三层面需求为高校教师提供更多的发展和交流平台，为其创造良好的人际关系氛围，满足教师社会交往和专业交流的需要，增强教师的集体责任感和荣誉感；第四层面需求在高校教师分类聘任、分类考核、分类薪酬、分类退出等相关制度中充分体现对高校教师的尊重，使高校教师充分参与到教师考核、学校政策制定的相关事务中来，发挥教师的智力优势，满足高校教师自尊的需要，充分挖掘教师的潜能，真正将高校教师看作学校的主人；人的需求模型的最高层次是自我实现，这就需要通过相关制度创造一种宽松信任的学术氛围，构建良好的学术生态，给高校教师创造"自我价值实现"的机会，不断满足他们的成就感和创造欲，最终实现自我价值。

（三）动态性原则

高校教师岗位分类管理制度最大的特色之一就是具有动态性、弹性。动态调整是分类管理工作推进中的基本方法之一，目的就是增加改革工作的科学性、可行性，同时也体现了以人为本的指导思想。这里的动态调整其实有两种含义。一是允许教师在选择岗位时有慎重思考的时间和重新选择的机会。二是我们强调不同岗位之间也要动态调整，不同的岗位类别也是不同的职业发展通道，这些通道之间是打通的，是一体化互动的。高校教师岗位分类管理采取聘期考核的办法，聘期考核的结果将作为下一期在什么岗位工作的依据。对教师而言，希望和压力总是同时存在的。当然，动态和稳定必须兼顾，创新人才队伍的教师将执行更长周期的考核评估标准，以创造更有利于潜心教学科研的学术环境，但这扇大门也同时为其他通道的有理想有追求的人打开着。

## 四、分类管理的主要内容

在明确了高校教师分类管理的本质和目标之后，分类管理的核心内容就成了必须明确的问题，国内学者通常将高校教师分类管理同高校教师管理进行类比，认为高校教师分类管理仍是高校教师管理的一种模式，本质仍是高校教师管理实践活动，只是存在管理范式和理念上的差异。实际上，高校教师岗位分类管理制度不同于过去以"人"为中心的传统人事管理模式，而是围绕教师的"岗位"进行分类设置、聘任、考核、激励、发展、退出等一系列制度设计[1]。它包含以下几层含义：

一是按需设岗。以教师岗位的科学设置、分类设置为核心，因需设岗。各高校按照自身发展的需求科学合理地确定教师岗位的种类、数量和层次，以及相应的岗位职责和要求。

二是依岗招聘。坚持公开、公平、竞争、择优的原则，为某一教师岗位招聘合适的人员。

三是考核评价。根据岗位的职责和要求，以及聘任时的合同约定，建立针对某一岗位教师科学合理的考核与评价体系，分年度或聘期进行考核评价。

四是激励发展。对每一个岗位都有相应的激励和晋升机制，根据考核评价的结果给予相应人员晋升或其他激励，并着眼于人力资源的发展设置相应的支持和培训项目。

五是退出流转。对于考核不合格、不符合岗位要求或者不愿意在某一岗位上继续工作的人员，设置畅通的退出流转机制。

---

① 王金友，蒲诗璐，王慧敏，等. 高校教师岗位分类管理刍议——国外一流大学的经验和我国高校的实践［J］. 四川大学学报（哲学社会科学版），2014（2）：127-136.

依岗择优聘任的竞争机制以及畅通的退出流转机制是教师岗位分类管理的关键，是保证教师队伍稳定性与流动性有机结合、确保教师队伍具有更新淘汰机制的重要制度保障。考核与评价、激励与发展则是教师岗位分类管理的重要内容，是激发教师积极性、保证教师队伍活力的重要机制。

## 第三节　高校教师分类管理机制研究

### 一、岗位聘用机制

从国内已有文献来看，吴松元等人最早于1993年提出高校教师职务分类评审的构想，把高校教师分为三种不同的类型：以教学工作为主的教学型教师、以科学研究工作为主的科研型教师和教学与科研并举的教学科研型教师[①]。很长一段时间内，国内高校都把高校教师分为教学型、科研型和教学科研并重型等三类岗位进行研究和管理，对不同类型岗位教师的职责和要求进行了分析，同时也提出对高校教师岗位进行分类评价，以充分调动和发挥教师的积极性，促进教师和高校的和谐发展。

从岗位分类视角来看，随着高校人事管理体制改革的不断深入，近年来国内部分高校尤其是一些重点大学对教师岗位分类管理做了不少有益的尝试，推出了一系列改革措施。目前，国内高校对于传统教师岗位分类主要有三种：

第一种是按照工作任务的不同进行分类，这种分类属于横向分类法。如北京大学在2003年开始将教师岗位分为教学科研型和专任教学型两类；浙江大学从2010年开始将教师岗位分为教学科研并重岗、研究为主岗、教学为主岗、社会服务与技术推广岗、团队科研/教学岗等五类；清华大学则从2011年开始，将现有教师岗位分为科研类、教学类、教学科研类三类；中国科技大学将教师岗位分成教师战略岗、教学科研岗、教学岗、科研岗、聘期制科

---

① 吴松元，闵建康.高校教师职务分类评审的构思与实践［J］.辽宁高等教育研究，1993（3）：48-50.

研岗等五类；哈尔滨工业大学则将教师岗位分为教学为主型、教学科研并重型、科研为主型和应用技术开发型四类；北京理工大学的教师岗位分为教学研究型、教学型、研究型三类，其中，研究型又分为基础类、应用类和成果转化类。

　　第二种岗位分类方法是根据教师贡献度的不同，按照教师专业技术职务的不同类别，分为初级、中级和高级，在每一类别内部又进行了层级划分，属于纵向分类法。这种分类方法主要是依据国家2007年出台的《关于高等学校岗位设置管理的指导意见》确定的分级分类方法（共四层十三级）：将高级专业技术职务岗位分为正高级和副高级，正高级专业技术职务岗位分为一、二、三、四共四级岗位；副高级专业技术职务岗位分为五、六、七共三级岗位；中级专业技术职务岗位分为八、九、十共三级岗位；初级专业技术职务岗位分为十一、十二、十三共三级岗位等。目前，绝大多数高校仍在沿用这种分类方法。

　　第三种分类方法是根据聘任方式的不同进行划分。随着用人制度的不断改革，部分国内高校突破了原有的用人机制，将教师岗位按照聘期长短分为固定编制教师和编制外教师，或者称为正式聘用教师和临时聘用教师等。其中的固定编制就是原有的国家事业编制，编制外岗位就是短期聘用或固定期限聘用岗位。如四川大学曾将教师岗位按聘期长短分成固定编制、聘用制和助理制三类；中国科技大学将教师分成固定制和聘期制两类。还有的学校通过设置人才特区，在人才特区中设立固定聘期岗位，如"特聘研究员""特聘副研究员"等岗位。北京理工大学自2012年之前开始就进行了非事业编制的聘用，随着招聘的规模和质量不断提升，学校不断完善非事业编制人员的聘用机制，在2021年最新发布的非事业编制聘用管理办法中，全面梳理非事业编制人员岗位聘用情况，设置了非事业编制高层次人才岗位和不同类型的教师岗位，不断推进事业编制和非事业编制系列的趋同管理，并优化非事业编制人员校签流程、非事业编制转事业编制制度，持续推进非事业编制队伍与学校人才强校战略有机融合。

　　实施"预聘—长聘"制度的高校，对于岗位的设置，大致相同，使用最多的岗位名称是助理教授、助理研究员、预聘助理研究员、预聘助理教授、预聘副教授、长聘副教授和长聘教授等。各高校根据实际人力资源管理需要，衍生出其他更细化的岗位，以此将新进教师的岗位设置与传统体制内的教师岗位区分开。通常，新体系教师岗位分为"预聘—长聘"岗位，具体划分如图4.2所示。其中，面临非升即走的是预聘制岗位，包含预聘助理教师、预聘副教授和准聘教授；长聘岗位类似美国的终身制教职岗位，但又有所不同，因为这个长聘仍然面临4～6年的聘期考核，考核不合格虽然不会面临淘汰的风险，但也会有转岗的压力。北京理工大学还增设了专聘岗位，该岗位是一种荣誉型岗位。学术领军人才或取得突出学术业绩的教授可聘至此岗位，根据贡献和影响力的不同，又划分为杰出教授、讲席教授和特聘教授。其中，杰出教授是最高荣誉，通常院士级别的杰出教授才能聘至该岗位。

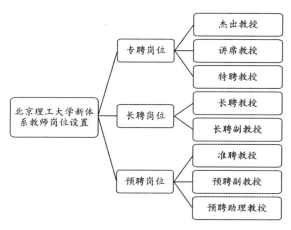

**图4.2 新体系教师岗位设置情况**

高校人事制度改革发展的过程，其实与国家其他方面的改革基本上是同步实施的，根本上是落实党中央的政策方针，实行与社会主义市场经济制度相适应的选人用人制度。"预聘—长聘"制度确保中国高校能够在国际高等教育指标上大步向前，激活人才创新活力。除此之外，由于与海外名校人事制度和体系接轨与衔接，为众多优秀留学人才归国发展创造了基本条件，灵活的聘用体制和岗位设置对海外优秀人才更具吸引力。

## 二、晋升激励机制

高校教师常规的晋升路径通常为：助教—讲师—副教授—教授。低一级岗位向高一级岗位晋升，通常需要满足学历、年限和学术业绩的相关要求。

随着破"五唯"的不断深化,各高校已把学历、外语水平等相关要求弱化、突出质量导向,实施分类评价,加大代表性成果的同行评议力度,重点考查申报人的人才培养、学术贡献、创新能力、发展潜力以及社会贡献情况,支持教师个性化发展、发挥专长。

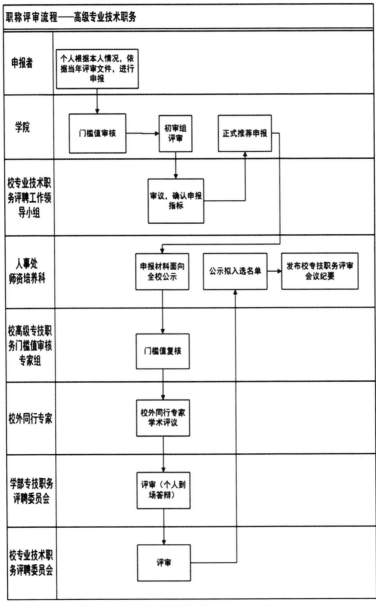

图4.3 某双一流建设A类学校高级专业技术职务评审流程

　　"职称晋升"既是人才工作的"风向标"，又是人才工作的"指挥棒"。以北京理工大学为例，十三五以来，全面深化人事制度改革，进一步推进分类管理、分类评价，加强专业技术人员队伍建设，学校充分结合发展规划、各学科定位和特点，不断修订和完善高级专业技术职务岗位申报基本条件。修订原则：强化人才培养，突出品德评价，将思想政治和师德表现作为评聘的首要条件；坚持凭能力、实绩、贡献评价人才，注重专业性、创新性和履责绩效；支持教师个性化发展、发挥专长、追求卓越，建立科学的人才分类评价机制，落实用人单位自主权。学校构建了多维多层次的人才发展通道，分类设置了"8大系列、23个类别"的职称晋升体系，对教学型教师、研究型教师、思政教师、辅导员以及综合系列单列指标、单独评审，让各类人才凭借真才实学都拥有施展才能的舞台和实现成长的通道。通常，职称晋升有着严格的评审流程，具体流程可参见图4.3。学校的晋升评审充分体现了以教师为本的理念，申报人如取得具有学术影响力的代表性成果，可突破基本条件及业务条件限制，竞聘申报高级专业技术职务。

　　传统的高校教师激励机制中除了职称晋升，还有一个很重要的制度就是薪酬分配制度，我国高校的薪酬制度经历了从"身份属性"到"业绩属性"的分类薪酬制度变革。高校教师分类薪酬制度，主要是指政府和高校等管理主体针对不同岗位、级别、类型制定的基本工资、奖励绩效等薪酬规定。

　　新中国成立以来，我国高校教师分类薪酬制度大体上经历了三个阶段：供给制阶段、等级工资制阶段和岗位绩效工资制阶段，前两个阶段的薪酬分配更加注重高校教师的个体身份，而第三个阶段则更加关注教师的岗位业绩。

　　供给制阶段：1949—1952年，这一阶段国家财政较为困难，高校教师薪酬主要由国家按照高校教师职称层级统一配给。

　　等级工资制阶段：教育部于1952年颁布的《全国各级学校教职员工工资标准表》将高校教师的工资标准按职务共分33级，这标志着我国高校教师等级工资制度开始逐步建立。1985年发布的《高等学校教职工工资制度改革实施方案》，对我国高校教师分类薪酬制度进一步改革，开始实行以职务工资为主的结构工资制。结构工资由基础工资、职务工资、工龄津贴和奖励工资四个部分组成，其中职务工资按教师职务分列工资等级，这一薪酬制度实质上是对等级工资制度的进一步优化和细化。1993年10月，我国进行了第三次工资制度改革。此次工资制度改革，在科学分类的基础上，实现了机关和事业单位工资制度分类，引入竞争激励机制，提升工资灵活性，把工资增长与考核挂钩，并且陆续建立了住房公积金、失业保险金等社会保障性福利项目，分类薪酬制度更为合理，对于保障高校教师生活水平和激励教师起到了重要作用。

岗位绩效工资制阶段：2006年，我国开始推进新一轮收入分配制度改革，岗位绩效工资制度自2006年7月起开始执行。此次事业单位工作人员收入分配制度改革，建立了符合事业单位特点、体现岗位绩效和分级分类管理的收入分配制度，健全了体现事业单位特点的工资管理体制及调控机制，逐步提升了包括高等院校在内的事业单位收入分配制度的科学化、规范化和法治化。2014年5月国务院颁行的《事业单位人事管理条例》指出，事业单位工资分配应体现"岗位职责、工作业绩、实际贡献"等因素。这表明，新时期我国高校教师分类薪酬制度的"业绩属性"更加明显。

2013年党的十八届三中全会召开后，清华和北大主动请缨，在国家深化教育领域综合改革中先行探索。2015年11月5日，中国政府网全文公布《统筹推进世界一流大学和一流学科建设总体方案》，提出要推动一批高水平大学和学科进入世界一流行列或前列，2016年开始新一轮建设。各大高校陆续开始深化教师晋升和激励机制改革，在清北的带领下，很多高校都开始探索实施"预聘—长聘"制度。

在实行"预聘—长聘"制度之后，高校教师的晋升和激励机制有了深刻的变化。一方面国内高校"讲师—副教授—教授"的晋升机制依然存在，但已不是晋升通道的主体，采用"预聘—长聘"的新机制不断完善和扩大。因此，实施改革的多数高校出现了"原体系"和"新体系"并存的局面。

"预聘—长聘"制度更有利于遴选出符合学校发展的优秀青年骨干教师。实施"预聘—长聘"制度的高校，通常按照"高标准、高要求、高薪酬"，提高入校门槛、给予充分保障、激发优秀成果产出。新体制教师薪资往往高于常规体制的教师，可能会出现新体制助理教授的薪酬高于常规体制正教授的情形。虽然新体制教师的待遇高，但也面临更大的压力，因为预聘期的时间有限，在规定的时间内申请晋升的次数有限，如果无法晋升为长聘岗位，那么青年教师只能去别的单位另谋职位了。

### 三、考核评价机制

国内教师考核体现出从"单一"到"个性化"的演变特征，它是有效评价高校教师工作业绩、规范高校教师行为、激发高校教师工作主动性和积极性的主要方式。新中国成立以来，我国高校教师分类考核制度的发展经历了以教学工作一个方面为主要考核内容、以教学与科研工作两个方面为主要考核内容，到以教学、科研、社会服务等多个方面为考核内容的发展过程，考核内容和方式呈现出多样化、个性化的发展趋势。

1949年至改革开放前，属于高校教师分类考核制度发展的探索期，考核的内容主要是高校教师的教学工作。1955年教育部颁发了《高等学校教学研究指导组各级教师职责暂行规定》和《高等学校教师教学工作量和工作的试行方法》，对教师需要完成的工作量等岗位职责进行了规定，为教师分类考核提供了参考依据。这一阶段高校教师分类考核依据教师职务类型，以职务聘任和晋升考核为主，主要考查教学工作，考核结果直接与职务聘任、晋升和相应奖励结合，具有一定的激励作用。

改革开放以来至20世纪90年代末，属于高校教师分类考核制度发展的恢复期。1978年，国务院批准了教育部《关于高等学校恢复和提升教师职务问题的请示报告》，恢复了高校教师职称评审制度，高校教师考核、评价成为其职称恢复和晋升的重要依据。1986年2月，国务院颁发了《关于实行专业技术职务聘任制的规定》，强调对聘任的专业技术人员应定期或不定期进行考核，考核结果作为职务晋升、薪酬调整、奖励和聘任的主要依据。1993年颁布的《中华人民共和国教师法》和1995年颁布的《中华人民共和国教育法》，都明确规定了要对教师进行考核评价，标志着我国高校教师分类考核工作有了明确的法理依据。这一时期的高校教师分类考核制度，从考核内容上看强调教学与科研并重，综合了年度考核、晋升考核等多种考核形式，进一步推动了我国高校教师考核制度的专业化、科学化。

20世纪90年代末至今，是高校教师分类考核制度的发展创新期。2000年后，国家相继出台了《中组部人事部关于加快推进事业单位人事制度改革的意见》《人事部关于在事业单位试行人员聘用制度的意见》和《中组部人事部教育部关于深化高等学校人事制度改革的实施意见》等一系列有关高校教师人事制度改革的制度文件，进一步推动了我国高校教师考核制度的发展和变革。中共中央、国务院于2003年下发的《关于进一步加强人才工作的决定》强调，建立以能力和业绩为导向的人才评价机制，完善人才评价标准，克服人才评价中重学历、资历，轻能力、业绩的倾向，这对高校教师分类考核制度的改进提出了新的要求。国家人事部、教育部于2007年联合下发的《关于高等学校岗位设置管理的指导意见》指出，高校在教师聘期期满时，需要依据岗位类型对教师进行全面考核评价，以此作为教师继续聘任的依据，这使高校教师分类考核制度更具可操作性。教育部于2016年发布了《关于深化高校教师考核评价制度改革的指导意见》，将改革考核评价机制作为当前和今后一段时期推进高校综合改革的切入点，强调全面考核与突出重点相结合、分类指导与分层次考核相结合、发展性评价与奖惩性评价相结合，推动学校和教师共同发展，考核制度表现出鲜明的发展性特征。中共中央办公厅、国务院办公厅于2018年2月印发的《关于分类推进人才评价机制改革的指导意见》（以下简称《指导意见》）进一步提出，以职业属性和岗位要求为基础，健全科学的人才分类评价体系，着力解决评价标准"一刀切"问题，合理设置和使用论文、专著、影响因子等评价指标，实行差别化评价，并创新多元评价方式。《指导意见》的出台，明确了岗位分类评价、评价标准和评价方式的多元化，为我国教师分类考核制度的创新性发展指明了方向。表4.2是近年来在人才评价机制改革方面起着提纲挈领作用的相关指导文件。

表4.2 近年来关于人才评价机制改革相关文件

| 序号 | 发布部门 | 文件名称 | 发布年份 |
|---|---|---|---|
| 1 | 中共中央、国务院办公厅 | 《关于分类推进人才评价机制改革的指导意见》 | 2018年 |
| 2 | 中共中央、国务院办公厅 | 《关于深化项目评审、人才评价、机构评估改革的意见》 | 2018年 |
| 3 | 教育部、科技部 | 《关于规范高等学校SCI论文相关指标使用树立正确评价导向的若干意见》 | 2020年 |
| 4 | 科技部、财政部 | 《关于破除科技评价中"唯论文"不良导向的若干措施（试行）》 | 2020年 |

续　表

| 序号 | 发布部门 | 文件名称 | 发布年份 |
|------|----------|----------|----------|
| 5 | 国务院 | 《深化新时代教育评价改革总体方案》 | 2020年 |
| 6 | 教育部 | 《关于正确认识和规范使用高校人才称号的若干意见》 | 2020年 |
| 7 | 教育部 | 《关于破除高校哲学社会科学研究评价中"唯论文"不良导向的若干意见》 | 2020年 |

　　随着"双一流"建设的推进和人事制度改革的不断深化，各高校不断探索构建分层、分类、柔性的多维度人才评价体系，全面破除"五唯"，深化多维度人才评价。部分高校结合开放评价、同行评价、国际评价等方式，逐步构筑起科学的评价体系。

　　目前大多数的高校教师考核按照不同发展阶段和考核对象的不同，可以分为两大类。第一种根据教师的不同发展阶段，考核类型主要分为年度考核评价、聘期考核评价、晋升考核评价（包括常规体系的职称晋升和新体系"预聘"晋升为"长聘"的考核评价）。第二种根据考核对象的不同，可以分为个人考核和团队整体考核。团队考核也是近年来部分高校在探索的一种考核评价方式，围绕重点领域，鼓励交叉协同，突出团队整体优势，针对不同团队发展需求和特点，一团队一方案进行支持，形成以"小"博"大"的"团队、成果、人才"良性互动。在期满考核时，学校主要考核团队的整体关键业绩，不直接对团队其他个人进行考核。

## 四、流转退出机制

　　高校教师分类退出制度是指政府和高校等管理主体针对不同岗位、级别、类型的高校教师的自然性退出（退休）、主动性退出（辞职）和被动性退出（辞退）等规定。良好分类退出机制有利于人力资源的优化配置和师资结构的动态完善，有利于增强教师队伍的活力。新中国成立以来，我国高校教师分类退出制度总体上体现了从"行政决定"到"契约管理"的发展特征。

　　1949年至改革开放前是高校教师分类退出制度发展的初步探索期。新中国成立初期，我国高校主要学习苏联管理模式，教师在辞职、退休等方面，要服从国家安排，教师基本上没有自主权。新中国成立初期由于高校师资的紧缺和教师退出制度的缺乏，高校教师被辞退的情况较为少见，相关教师辞退制度并不健全。

改革开放以来，高校教师分类退出制度得到恢复与发展。这一时期，国家出台了一系列制度，规范高校教师聘任和退出管理。教育部于1984年颁布的《关于高等学校贯彻执行高级专家离退休若干问题的暂行规定的实施意见》，明确提出建立教师退休制度。国家教委于1985年发布了《普通高等学校人员编制的试行办法》，在高校初步建立编制管理制度，高校教师纳入编制管理。八届人大三次会议于1995年通过的《教师法》明确规定我国实行教师职务聘任制度，我国进入高校教师职务聘任制度时代。

2002年国务院办公厅转发了人事部《关于在事业单位实行人员聘用制度的意见》，标志着我国高校用人制度开始从"身份管理"向"岗位管理"的转变，我国传统的高校人事管理制度也逐渐向新型的高校人力资源管理制度转变。中共中央、国务院发布的《国家中长期教育改革和发展规划纲要（2010—2020年）》明确指出要加强教师管理，完善教师退出机制。2014年5月国务院颁行的《事业单位人事管理条例》进一步提出，高校要逐步建立起"能上能下"的用人机制。

这一系列制度的发布和变革反映出教师由原来的职务聘任逐渐转变为岗位聘用，高校教师退出机制逐渐完善了自然退休、主动辞职等形式，同时在高校教师考核制度等相关教师管理制度的协同下，高校教师淘汰机制也在不断完善，高校教师被动退出也在一定程度上可以落到实处。例如，年度考核不合格、聘期考核不合格等，都可以根据学校的相关规定进行辞退。这一阶段的高校教师退出制度强调制度管理，凸显契约精神，体现出明显的契约管理特征。

实施"预聘—长聘"聘用模式的高校，预聘期可被看作试用期，但比一般意义上的试用期要长，通常以3年或5年为一个聘期，有的最长可达两个聘期共6年。若考查通过，则授予教师长聘终身教职；若考核不通过，则予以解聘、退出预聘序列或转去其他非教师岗位。

2018年12月在网络问答社区"知乎"上，一篇题为"如何看待武汉大学"3+3"聘用制引发争议，青年教师淘汰率97%？"的网帖引发众多关注，浏览量超过300万人次，同时被多个网络平台转载。该网帖称："2018年是武汉大学在2015年推出所谓'3+3'聘期制教师制度的第一个考核期，结果在第一个3年工作考核期后，网络曝光只有4人通过评审，进入武汉大学的正式教师编制，而没有通过考核的特聘副研究员等则面临没有薪水的失业状态。"该帖子的矛头直指"非升即走"制度。究其根源，其实问题不在"非升即走"制度本身，而在于许多高校还未建成完善的教师评估体系。比如，对预聘制教师的考察时间过长，容易让教师觉得处在动荡之中，缺乏稳定感，思想上容易受到冲击。

# 第四节　高校教师分类管理成效与问题

## 一、阶段性成效

随着高校人事管理体制改革的不断深入，近年来国内部分高校尤其是一些重点大学对教师岗位分类管理做了不少有益的尝试，推出了一些改革措施。在岗位聘任机制、全面评价体系等方面进行了富有意义的探索，主要包括：

### （一）确立竞争上岗的聘任机制

近年来，国内高校在教师岗位聘任方面，与过去相比有了很大的变化，尤其是"预聘—长聘"制度的逐步推广与实施，使得新进教师在聘任上与之前有着本质的区别。这些变化包括：

### 1. 更加突出岗位意识

近年来，随着教师岗位分类管理改革的不断推进，许多高校在新进教师聘任方面开始强调岗位意识，按岗招人逐渐成为一个重要的聘用原则，在进人选人时更加看重应聘者与岗位的适配性，一方面如果岗位不适配，则无法进行聘用；另一方面，也可以避免出现因人设岗的情况。

### 2. 避免学术"近亲繁殖"

许多高校开始强调新进教师的学缘结构。为了尽可能地避免学术上的"近亲繁殖",许多高校开始拒绝直接选留本校的毕业生,有些大学更是将是否具有海外经历作为教师岗位聘任的重要参考。

### 3. 聘任方式公开透明

目前,绝大多数高校在教师岗位聘任阶段都制定了严格的招聘程序。一般包括公开发布岗位信息(含岗位名称、岗位职责、应聘者要求等)、应聘者资格审查、公开答辩、试讲、学院(用人单位)教授委员会(或具有此类职能的其他委员会)考查并票决、学校相关委员会审查通过(或者票决通过)的程序公开进行,且每一个环节都有相应的记录以备查验。在聘任过程中更加注重同行专家的意见。复旦大学在教授岗位的聘任和考核中实行代表作制,同时成立了不同学科的校外专家库,统一组织外校同行对教授岗位申请者和引进人才提交的代表性成果进行盲审,如果同意的专家数量低于2/3,则不能进入学术分委会的推荐程序。

### 4. 采用全球竞争模式

部分"双一流"建设高校将专业技术职务聘任与人才招聘直接联系起来,学校空出的部分教授或副教授岗位,面向全球学者公开招聘。对本校教师而言,应聘成功同时也意味着专业技术职务的晋升。这就使本校教师在职务晋升中不仅面对本院、本校教师的竞争,同时还要面对来自全国乃至全球各地人才的竞争,大大提高了岗位聘任过程中的竞争程度。这种模式和前文提到的耶鲁大学、哈佛大学在全球范围内公开招聘教授有极大的相似之处。

## (二)构建多元评价的考核体系

不少高校开始改革原有单一的、只重数量不重质量的考核方式,力图建立一套全面的教师岗位评价体系。改革的措施包括将考核内容由原来的只重视科研扩展到教学、科研、人才培养、团队建设以及公共服务等多项内容并重,考核方式加入了学生评教、校内外专家评议、公开答辩等办法,考核指标也由原来注重数量的指标变为注重质量的指标。再就是开始推行分类考核。由于过去没有实施教师岗位分类管理,很多高校对教师的考核只是一种笼统的工作量的统计。现在则通过对教师岗位的分类，对不同类型的教师岗位提出了不同的考核标准。如上海交大在将教师岗位分为科研为主型、教学为主型、教学科研并重型三种类型的基础上，在师资队伍的聘任、晋升、考核各环节贯穿分类发展、分类考核的思想，针对不同类型的教师岗位制定不同的聘任、晋升和考核标准。

### （三）探索业绩导向的激励机制

在薪酬激励方面，很多高校已经或正在改变过去由学校统一发放教师津补贴的做法，更加强调二级学院（单位）的办学自主性，在绩效奖励和二次分配的过程中，加大二级学院的自主分配权。如浙江大学、上海交通大学、复旦大学等高校，学校根据每年对学院考核的情况，把奖励绩效整体打包给各个学院，各个学院再对每个教师按岗位予以不同奖励，以实现多劳多得、优劳优酬。目前，很多高校已经开始探索试行年薪制、动态薪酬、宽带薪酬等多种薪酬方式，以期对不同岗位的教师形成有效激励。

### （四）实施淘汰与流转退出机制

前文提到，国内很多高校已经开始借鉴国外大学的做法，建立教师队伍的淘汰和退出机制，在部分教师岗位采取了"非升即走""非升即转""末位淘汰"等措施。南京大学对于考核不达标的教授，有的降级为副教授，有的降为讲师；对部分考核不合格的教师，分流到了教辅岗位或其他岗位。东南大学对于考核处于末位的教师实行转岗分流或辞退的政策。中南大学对青年教师实施"2+6"培养计划，即2年的博士后培养，再加上6年的青年教师阶段培养，8年期满，青年教师如果未能获得副高级职称，要么校内转岗，要么调离学校。

北京理工大学对新进教师岗位实施"预聘期考核"制度，新进教师在第一个3年聘期结束后进行合格性评估，业绩优秀可申请转为长聘岗位，考核合格但没有转轨的教师，可再延长一个聘期，第二个聘期结束仍不能转为长聘岗位的，则不再续聘；对于无特殊情形，首聘期考核不合格的解除原聘用合同。

## 二、存在主要问题

在多年的探索和实践中，我国高校走出了一条具有中国特色的教师分类管理制度，遵循"以人为本""依岗聘用"的人力资源管理原则，有效地促进了教师多元化的考核评价体系构建，岗位聘任为实施高校教师分类管理提供了政策与制度上的保障。然而，由于体制和观念等多种原因，许多改革措施不够深入，缺乏可操作性，改革效果不明显，在推进教师岗位分类管理上还存在不少问题。与国外一流大学较为成熟的教师岗位分类管理相比，国内高校表现出的不足主要表现在以下几方面：

### （一）岗位分类不尽合理

目前我国高校在教师岗位上的几种分类方法都有一定的缺陷。

从教师岗位的横向分类看，大多数高校将教师岗位分为教学科研岗、教学岗、科研岗三类，但岗位设置的科学依据并不充足。此外，对于科研岗位是否应纳入教师岗位也一直存在争议。在美国的高校中，科研岗位并不是教师岗位，科研人员多数是根据研究项目的情况实行临时聘用或固定期限聘用，与我国的编制内设岗有本质差别。

从教师岗位的纵向分类看，多数高校仍沿袭了以职称级别为标准划分岗位等级的方法，一方面，四层十三级的岗位分类使教师岗位层次过多且过于僵化，能上不能下的功利化的导向非常明显，缺乏对人才的科学评价，不利于教师的发展。另一方面，这种分级方法最大的问题在于一旦确定专业技术职务级别（通常所说的职称），其对应的职务工资就是确定不变的，也就是说同一职务等级的人无论其创造的价值和贡献是多少，其基本的职务待遇都是相同的。以教授为例，无论是两院院士、杰出人才、博士生导师，还是一般教授，都按同一个工资标准随着工作年限增加而晋升职务工资，缺乏有效的激励与竞争。

按照有无事业编制进行分类的方法则存在着另一方面的难题。我国高校的固定事业编制岗位类似于欧美高校的终身制岗位，而非事业编制则属于终身制轨道岗位或临时聘用岗位。但与国外高校的终身制岗位不同的是，大多数进入固定事业编制的人员没有经历一个严格的"非升即走"的淘汰过程，人员素质良莠不齐，直接聘为终身制岗位失去了应有的激励作用，而成了一项基本福利和保障，这就为目前很多高校进行的人事制度改革推行"非升即走"的淘汰机制带来了无形的障碍。

## （二）岗位边界不够清晰

前文提到，原来进入高校的人员绝大多数属于事业编制，所以在界定教师岗位时，很容易造成教师岗位边界不清晰，增加了对教师岗位进行分类、管理和服务的难度。对于教师岗位的分类和划分争议最大的主要有两类：一是研究型岗位，即以科学研究和承担科研任务为主的岗位；二是教辅岗位，即辅助教师进行本科生、研究生教学的岗位，如实验员、资料员等。一方面由于我国高校一直存在师资短缺、生师比过高的问题，另一方面部分研究型岗位和教辅岗位上的人员也从事本科和研究生的教学工作，而各类统计报表的统计方式和界定方法也不尽相同，因此，就更加难以清晰界定教师岗位。事实上，很多高校习惯上一直将这两类岗位作为教师岗位进行管理。目前我国高校中教师岗位的界定和分类多种多样，其根源就在于教师岗位的边界不清晰。

## （三）岗位晋升路径单一

根据专业技术职务的晋升等级，高校专业技术人员在晋升到最高等级（教授）后，就会失去进一步发展的机会和空间，同时也失去了有效的激励机制，使工作业绩下降。另外，大多数高校的现行政策规定，教师只能在其对应的职务系列里晋升，不得跨系列晋升，除非因岗位的变化才可以转系列。因此，对于每一个教师个体而言，他只有一个系列，只有一条岗位晋升通路，并且这条晋升通路还受到结构比例和岗位数额的严格限制，其晋升机会非常有限。

## （四）评价体系尚不完备

重数量、轻质量的评价方式尚未得到根本性改变。在教师岗位评价方面，我国高校并没有普遍建立起全面评价的体系，在评价中重科研、轻教学的倾向一直存在，而公共服务和其他方面的评价占比就更少。由于评价的结果直接影响教师的晋升和奖励，所以这种导向会引导教师将更多的精力放在科研上，而非课堂教学、学生指导或其他公共服务上。虽然破"五唯"的要求已经提出了一段时间，但许多高校还是把科研经费数量、论文发表数量作为教师岗位考核和评价的主要指标，考核指标设置不具有系统性、科学性，同行评价、学生评教等考核评价形式在许多高校中还仅处在探索阶段。

### （五）"非升即走"带来全新挑战

目前我国的高校教师岗位，最缺乏的就是畅通的退出机制，"非升即走"正是破解该问题的有效尝试，但目前仍存在较大问题，主要原因有以下几点：

一是传统的用人机制尚未完全破解，而新的用人机制又未完全确立，人们的观念尚未完全转变。由于我国绝大多数高校属于事业单位，传统的用人制度已经延续很长的时间，原有体制（原事业编制）教师在师资队伍中还占有绝对的数量，固有的编制观念和人事管理传统对教师岗位分类管理改革以及能进能出、能上能下的制度设计增添了许多障碍。

二是针对高校教师的劳动力市场缺乏，市场调节机制严重缺失，这是阻碍教师退出的一个重要原因。

三是制度设计与不同学科人才成长规律之间的矛盾。"预聘—长聘"制度的目的是选拔更优秀的人才，精准培养，使得高校有限的资源利用和效能最大化。显然，这一制度忽视了部分基础科学的研究周期长等特点。基础研究鼓励科研人员甘坐"冷板凳"，往往是十年、几十年"磨一剑"。因此，如何发挥分类管理制度优势在基础学科领域建设中的作用、科学评价基础学科"甘坐冷板凳"的青年教师，需要更加深入地思考和设计。

### 三、优化策略

高校教师岗位分类管理对于建设一支高水平的教师队伍、激发教师群体的创造力和积极性、促使高等教育内涵式发展具有重要的意义。针对上述我国高校教师岗位分类管理中存在的问题，很多高校一直在教师岗位分类管理的改革中不断完善和优化，为建设高素质教师队伍、提升我国高等教育质量提供了重要制度保障，笔者认为具体改革的方向可以从以下三方面着手。

## （一）健全分类管理制度

构建完备的高校教师分类管理制度，就需要建立清晰的教师岗位分类标准，同时要对教师分类管理的各个环节做出明确规定，真正做到教师分类管理的每个环节都有据可依。在构建教师分类管理制度的过程中，必须紧跟学校发展实际，实现教师分类管理与高校发展目标的统一：不同类型的高校应采取不同的教师分类管理制度；不同层次的高校应采取不同的教师分类管理制度；同一所高校在不同发展阶段也应采取不同的教师分类管理制度。

不同类型的高校发展定位有较大差别，研究型大学着重于学术科研，教学研究型大学在人才培养与科研创新中寻求平衡，教学型大学更多关注教学水平，应用型高校则重点关注应用技术型人才培养。不同层次的高校在师资水平、办学条件、发展需求等方面有很大差异，这种差异需要在制定高校教师分类管理制度时充分考虑。同一所学校在不同发展阶段，学校发展目标、师资水平、办学条件等都在发生着变化，这种变化都需要具体落实到教师分类管理制度中。上述三种情况表明，学校发展定位的不同必然带来师资发展需求的差别，高校教师分类管理制度需要结合学校定位、充分体现学校发展特点。

## （二）构建学术共同体

首先，构建自主自律的学术共同体，这既是学术评价存在的前提，也是学术评价良性运作的依托。构建自主自律的学术共同体，建立有效的内行人决策和管理机制，注重学术评价的过程管理，同时还需要增强学术共同体的公信力，突出学术共同体的专业性和自律性，遵从学术规范和专业标准、维持学术秩序，实现学术共同体的自主约束。

其次，完善同行评议制度。同行评议是一个相对复杂的过程，需要依据不同场景，制定不同的评议规则和程序。在专家遴选、回避、监督、信息公开、追责、申诉等全链条中应建立相关的规则，提高评价活动的透明度，加强对评价过程的监督，建立严格的回避制度和专家公示制度；同时，应建立健全评价专家的诚信机制。全球化的发展，必然催生国际学术共同体。一方面，丰富评价主体，加大海外专家信息收集，建立与世界前沿科学家的紧密联系；另一方面，要有条件性地学习和引进国际学术评价的先进经验，丰富评价方式和评价要素。对于学者来说，在参加同行学术评议中，要严谨客观，尊重同行对自己评价意见的质疑，以科学的态度回答同行提出的学术问题；发扬学术民主，开诚布公，自觉抵制不良风气。

### （三）探索人才共享机制

习近平总书记强调，"要着力破除体制机制障碍，向用人主体放权，为人才松绑，让人才创新创造活力充分迸发，使各方面人才各得其所、尽展其长"。深化人才发展体制机制改革，应积极探索构建人才共享机制。人才共享机制的主要特征是非独占，强调对人才的共同享有。传统的用人机制在分类管理的基础上，受限于用人单位内部分类管理，再加上一些刚性的制度约束，使一些人才资源难以得到充分利用。

人才共享机制是建立在更加宏观层面的分类管理思想，摆脱了高校狭隘的内部分类管理模式，探索国内人才队伍的宏观共享调控。当前，探索构建人才共享机制，需要在以下几方面着力：

首先要树立人才共享理念。"不求所有、但求所用"，这是把人才这一战略资源充分用好的必然要求。树立人才共享理念应突出市场导向，充分发挥市场在人才资源配置中的决定性作用，更好发挥政府作用。用人主体要不唯地域引进人才，不求所有开发人才，不拘一格用好人才。

其次是建立灵活用人制度。实现人才共享，首先要为人才松绑，建立灵活的用人制度，不拘一格用人才。要进一步打破户籍、地域、身份、学历、人事关系等制约，为人才合理流动、高效配置提供通道。充分发挥用人主体在人才使用中的主导作用，全面落实国有企业、高校、科研院所等企事业单位和社会组织的用人自主权。构建统一、开放的人才市场体系，完善人才供求、价格和竞争机制。

最后是注重共同培养人才。构建人才共享机制，要防止出现对人才只讲使用不讲培育的情况。要形成培养人才的合力：推动人才工作一体化发展，建立区域人才、项目、政策协同机制，打破用人单位之间、区域之间人才培养的藩篱，改进人才培养方式，共同开发人力资源。

## 第五节 高校非事业编制人员的聘用与发展

### 一、非事业编制的起源和发展

#### （一）非事业编制人员

编制是我国传统计划经济体制下政府机关、国有企事业单位公共部门等实现人员管理的一种手段，是一种重要的行政管理资源。因此，编制管理也可以看作一种资源配置行为。编制在概念上有着广义与狭义之分，广义的编制是指各种机构的设置及其人员数量定额、结构和职务配置；狭义的编制即人员编制，是指为完成组织的功能，经过被授权的机关或部门批准的机关或单位内部人员的定额、人员结构比例及对职位（岗位）的分配。一般而言，编制可分为两种类型，即行政编制和事业编制。行政编制是针对公务员系统而言的，事业编制则适用于包括高校、医院在内的国有企事业单位。根据经费来源的不同事业编制又可分为全额拨款和差额拨款两种类型。

在我国，很多事业单位多使用编制来管理人员。但是随着社会的进步，原有的人员不能承担现有的工作，因此很多不能入编的人员被聘用，这些人员享受不到在编人员所应有的待遇和福利，这样的人员称为编外人员，也叫作非事业编制人员。非事业编制人员遍布政府机关、法院、检察院、媒体、学校等单位。他们主要集中在物业管理、保卫、餐饮等后勤岗位或文员、实验室等临时性、辅助性、替代性岗位。随着我国高等教育事业的蓬勃发展和人事制度改革的不断深入，尤其是高校后勤社会化改革的深化，非编人员的数量呈现不断攀升趋势，非编人员在保证教学与科研工作的顺畅开展方面发挥着举足轻重的作用，成了不可忽视的一部分高校人力资源。

高校编制外聘用制度是对传统的人事管理制度的一种突破，是一种社会化的人事管理制度。与编制内教师管理方式相比，实行聘用制度，可以根据需求灵活控制人员数量，且不至于造成固定教职工队伍的急剧膨胀，较好地解决了高校人员只进不出、只上难下的问题，极大地调动了广大教职工的工作积极性，提高了高校的整体运行效率。

### （二）非事业编制的发展

我国高校人事制度管理模式有着复杂的历史背景。自20世纪80年代中期开始，渐进式的高校人事制度改革已走过了30多年的历程，大体可以分为三个阶段。第一阶段：80年代中期至90年代初，这一阶段改革的重点是政府简政放权，推动从政府直接管理、高度集中的计划管理，向政府间接管理、学校自主管理转变。第二阶段：90年代中期之后的10年左右时间，这一阶段重点改革高校用人机制以及人力资源配置方式，逐步实现从身份管理向岗位管理的转变。第三阶段：自2006年至今，这一阶段高校人事制度改革的重点是完善体制机制，强调高校岗位管理与聘用制改革相结合、与转换用人机制相结合、与高校收入分配制度改革相结合，高校开始实现从封闭式的人事管理到开放式的人力资源国际化配置深刻转变。

2012年4月16日，《中共中央国务院关于分类推进事业单位改革的指导意见》发布。根据指导意见精神，到2020年，事业单位将建立起功能明确、治理完善、运行高效、监管有力的管理体制和运行机制，形成基本服务优先、供给水平适度、布局结构合理、服务公平公正的中国特色公益服务体系。

2015年5月，北京印发《关于创新事业单位管理加快分类推进事业单位改革的意见》，正式开启了取消高校教师事业编制管理试点改革，引发了舆论的空前关注。2016年，人社部发布高校和公立医院将探索取消事业编制的通知，指出"目前正在推行事业单位聘用制度和公开招聘制度，下一步将建立健全以合同管理为基础的用人机制，继续扩大聘用制度推行面，研究提出解决编外用人问题政策思路；健全岗位设置管理制度，启动事业单位管理岗位职员等级晋升制度试点"。取消高校教师编制是顺应新公共管理的一种趋势，是政府职能转变的具体体现，它对政府在高校师资队伍管理中的角色提出了新要求，以服务监督为核心的新型政府管理模式正成为高校人事制度改革的基本方向。

一直以来，我国高校因行政化的教师编制管理羁绊而在组织机构设置及其人员定额与职务分配等方面受到诸多外部限制，严重束缚了高校的自主创新空间。而非事业编制的引入，打破了全员终身教职制，采取灵活的招聘方式与绩效工资制度，既能解决国家核定编制无法满足学校事业发展需要的问题，又能形成能进能出的新型人事关系。将师资归类为教学岗、科研岗、教学科研岗等不同类别，明确各自岗位职责，并加强动态管理，强化优胜劣汰，形成良性竞争。

随着高校不断深化人事制度改革，高校的人事管理工作变得越来越重要，也越来越复杂。但由于编制内的数量依然紧缺，为了保证日常教学及科研事务的顺利开展，高校唯有通过非事业编制招聘部分管理人员来弥补岗位用工缺口，缓解编制压力。目前，高校普遍采用的编制外用工方式主要有劳务派遣、人事代理及其他临时工等。高校编外管理人员，在学校从事的工作内容涉及教学管理行政、财务、人事、后勤保障及其他专业技术在内的诸多领域。随着教育事业的不断发展，编外人员在高校教职工队伍中的人数越来越多，担任的岗位也越来越重要，为高校的正常运行和发展壮大做出重要贡献。而当前，对如何通过建立和完善相关的激励机制，激发编外管理人员的工作热情，提高工作效率，已成为高校亟待解决的一个管理难题。

## 二、高校非事业编制发展现状

高校由于受到事业单位编制管理的限制，长期以来，只允许招聘补充专任教师和科研骨干。随着我国高校办学规模的迅速扩大和招生人数的急剧增加，尤其是在大学扩招后，仅有的事业编制人员已经无法满足高校人才培养、科学研究、服务经济社会发展和文化传承创新的需要，导致高校不得不使用大量的编外聘用人员，以下为非事业编制人员在高校的发展现状。

### （一）非事业编制人员数量多，分布广，情况复杂

1999年大学扩招后，我国高校办学规模迅速扩大，招生人数急剧增加，但高校编制却几乎没有增加，事业编制人员已经无法满足高校人才培养、科学研究、服务经济社会发展和文化传承创新的需要。为了深化改革，提高办学质量与效益，高校不得不使用大量的非事业编制人员，非事业编制人员也从以前主要集中在后勤部门扩大到机关部门、实验技术和其他专业技术人员在内的学校各个岗位、各个部门。由于历史原因，高校编外聘用人员"背景关系"复杂，难以平衡协调，不易管理。

## （二）非事业编制人员素质参差不齐，工资待遇相差悬殊

高校编外聘用人员中，党政管理、实验技术和其他专业技术人员一般具有硕士学历；电工、司炉工等工勤技能岗位学历较低，校卫队员以农民工和下岗职工为主。高校事业编制人员与编外聘用人员收入差距巨大；编外聘用人员内部，因岗位和素质要求等的不同，工资待遇也不一样。

在单位内部，相对于享受体制完整福利待遇的编制人员而言，非编制人员在晋升、薪资方面的待遇都不及正式员工。"编内"人员享有体制内的一切基本保障和各种应有的待遇，而"编外"人员却无法享受与"编内"人员同等的基本保障和待遇，在工资报酬、职业发展、社会保障等方面与"编内"人员严重不平等，导致个别单位甚至将进入"编内"作为对优秀"编外"人员的一种奖励。

## （三）无法进入核心岗位，地位不平等

由于编制管理的限制，非编制人员作为高校人力的补充，进入高校的各个岗位，但是在实际的情形下，在一些正式的管理者的认知中，编外人员是"外人"，没有编制内人员忠诚、可靠；在一些以公务员制度管理的事业单位，在加强保密教育时，公开规定"保密要害部门的涉密岗位和保密要害部门不得使用编外人员"。不管编外人员业绩有多出色，待遇上还是不及正式员工，与"多劳多得""同工同酬"等用工法则背道而驰；在人员管理上，一些重要工作或关键岗位不向"编外人员"开放。这种工作方式、工作制度让编外人员感觉人格上受到不平等待遇，显失公平，这其实也是一种"就业歧视"。

## （四）非事业编制人员流动性强，缺少归属感

高校非事业编制人员主要从事后勤保障等工作，工作强度大、工作时间长，工作环境差、室外作业多，工资待遇差、社会地位低。高校教职工的工资待遇是由编制、身份决定的，同工不同酬，收入悬殊、地位不平等都加剧了非事业编制人员的流动性。《陕西省省属高校用人制度改革实施办法（试行）》中规定，原编制内的工勤服务人员只出不进，不占用有限的编制，采取社会化服务方式解决，逐步实现后勤服务社会化。目前部分高校非事业编制人员已经成为高校工勤技能岗位的主体。司炉工、管道工等季节性强，一

到冬季供暖时期，人员严重不足，而其他时期又相对清闲；校卫队员流动性更大，已经影响到了学校后勤保障和安全保卫工作的正常开展。以北京市某高校为例，2021年非事业编制有140余人选择辞职离开，而事业编制人员只有20余人选择辞职离开。同时在合同签订方面，"编外"人员合同签订相对不规范，甚至不予签订合同，给规范用人、保障劳动者合法权益带来很大困难；在职业发展方面，有的单位对"编外"人员设置许多发展限制，不考虑提职晋升和职称评定等。相较于事业编制人员，非事业编制人员工资待遇较低、发展通道较少、归属感较差是其离职的主要原因。

### 三、非事业编制实施的主要问题

当前，高校正在积极推行教师非事业编聘用制，已初步取得了良好成绩，但尚未达到聘用制最大效果，还有许多方面亟待健全和完善。尤其是随着高等教育体制改革不断推进，聘用制改革遇到了越来越大的阻力，产生了以下问题。

#### （一）法律缺乏相应依据

根据国家规定，目前事业单位用人，体制上只有编制内管理规定，而对于编外人员的规定尚不明确，根据《劳动合同法》的规定，对于事业单位的编外人员，可以适用劳动合同法的相关规定，但是《中华人民共和国劳动争议调解仲裁法》中，第四章，附则第五十二条规定：事业单位实行聘用制的工作人员，与本单位发生劳动争议的，依照本法执行，法律、行政法规或者国务院另有规定的，依照其规定。但是对于事业单位编外人员和事业单位发生的争议，是否受理这一问题，没有做出具体明确的规定，所以在实际操作中，劳动部门对事业单位和编制外管理劳动争议往往不予受理，这导致了事业单位对编外人员管理的混乱，加重了事业单位的风险。

《劳动法》和《劳动合同法》等法律法规相继出台后，不少事业单位为规避用工矛盾，通过劳务派遣公司与编外人员签订劳动合同，再由用工单位与劳务派遣公司签订劳动协议的方式聘用编外人员。但有的事业单位法制意识不强，并未与编外人员签订劳动合同，甚至只是在用工之初达成口头协议。事业单位编外人员用工期限不明确，极有可能导致编外用工难以清退的问题。随着事业单位人事制度改革不断深入和员工维权意识的增强，与编外用工有关的劳动争议呈增多趋势，处理不好，会引发社会矛盾，影响社会稳定。

## （二）人力资源管理成本高

非事业编制人员流失率高。首先，非事业编制人员与事业编制人员相比，在社会地位、发展机会、社会福利保障上都存在很大差距，教职工工作积极性受到负面影响；其次，各用人单位对非事业编制人员的管理更多是以监管为主，过于强调教职工的工作业绩，缺乏对教师专业发展的培养和规划，成长空间比较局限，很多教职工因此产生职业倦怠感；最后，用人单位自身留住人才的机制也缺乏效力，优质教职工在面对更加优越的条件时，往往会选择离开，在某种程度上，高校成了部分非事业编制人员的跳板。教职工长期存在失落感和不安定情绪，导致离职现象频繁，人员流动性大，更容易造成"连锁反应"，影响管理工作的稳定性和管理队伍建设的可持续，尤其是突发的离职情况，给教务部、人力资源部等部门工作带来较大压力，造成额外的人力资源管理成本。

用工隐性成本更高。各高校为保障高校高质量发展要求，同时还要弥补编制的短板问题，各高校为提升师资队伍整体素质，选择提高薪酬待遇吸引海内外优秀高校毕业的人才，并提供完备的社会保障待遇，其中社会保险就是除显性工资支出以外最容易被忽视，但成本占比最重的一部分。此外，非事业编聘用制需要委托第三方人事代理机构管理教师人事关系，高额的代理服务费又给高校增加了不少的成本。总体来看，高校非事业编聘用制教职工的工资成本已经较高，而实际上隐含的管理成本更高，有的甚至已经超过了编制内教师的用工成本。

用工存在隐患。英国利兹大学社会学教授齐格蒙特·鲍曼（Zygmunt Bauman）说过："桥的承载力是根据所有桥墩中最不牢靠的那一根决定的，社会的质量则是根据社会中最弱成员对应的福利待遇而决定的。"社会的和谐与稳定并不完全取决于整个社会的总体富裕程度，更多地取决于相对弱势群体的生活与福利程度。由于工资待遇较低，同工不同酬，非编制人员通过其他不当途径寻找平衡点，长此以往，会造成高校的不安定因素。例如，高校中很多非事业编制人员从事辅导员工作，他们有可能利用职权，把利益之手伸向学生，久而久之，不但会造成极坏的影响，而且还可能误入歧途走上犯罪的道路。另外，高等院校对编外人员的制约力也不强，再加上疏于管理，一旦出了问题，责任人一走了之，责任也不易追究。

### （三）缺乏有效激励晋升机制

我国的人事管理制度体系与现实不匹配的现象十分严重。尤其是在事业单位中仍在使用计划经济制度下的编制管理作为其主要的管控方法，机构的规模、经费安排还是按照编制为依据开展，导致编制无法跟上高校整体发展需求，但是国家又严控编制，部分单位还实行编内人员只进不出规则，所以编外人员能转入正式编制的机会可以说是非常渺茫，在编制内的人员在职位晋升、培训进修的机会等方面的竞争已经无比激烈，编外人员就更不可能得到了。

事业单位中有部分学历高、职称高、技术高的人才因长期在同一岗位而无法得到晋升，无法展示自己的人生理想抱负，这样就只能选择离开长期就职的院校而另谋高就，严重影响人才梯队的建设，对学校的损失是非常大的。总的来说，高校对编外人员存在"只录用，不培养""只使用，不激励"等情况，所以编外人员无法得到具体的在职教育、培训、考察学习以及推荐评选等方面的支持。

受到资金的限制，高校又要推进学科、科研、教学等方面发展的重要事项，确保其资金的充裕，这样又加剧了编外人员福利待遇投入的上限。虽然随着国家法律及管理的完善规范，编外人员的培训、国内外高校交流、企业交流的机会逐渐增多，但这其实还是需要资金的大力支持。这样的重重难题横在编外人员的面前，编外人员得不到培训进修的提升机会，未来职业发展空间又很有限，最终导致编外人员在工作表现和成绩方面不尽如人意，对院校人才建设及管理方方面面又带来更多的难点。

### 四、非事业编制教师聘用的探索

20世纪90年代，全国普通高等学校共有专任教师将近200万人。高等学校教育文化事业迅速发展壮大，高校在教学、科研和社会服务上的任务量成倍增长。这期间，教师规模虽有扩大，但师生比仍达不到办学标准要求，且师资差距逐年拉大。由于编制规模受到严格限制和管控，高校为缓解自身发展与编制不足的矛盾，保证人才培养、科学研究和社会服务工作的顺利开展，纷纷积极探索编制外用人机制，通过编外聘用的方式，保障高校人力资源供应。由此，编外聘用人员占高校教职工总数的比例呈逐年提升态势。

同时，国内部分高校也设立了非事业编制转事业编制的通道、事业编制与非事业编制管理趋同的探索，确立了"岗位为本"的管理模式。以往高校事业编制教师的晋升途径、薪酬待遇、资源倾斜等都较非事业编制教师更优越，通过两种人员的趋同管理，以岗位目标责任为导向，激发非事业编制教师的能动性。

以北京理工大学为例，从2010年前后就开始引进非在编教师，最初聘用的人员类型单一，数量少，没有形成系统化的管理制度。为了更好地贯彻落实人才强校战略，实行更加积极、更加开放、更加有效的管理政策，学校不断深化多模式人员聘用制度改革，经过2011年、2014年、2017年、2018年和2021年5次制度修订和完善，形成了一套较为完备的非事业编制人员的管理制度，为建立一支适应世界一流大学发展目标的多元化、高素质的非事业编制队伍提供了重要保障。

学校对于非事业编制教师的聘用原则为：坚持总量调控、按需设岗、依岗聘用；坚持重心下移、用人自主、权责统一；坚持公开公正、规范招聘、择优录用；坚持分类管理、科学考核、分类晋升。学校根据用人单位需求、人员类别以及岗位类别确定人员的聘用方式，主要分为四类：人才派遣适用于通过人才派遣公司派遣至学校从事全职工作的受聘人员；劳动合同适用于与学校直接签订劳动合同，从事全职工作的受聘人员；兼职协议（劳务协议）适用于与其他单位有聘用或劳动关系，已依法正常缴纳社会保险、到校从事兼职工作的受聘人员；项目协议适用于已办理法定退休手续，正常享受退休待遇，聘用至学校工作的退休人员。

对于非事业编制人员来说，其最关心的就是晋升发展与稳定的问题。北京理工大学也对此进行了改革和创新，为非事业编制人员的发展提供了制度保障和依据。非事业编制人员受聘期间可参加学校专业技术职务评定和职员晋升，成功晋升后可兑现相关待遇，这极大地促进了非事业编制人员的内生动力。

　　取消教师事业编制的限制，高校可以根据自身需要对人员的规模和规格进行动态化管理，在用人体制上打破编制壁垒，进行人力资源规划，推进人事制度改革，落实聘任制度；对教师进行分类管理，构建多元化的教师队伍，为不同岗位的教师提供不同职业发展平台和晋升渠道，实行多元化考核评价方式。这样更有利于落实高校人事自主权。各高校将根据自身的条件和发展需要进行多元体制的教师管理，引入竞争机制，最大限度地发挥人力资源的作用，提升教师水平和质量。

# 第五章

# 国外各类人才及支持计划

人才，泛指各行各业中的领军人物，是指具有一定的专业知识或专门技能，进行创造性劳动并对社会做出贡献的人，是人力资源中能力和素质较高的劳动者。人才一词出于古老的《易经》"三才之道"。《易传》讲："《易》之为书也，广大悉备。有天道焉，有人道焉，有地道焉。兼三才而两之，故六。六者非它也，三才之道也。"

广义的人才计划是指通过对人才的发现、培养、使用与管理等工作来发挥人才的作用，狭义的人才计划则是"国家或地方政府、部门按照国家经济发展规划战略方案和举措，在一个时间范围内，以一定政策和资源投入所实施的人才项目"。所谓高层次人才政策，就是国家机关、政党及其他政治团体为了规范高层次人才行为而制定的行为准则，其主要目标诉求虽然不仅仅是针对高层次人才，但含有高层次人才的内容，或者是适用于高层次人才的准则，主要包括谋略、法令、措施、办法、方法、条例等。

社会上通常会用"帽子"来通俗地代指各类人才计划，入选了人才计划就像戴上了一顶帽子，体现了与一般人才的区别。人才计划并非中国特有的现象，各国均高度重视青年科技人才成长规律，出台制订了一系列促进青年科技人才发展的政策和计划。发达国家普遍设立了各种人才计划促进科技发展与人才发展，如美国的休斯研究员计划、瑞典战略研究基金会人才计划等。本章重点介绍国际顶尖人才奖项和各国人才支持计划。

# 第一节 国际学术顶尖人才

## 一、诺贝尔奖

诺贝尔奖是指根据诺贝尔1895年的遗嘱而设立的5个奖项：物理学奖、化学奖、和平奖、生理学或医学奖和文学奖，旨在表彰在物理学、化学、和平、生理学或医学以及文学上"对人类做出最大贡献"的人士，以及瑞典中央银行1968年设立的诺贝尔经济学奖，用于表彰在经济学领域有杰出贡献的人。1901年诺贝尔奖首次颁发，包括诺贝尔物理学奖、诺贝尔化学奖、诺贝尔和平奖、诺贝尔生理学或医学奖和诺贝尔文学奖。1968年瑞典中央银行增设"瑞典中央银行纪念诺贝尔经济科学奖"，该奖于1969年首次颁发。诺贝尔奖的甄选委员会通常在每年10月公布得主。颁奖典礼于每年12月10日，即诺贝尔逝世周年纪念日，分别在瑞典首都斯德哥尔摩和挪威首都奥斯陆由国王举行授奖仪式。

多次获诺贝尔科学奖的科学家有3人2次获得诺贝尔科学奖，分别是玛丽·居里（1903年物理学奖、1911年化学奖）、弗雷德里克·桑格（1958年和1980年化学奖）和约翰·巴丁（1956年和1972年物理学奖）。

诺贝尔生理学或医学奖旨在表彰在生理学或医学领域做出重要发现或发明的人，每年评选和颁发一次，其中有9年因故停发（1915—1918年、1921年、1925年、1940—1942年）。截至2022年，共颁发113次，有228人获奖。2020年诺贝尔生理学或医学奖授予美英3位科学家Harvey J. Alter、Michael Houghton、Charles M. Rice获奖，获奖理由是"发现丙型肝炎病毒"。2021年诺贝尔生理学或医学奖授予2位美国科学家David Julius、Ardem Patapoutian，以表彰他们"发现温度和触觉的受体"。2022年，瑞典的斯万特·佩博因在已灭绝古人类基因组和人类进化研究方面所做出的贡献而获此殊荣。

诺贝尔物理学奖旨在奖励在人类物理学领域做出突出贡献的科学家，每年评选和颁发一次，其中有6年因故停发（1916年、1931年、1934年、1940—

1942年）。截至2022年，诺贝尔物理学奖共颁发116次，共有222人获得该奖。2020年，罗杰·彭罗斯、莱因哈德·根泽尔和安德里亚·格兹因发现了银河系中心的超大质量致密天体获此殊荣。美国科学家真锅淑郎（Syukuro Manabe）、德国科学家克劳斯·哈塞尔曼（Klaus Hasselmann）和意大利科学家乔治·帕里西（Giorgio Parisi）荣膺2021年诺贝尔物理学奖，"以表彰他们为我们理解复杂物理系统所做出的开创性贡献"。法国科学家阿兰·阿斯佩（Alain Aspect）、美国科学家约翰·克劳泽（John Clauser）、奥地利科学家安东·塞林格（Anton Zeilinger）荣膺2022年诺贝尔物理学奖，以表彰他们为纠缠光子实验、证明违反贝尔不等式和开创性的量子信息科学所做出的贡献。

诺贝尔化学奖旨在奖励在化学领域做出最重要发现或发明的科学家，每年评选和颁发一次，其中有8年因故停发（1916年、1917年、1919年、1924年、1933年、1940—1942年）。截至2022年，共颁奖114次，有191位获奖者。法国科学家埃马纽埃尔·卡彭蒂耶（Emmanuelle Charpentier）、美国科学家詹妮弗·杜德纳（Jennifer A. Doudna）因"开发了一种基因组编辑的方法"，荣获2020年的诺贝尔化学奖。德国科学家本杰明·李斯特（Benjamin List）和美国科学家戴维·麦克米伦（David MacMillan）因"对不对称有机催化的发展所做出的贡献"荣获2021年的诺贝尔化学奖。2022年诺贝尔化学奖授予美国化学家卡罗琳·贝尔托西（Carolyn R. Bertozzi）、丹麦化学家摩顿·梅尔达尔（Morten Meldal）和美国化学家卡尔·巴里·夏普莱斯（K. Barry Sharpless），以表彰获奖者们对"点击化学和生物正交化学"的发展做出的贡献。

目前，中国大陆共有两位诺奖获得者：

中国作家莫言获得2012年诺贝尔文学奖，获奖理由是莫言的作品展现出了"融合民间传说、历史和现实的幻想现实主义"。

中国女药学家屠呦呦，以及另外两名科学家威廉·坎贝尔和大村智获得2015年诺贝尔生理学或医学奖，获奖理由是他们在寄生虫疾病治疗研究方面取得的成就。

## 二、图灵奖

美国计算机协会于1966年设立的，又叫"A. M. 图灵奖"，专门奖励那些对计算机事业做出重要贡献的个人。其名称取自计算机科学的先驱、英国科学家艾伦·图灵，这个奖设立目的之一是纪念这位科学家。

图灵奖有"计算机领域的诺贝尔奖"之称。图灵奖对获奖者的要求极高，评奖程序极严，一般每年只奖励一名计算机科学家，只有极少数年度有两名在同一方向上做出贡献的科学家同时获奖。因此，尽管"图灵"的奖金数额不算高，但它却是计算机界最负盛名的奖项。

从1966年至2022年，图灵奖共授予76名获奖者，以美国、欧洲科学家为主。图灵奖华人获得者只有一位，2000年图灵奖得主姚期智。截至2021年4月，世界各高校的图灵奖获奖人数依次为美国斯坦福大学（29位）、美国麻省理工学院（26位）、美国加利福尼亚大学伯克利分校（25位）、美国普林斯顿大学（16位）、美国哈佛大学（14位）。

## 三、其他重要奖项

爱因斯坦科学奖（The "Albert Einstein" World Award of Science）以科学家阿尔伯特·爱因斯坦的名字命名，是一项世界性的科学大奖，由世界文化理事会设立，每年颁发一次，授予为造福人类做出贡献的杰出科学家。奖品包括一张奖状、一枚纪念奖章和一笔10，000美元的奖金。

菲尔兹奖（Fields Medal），是据加拿大数学家约翰·查尔斯·菲尔兹（John Charles Fields）要求设立的国际性数学奖项，于1936年首次颁发，常被视为数学界的诺贝尔奖（诺贝尔奖本身未设数学奖）。菲尔兹奖每四年颁奖一次，在由国际数学联盟（IMU）主办的四年一度的国际数学家大会（ICM）上举行颁奖仪式，每次颁给2～4名有卓越贡献的年轻数学家。获奖者必须在该年元旦前未满四十岁，每人将得到15000加拿大元（CAD）的奖金和金质奖章一枚。

陈省身奖（Chern Medal Award），是国际数学联合会为了纪念已故华人数学家陈省身而设立，奖励在国际数学领域做出杰出成就的科学家。这也是国际数学联盟首次以华人数学家名字命名的数学大奖。2009年6月2日，国际数学联盟宣布设立陈省身奖，该奖由国际数学联盟在每四年召开一次的国际数学家大会上颁发，无年龄限制。

# 第二节　外国院士制度

## 一、院士头衔的起源

"院士"一词来自英文"academician"，它实际是指"academy的成员"（amember of an academy），或"从事学术（或艺术）工作的人"。由于任何一个学术团体都可以称自己为Academy（它还是很多高级中学的称呼），所以"academician"这个称呼本身并不带有很高的地位，它可以用来称呼任何一个地方性的或任何一个专业性的"Academy"成员，就像称政治家做politician、称无产者为proletarian一样。据说把"academician"翻译成"院士"的人是傅斯年，这个汉译将西方的"学院"（academy）与东方的"士"结合起来，颇得中西合璧之妙。在中文里，"院士"是专指一个国家最高学术机构的成员。语源学研究表明，"academician"这个名词首次出现于1784年，比欧洲院士的出现晚了100多年。

总的来说，全世界的"院士"从本质精神上都大同小异，都属于科学及学术界的最高（终身）荣誉头衔。评选制度从原理上也是大同小异，由已当选的院士来推举、投票。

## 二、院士评选机构

### （一）英国

院士是一个国家最高学术机构的正式成员，而这个学术机构一般就是国家级科学院。世界上成立最早的国家科学院是建立于1660年的英国皇家学会，它在最初只有12名成员。但这12名成员中，包括著名化学家玻意耳（Robert Boyle）、物理学家胡克（Robert Hooke）、建筑大师和生物学家克里斯托夫·任（Christopher Wren）、著名学者威尔金斯（John Wilkins）等人。据说这个12人小团体在最初并没有一个正式名称，但英王查尔斯二世在1662年向它颁发了宪章（Charter），因此它就成为"皇家学会"，亦称"伦敦皇家学会"，其全称是"增进自然知识的伦敦皇家学会"（The Royal Society of London forImproving Natural Knowledge）。

## （二）法国

与英国皇家学会的成立过程相似，法兰西皇家科学院（Académie Royaledes Sciences）的成立也是先由一些著名科学家自发地组织起来，然后才得到政府的确认。法兰西皇家科学院成立于1666年，最初有21名正式成员，其中有著名哲学家、数学家、物理学家笛卡儿（Rene Descartes）、天文学家伽桑狄（Pierre Gassendi）、数学家及物理学家帕斯卡（Blaise Pascal）等人。1699年，法国国王路易十四正式确认这个组织在法国王室的保护之下，将它命名为皇家科学院，院址设在卢浮宫的图书馆中。由于法兰西皇家科学院的研究受到政府的财政资助，所以它的科研成就也最高，影响也最大，是欧洲其他国家科学院的榜样。当时欧洲与法兰西皇家科学院齐名的科学院还有普鲁士科学院（PreussischeAkademie der Wissenschaften，Berlin）和俄国彼得堡皇家科学院（AcadémieImperial des Sciences de St. Petersbourg）。这两个科学院的建立都与著名数学家莱布尼茨有关。

## （三）美国

美国国家科学院（National Academy of Sciences，United States，缩写：NAS）成立于1863年，是由美国著名科学家组成的科学组织，其成员在任期内无偿地作为"全国科学、工程和医药的顾问"，是美国科学界荣誉性及政府咨询机构。美国国家科学院不是政府部门，而是民间的、非营利的、科学家的荣誉性自治组织，其下不设科学研究机构。美国国家科学院是美国科学界最高水平的四大学术机构（美国国家科学院、美国国家工程院、美国国家医学院、美国国家自然基金会）之一。美国国家科学院约有2400名会员和500名国际会员，其中约190名获得了诺贝尔奖，每年最多可以选举120名会员和30名国际会员。

### （四）俄罗斯

俄罗斯科学院（俄语：Росси́йская акаде́мия нау́к，俄文缩写РАН）于1724年在圣彼得堡成立。1917年俄国十月革命胜利后，科学院成为国家科学组织，并于1925年更名为苏联科学院。1991年苏联解体，苏联科学院重新更名为俄罗斯科学院。俄罗斯科学院是俄罗斯联邦最高学术机构和最大的科研实体，致力于在自然、技术、人文、社会等科学领域组织并开展基础性和实用性科学研究，是俄罗斯国家高端科技智库。在苏联时期，拥有全苏联最著名的科学家，属苏联部长会议直接领导，负责协调全国科学活动，以便按照国家计委编制的国民经济发展计划要求，确定国家科学研究的总方向。同时，全面指导各加盟共和国科学院、高等院校和国家其他研究单位重大自然科学和社会科学的研究工作。中科院和俄罗斯科学院建立了长期和紧密的合作关系，中俄两国院士群体在很多领域开展了富有成效的研究合作。截至2022年6月，共有16位中科院院士当选俄罗斯科学院外籍院士。

### （五）日本

日本学士院（日语：にっぽんがくしいん，英文：The Japan Academy）是日本最高的学术机构，位于东京都台东区的上野恩赐公园内。1879年1月15日，在著名思想家福泽谕吉的倡导下，日本仿照法兰西科学院成立了东京学士院。1906年东京学士院改称帝国学士院。1947年改名为日本学士院，并作为日本科学委员会的附属机构。1956年，依据日本政府颁布的《日本学士院法》（The Japan Academy Law），日本学士院恢复其独立身份，成为文部科学省的一个特设机构。其宗旨（Aim）主要有两条：特殊优待取得突出学术成就的杰出科学家；开展有益于追求学术进步的必要活动。日本学士院由"会员"（Members）组成，会员为终身荣誉。会员实行定员制，最初1879年东京学士院定员为40人，1906年帝国学士院定员为60人，1925年又扩展至100人，1949年日本学士院定员为150人，此额度后被写入1956年的《日本学士院法》，至今未曾变更。会员根据所属专业不同分为两个学部：人文与社会科学部（Humanities and Social Sciences），定员为70人；纯科学及其应用学部（Pure Sciences and Their Applications），定员为80人。

## （六）加拿大

加拿大皇家科学院（The Academy of Science of the Royal Society of Canada）是加拿大最重要的科学团体之一，成立于1882年，加拿大皇家科学院院士现有约1000名，均为在加拿大自然和应用科学各领域取得突出成就的佼佼者，包括了所有获得诺贝尔奖的加拿大科学家。皇家科学院院士每年评选一次，每次不超过30位。

加拿大工程院成立于1987年，是一个独立、自治的非营利组织。加拿大工程院院士是加拿大联邦政府授予在工程领域代表加拿大国家水平专家、教授的荣誉称号，并作为国家智囊团为国家层面课题立项、评审和研究提供权威意见。现有院士300名。

## （七）德国

2008年，由于利奥波第那科学院的院士来自全德国范围，在国际上影响显著，联邦政府和州政府决定选择其作为德国国家科学院。利奥波第那科学院（Leopoldina），是世界上最古老的科学院，以罗马帝国皇帝利奥波德一世名字命名，是德国最古老的自然科学和医学方面的联合会，也是世界上存续时间最长的学术机构（研究中心），学院总部现位于德国东部城市哈雷。德国的院士并不是中国意义上的院士称号，国家科学院实际上是一个非政府、非营利性的学术组织，德国院士称号虽然拥有最高学术荣誉，但不具有经济和行政意义。利奥波第那科学院选举院士要保证独立性和学术性，德国院士称号突出的是学术性和荣誉性，不与任何物质利益挂钩。

## （八）欧洲科学与艺术院

欧洲科学与艺术院（European Academy of Sciences and Arts）由奥地利知名心脏外科医生翁格尔、已故维也纳枢机主教柯尼格（Franz Konig），以及专研政治科学与哲学、德国艾希施泰特天主教大学（Catholic University of Eichstätt）前校长洛布科维（Nikolaus Lobkowicz）共同创办。欧洲科学与艺术院设有8个学部，涵盖人文科学、医学、艺术、自然科学、社会科学、法律及经济、技术及环境科学以及世界宗教。欧洲科学与艺术院致力于讨论当前不同学科领域及文化相关研究问题，也致力于促进欧洲跨国对话和交流。欧洲科学与艺术院是世界范围内在科学和艺术领域享有崇高声誉的学术组织。

至今，该院已有逾2000位院士，当中30多位为诺贝尔奖得主，是全球的科学院中院士诺贝尔奖获得者比例最高的科学院之一。

# 第三节　国外人才支持计划

## 一、美洲国家

美洲以美国为代表。美国具备完善的科研资助体系，形成了政府、产业界与基金会三驾马车为主体的科技资助体系，将科研项目与青年创新人才培养结合起来，划拨专项经费资助，重点激发科技人才对原创性科学研究的孜孜追求，形成严谨的逻辑思维和执着的成就动机。美国国会专门通过《职业早期研究法案》，增强对青年科技人员的支持力度。美国国家科学基金（NSF）、美国国立卫生研究院（NIH）分别设立CAREER项目和Early Stage Investigators（ESI）等系列项目；美国白宫设立"科学家与工程师职业生涯早期总统奖"（PECASE，又译"青年科学家总统奖"）。美国的青年科技人才资助体系主要包括三个层次：

一是以总统名义设立的科技奖励，其在政府设立的科技奖励中占主要地位，包括国家科学奖、国家技术奖、费米奖、青年科学家和工程师总统奖。

二是美国政府相关组成部门、国家科学院、工程院以及一些国家级学术机构、基金会所设立的科技奖励。NIH专门为职业生涯早期的科研人员设置了事业发展基金Career Development Award（K系列）：最常见的为K01，K01用于资助刚完成专科训练和博士后训练的医生和研究人员，在导师的指导下，进一步发展自己的事业，在3~5年的时间内，过渡为完全独立的研究人员。

三是美国私人基金对青年科学家提供了大量资助，是全美科学研究资助体系的重要组成部分。这些私人基金会宗旨各异、数目繁多，通过多种方式支持科学事业，对美国科学事业产生积极作用和深远影响。

美国还通过实施工作签证和技术移民等人才引进制度，集聚了一批来自世界各地的高素质创新创业人才。给具有特殊专业才能的外国人 H–IB 签证，通过实施留学优惠政策和"绿卡制"留住世界各地的优秀留学生，成为美国经济社会发展的主要人力资本。

## 二、欧洲国家

欧洲的发达国家多，知名高校分布广，典型的有德国、英国和法国。发达国家的科技人才计划主要有 2 种类型：项目导向型与人才导向型，前者是通过资助研究项目以解决社会发展需求问题同时促进人才发展，是人才计划的主要形式；后者侧重资助有潜力的人才探索科技前沿问题，聚焦人才的发展潜力，但不太关注具体研究任务。

2007 年德国设立的"洪堡教席奖"是德国高端人才战略的重要举措之一，旨在吸引全世界最顶尖的科学家到德国进行长期研究工作，为理论研究或实验研究提供 350 万或 500 万欧元的资助。

英国为加大对青年科技人才的资助力度，英国政府支持沃尔森基金会和英国皇家学会合作设立"高级人才奖学金项目"，用来资助杰出的科学家。此外，还设立了"牛顿国际人才计划""伊丽莎白女王工程奖"等，不断激励青年科技人才投身基础研究，开展原创性研究。英国移民署在高层次人才和高素质技能劳动力人员签证方面逐渐完善机制。英国脱欧过程中，英国科学界对涉及科技创新主要问题进行了一系列详细调研，提出英国要继续参加欧盟的框架计划、加强与欧盟的研发合作、简化人才签证手续，继续参与欧盟重要制度的制定和实施、共享研发基础设施等建议，以保证英国能够继续保持一流创新国家的地位。

法国的科研等级相对较严，吸引年轻人做科研，防止法国优秀科研人员流失海外，成为法国政府科技工作的一大重点。政府首先采取的方法是给年轻人增加从事科研工作的机会，并提高他们的待遇。2008 年年底法国推出了"优秀人才居留证"吸引海外优秀人才。法国外交部与大企业集团联合培养外国留学生。法国还针对中国设立了专项引才计划，如"蔡元培项目""法国科研创新人才计划"，吸引中国青年科技人才。

欧洲联盟及其他国家也设立了不同的人才专项支持计划。欧洲研究理事会（ERC）在第七框架计划期间，先后设立了多个人才专项计划，培养和吸引欧洲及世界其他国家处在不同阶段的高水平研究人员。欧盟还设有"原始创新计划"，致力于吸引最具聪明才智的科学家，增强欧洲竞争力，支持有风险和高影响力的研究，促进新兴和快速影响力的领域达到世界级科学研究水平。该计划设立两项基金，一个针对年轻学者的启动基金，支持事业初期的创业者；另一个针对事业有成、领军研究人员，支持卓越、前沿的研究项目。此外，欧盟还设立"人力资源计划"，通过与外国科学家的合作来加强欧洲研究，通过研究人员的流动建立持久的联系，具体由"玛丽·居里人员流动和培训行动计划"实施，主要内容是研究人员的初期培训、终身培训和职业发展，通过人力资源引进和输出达到国际传播，支持为研究人员提供纯欧洲劳动市场的特殊行动。

欧盟积极促进本国青年科技人才与其他国家、地区科研人员的合作交流并提供相应的平台，这种合作和交流不局限于欧盟内部，也涉及其他国家。合作的主体也较为广泛，包括大学、科研机构、企业、社会组织和其他类型中的科研人员、科技人才等。这种合作使青年科技人才更加具有国际化的视野，从而保持他们的创新力和国际竞争力。

瑞典组织实施了"未来研究领军"项目（Individual Grants for Future Research Leaders）、瑞士"潜力青年科学基金"与"国家研究能力中心计划"、以色列科学基金的"F.I.R.S.T计划"等，对本国青年科学家进行资助。此外，政府间青年科学家交流计划也促进了青年科学家成长，"中欧青年科学家交流计划"。根据2009年欧盟理事会法案，欧盟多数国家共同推出吸引欧盟以外国家的专业优秀人才移民机制——"蓝卡"，欧盟"蓝卡"持有者可享受很多优惠条件。

## 三、亚洲国家

亚洲的典型代表国家是日本。日本建立了政府、民间团体和企业多主体、多层面、多元化的资助奖励体系。近年来，日本对青年科技人才给予政策倾斜和科研扶持激励，扩大面向青年科技人才的资助面和资助力度，确保优秀青年科技人才有独立领导科学研究项目的机会。面向青年科技人才大幅度扩充竞争性研究资金。通过完善体制，扩充资助计划，更好地支持青年科技人才潜心研究，同时设立多种科研交流的平台和渠道，支持青年科技人才成长。例如，日本通产省设立了国际科学奖励基金，实施科研国际化政策，支持青年科技人才国际交流。

为吸引世界顶尖人才，日本采用"日本版外国高级技术人才绿卡"，设立"外国人特别研究员制度"，开展国际合作特别是与中国合作共同开展研究项目，启动了创新综合战略2019、亚洲校园计划、30万留学生计划、科学技术人才培养综合计划、240万科技人才综合开发计划、21世纪卓越研究基地计划、日本青年科学家资助项目、日本科研早期资助项目、日本科学技术基本计划，设立了日本文部科学大臣青年科学家奖、"Nice Step Researchers"奖。日本学术振兴会设立了特别研究人员制度和青年学者研究项目，支持青年人才成长。其中，"（一般）特别研究员"和"特别研究员"制度提出资助年龄在33岁以下的博士毕业生或有同等以上研究能力者，以培养将来能够担当日本科学研究重任的具有创造性的青年科学研究工作者。

日本营造良好的研究环境，构建了职业发展体系模式和终身雇佣制度。对于青年科技人才，日本要求采用任期制的录用方式，让他们作为独立研究者，然后经过严格审查，通过终身雇佣制度，将他们任用到无任期制的职位上，并完善职业发展路径。日本政府要求各大学和研究机构积极采取措施，如设置托儿设施、配备助手等，支持女性科研人员兼顾研究活动和养育子女。

韩国20世纪六七十年代经济起飞时，就不遗余力地招揽优秀人才，特别是在海外的韩裔人才。先后实施出台"长期回国计划""临时回归计划""外国学者访问计划"以及"科技工作计划"等不同类别的人才回归计划，吸引高层次人才回归。2011年，韩国《国籍法修订案》正式生效，外国国籍人员可以同时拥有韩国籍和外国籍，只是在韩国境内不能使用外国国籍权利。在科学、经济、文化、体育等领域，能够为国家发展做出贡献的外国优秀人才，随时都可以申请韩国国籍，将不再被强制要求需要在韩国居住5年以上，也无须接受入籍考试等。至此，韩国形成了完善的人才吸引体系。目前，为了吸引科学技术、文化领域的外籍人才，韩国法务部决定引进外籍人才入境和签证等居留支援制度，并推进开放包容的移民政策。

# 第六章

# 我国高层次人才队伍建设

从"建立无产阶级知识分子队伍"到"培养和造就规模宏大、结构优化、布局合理、素质优良的人才队伍",从"两个尊重"(尊重知识、尊重人才)到"四个尊重"(尊重劳动、尊重知识、尊重人才、尊重创造),从"人才资源是第一资源"到"建设人才强国",从"党管干部"到"党管人才",100年来,党的人才工作不断创新,人才事业不断发展壮大,为中国发展奇迹的实现提供了有力的人才智力支撑。本章聚焦于国内高层次人才管理相关内容,从人才发展历程出发,对比分析国内外高层次人才发展与现状,针对现行的高层次人才管理存在的问题提出优化策略,以期为提升高校高层次人才建设水平提供思路。总体来讲,我国的高层次人才发展历程大致经历了四个阶段。

## 第一节　我国高层次人才发展历程

### 一、第一阶段[①]（新中国成立前，1921—1949）

党从成立起就十分重视培养和凝聚人才,努力把中国社会中最先进的分子集聚在党的旗帜下。大革命时期,党创办了工人夜校和农民运动讲习所,培养工农运动的骨干力量。延安时期,党中央高度重视知识分子,一方面指示各地党组织和救亡团体大力输送知识青年到延安;另一方面在延安设立各

---

① 百年人才发展历程［J］.中国人才,2021,No.571（7）: 12-19.

类干部学校以招收青年学生，为革命培养大批人才。从抗战爆发至1943年12月，到延安的知识分子总共4万余人。毛泽东在延安亲自领导开办的学校有抗大、陕北公学、青年干部训练班、鲁迅艺术学院、马列学院、中共中央党校、延安自然科学院、延安女子大学等，招收了大批知识青年。

## 二、第二阶段（新中国成立后至改革开放前，1949—1978）

中华人民共和国成立后，党和国家制定了一系列方针政策，从工人、农民骨干中培养急需人才，团结吸纳原有人才，成立科研机构和大学培养专门人才，大量吸引海外学子回国和派遣留学人员。1949年，全国科技人员还不足5万人，在各方面条件十分艰苦的情况下，1949年10月党中央批准成立中国科学院。到了1962年，专业技术干部数量已达到210万。

据统计，1949年至1955年的6年间，包括华罗庚、钱学森、李四光等在内共计1536名高级知识分子从海外回国参加建设。1977年，我国恢复中断10年之久的高考。

## 三、第三阶段（改革开放后，1978—2012）

党和政府高度重视人才队伍建设，为了实现自主培养和引进国外高层次人才，新中国成立后，党和政府在培养与引进高层次人才方面颁发了一些政策性文件，但由于时代原因、现实困境及复杂的国际背景，高层次人才政策没有体系化。改革开放以后，制定和颁布了一系列高层次人才政策并取得了显著成效，以人才政策的思想及内容转变、里程碑式人才会议召开、引智机构及组织设立3个标准为依据，发展演进和创新又可分为3个阶段：1978—1983年，探索初创和摸索期；1984—1999年，体系初建和发展期；2000—2011年，战略转型和完善期。历史发展的事实与经验业已证明，人才是经济社会发展的第一资源和最宝贵的财富，而高层次人才又是人才群体中的核心要素和决定性力量，《国家中长期人才发展规划纲要（2010—2020年）》强调要"加快形成我国人才竞争比较优势，逐步实现人力资源大国向人才强国的转变……充分发挥高层次人才在经济社会发展和人才队伍建设中的引领作用"。

## （一）探索初创和摸索期（1978—1983）

1978年召开全国科学大会，确立了尊重知识、尊重人才的根本方针，迎来了科学的春天。党的十一届三中全会以后，人才事业发展进入了一个新的历史阶段，提出"尊重知识、尊重人才""科学技术是第一生产力"等重要指导方针，出台有突出贡献中青年专家选拔制度、享受政府特殊津贴专家选拔制度，建立院士制度、博士后制度，实行专业技术职务聘任制，等等。党和国家全面落实知识分子政策，提升知识分子地位，极大焕发了广大知识分子的创造热情，迎来了我国教育科技事业发展的春天。

这一阶段的高层次人才政策主要是恢复被破坏或停止发展的各项高层次人才政策，并就如何制定切实有效的人才政策进行探索。具体政策有：

（1）落实知识分子政策。颁布了《关于落实党的知识分子政策的几点意见》，这是党以国家正式文件的形式来高度肯定知识分子的地位与作用，解决了"文革"中遗留的有关人才政策的重大理论是非问题。

（2）重启出国留学政策，恢复选派留学人员。1981年和1982年国务院分别转发了《出国留学人员管理教育工作条例》和《关于自费出国留学的规定》，至此出国留学政策得到不断完善，出国留学人员规模也不断扩大，为社会主义建设输送和培养了大批高层次人才。

（3）1983年7月8日，邓小平同志发表"利用外国智力和扩大对外开放"重要讲话，强调不仅要重视资金和设备的引进，更要重视智力、人才的引进。1983年9月7日，成立中央引进国外智力领导小组，标志着我国高层次人才政策演进过程中的一个重大转折点，进入具有鲜明中国特色的历史时期。

## （二）体系初建和发展期（1984—1999）

1984年《中共中央关于经济体制改革的决定》指出，"进行社会主义现代化建设必须尊重知识、尊重人才"，同时"采取有力措施提高知识分子的社会地位，改善他们的工作条件和生活待遇"，强调"对有重大发明创造和特殊贡献的，要给以重奖"。在此背景下，高层次人才政策改革的序幕正式拉开。在此阶段，高层次人才政策体系初步建立并不断深入发展。1984年，全国第一批424名有突出贡献中青年专家产生。

其间，启动人才流动和人才市场政策。这些政策有力地促进了人才分流，推动了专业技术职务聘任制的实施，从而有利于我国高层次人才资源的优化配置；人事制度改革和工资待遇的提高，为高层次人才进行高效工作提供了有力的后勤保障。为实现对高层次人才的自主培养，1985年国务院批转了《关于试办博士后科研流动站的报告》，并于当年7月成立了博士后科研流动站管理协调委员会，这标志着博士后制度在我国正式确立。在此期间，为大力培养和引进高层人才，国家出台了多项人才专项计划，为高层次人才的培养、引进提供了重要平台，产生了一大批学术带头人和领军人物。

自1991年起，我国每年对在经济建设和科技进步中做出突出贡献的外国专家进行表彰。设置中国政府"友谊奖"。1993年3月18日，全国首届科技人才技术交流洽谈会（全国科技人才活动日）在北京开幕，开创了中国科技界人才合理流动的先河。1994年，原国家人事部与沈阳市政府共同组建了第一个国家级人才市场——中国沈阳人才市场。人才市场服务体系的形成与发展，打破了人才流动的限制，为人才、人力资源的就业创业做出了巨大贡献。

总之，在这一阶段，已初步建立高层次人才培养、流动、引进、评价、奖励、退休等政策体系，同时高层人才政策基本实现制度化、机构化和规范化，且高层次人才专项计划也已成为培养、引进高端人才的重要平台和手段，标志着我国高层次人才政策体系已基本形成并实现初步发展。党和国家不断改革用人制度，健全人才政策法规，加快人才市场建设，制订和实施了一系列人才培养工程和计划，推动人才走进科技、经济建设主战场。

## （三）战略转型和完善期（2000—2011）

进入21世纪之后，我国高层次人才政策发生了战略转型并不断完善。21世纪之初，党中央首次提出"人才资源是第一资源"的重要思想，对人才地位和作用的认识实现新飞跃。党中央、国务院于2003年、2010年两次召开全国人才工作会议，颁布国家中长期人才发展规划。党中央提出树立科学人才观，对实施人才强国战略做出全面部署，明确党管人才原则是开创人才工作新局面的根本保证，统筹推进各类人才队伍建设，我国进入了从人力资源大国向人才强国迈进的新阶段。

在2000年全国经济工作会议上，我国第一次明确提出"制定和实施人才战略，加快培养和吸引现代化建设急需的各类人才，特别是高层次人才"。2001年的《国民经济和社会发展第十个五年计划纲要》则专章提出"实施人才战略，壮大人才队伍"，这是首次将人才战略正式确立为国家战略，同时随着我国第三代中央领导集体创造性地提出"人才资源是第一资源"的科学论断，新世纪我国高层次人才政策开始进行战略转型。

在这个阶段，"人才强国"战略实施和"党管人才"原则确立。2002年中央制定了《2002—2005年全国人才队伍建设规划纲要》，这是我国第一个综合性的人才队伍建设规划，是具有中国特色和时代特点的中期人才发展战略的指导性文件，且首次明确提出"人才强国"战略的概念，标志着人才强国战略已进入政府的行动方案和工作规划。新世纪全国人才工作会议的召开和《2002—2005年全国人才队伍建设规划纲要》的颁布实施，标志着在"党管人才"原则下人才强国战略进入全面开展、整体推进的新阶段。

2003年召开的全国人才工作会议以及会后印发的《关于进一步加强人才工作的决定》，在党的历史上首次对实施人才强国战略做出全面部署。同年，中央成立人才工作协调小组，负责协调各部门力量，研究和解决人才工作中的重大问题。2005年《关于在留学人才引进工作中界定海外高层次留学人才的指导意见》中首次提出，包括学术界、国外高校、世界500强企业、国外政府机构、国际组织等8个方面的著名专家、学者、管理人员和技术人员是当前我国着力引进的海外高层次留学人才。高层次人才政策实现了战略提升并得到了不断完善和发展。

2006年，人才强国战略作为专章列入国民经济和社会发展"十一五"规划，我国大力实施人才强国战略跃升到一个新起点。以2006年为起点，我国高层人才政策进入一个新的历史发展时期并逐渐走向成熟，自主创新是其核心指导思想。新时期指导我国科学和技术发展的纲领性文件《国家中长期科学和技术发展规划纲要（2006—2020年）》（以下简称《规划纲要》）的核心理念就是以自主创新为主线，建设创新型国家。在人才队伍建设方面，《规划纲要》提出的目标之一就是"加大吸引留学和海外高层次人才工作力度"。2006年1月在《关于实施科技规划纲要，增强自主创新能力的决定》中明确指出，建设创新型国家，必须形成激励自主创新的政策体系，其中要求"健全人才激励机制，结合国家重大科技工程和重点任务的实施，大胆启用青年人才，培养高水平的创新人才，积极引进海外高层次人才"。

另外，还加大力度实施了多项以自主培养和引进高层次人才为目标的人才资助项目，如"高等学校学科创新引智计划"（简称"111计划"）采取团队引进、核心人才带动等多种形式引进海外优秀人才，促进学科发展与人才培养，推动高水平研究型大学建设。2009年中央人才工作协调小组制定了关于实施海外高层次人才引进计划的意见（简称"千人计划"），其宗旨就是"引进并有重点地支持一批能够突破关键技术、发展高新产业、带动新兴学科的战略科学家和领军人才回国（来华）创新创业"，并掀起海外高层次人才的"归国潮"。

2010年，根据新形势新任务和人才工作面临的新情况新问题，党中央、国务院颁布了《国家中长期人才发展规划纲要（2010—2020年）》，明确服务发展、人才优先、以用为本、创新机制、高端引领、整体开发的人才发展指导方针。

## 四、第四阶段（党的十八大以来，2012年至今）

### （一）2012—2017年

党的十八大以来，以习近平同志为核心的党中央对人才工作做出一系列重大部署，坚持聚天下英才而用之，深入实施人才强国战略，推进人才发展体制机制改革，激发人才创新创造创业活力，构建科学规范、开放包容、运行高效的人才发展治理体系，努力形成具有国际竞争力的人才制度优势。

针对人才发展体制机制存在的突出弊端，2016年中央出台《关于深化人才发展体制机制改革的意见》，随后出台《关于实行已增加知识价值为导向分配政策的若干意见》《关于深化职称改革的意见》等文件和配套政策，激励广大人才放开手脚创新创造。

### （二）2017—2021年

2017年进入新时代，国家对高层次人才建设提出了新要求。2018年5月2日，习近平在北京大学师生座谈会上的讲话指出："要培养造就一大批具有国际水平的战略科技人才、科技领军人才、青年科技人才和高水平创新团队，力争实现前瞻性基础研究、引领性原创成果的重大突破……要下大气力组建交叉学科群和强有力的科技攻关团队，加强学科之间协同创新，加强对原创性、系统性、引领性研究的支持。"

2018年9月10日，习近平在全国教育大会上的讲话指出："建立健全学科专业动态调整机制，加快一流大学和一流学科建设，推进产学研协同创新，积极投身实施创新驱动发展战略，着重培养创新型、复合型、应用型人才。"

2019年10月24日，习近平在中央政治局第十八次集体学习时的讲话指出，"要加强人才队伍建设，建立完善人才培养体系，打造多种形式的高层次人才培养平台，培育一批领军人物和高水平创新团队"。

### （三）2021年至今

当前，高等教育正处在世界百年未有之大变局和中华民族伟大复兴战略全局这两个"大局"背景中，中国在日益走上世界舞台的中央。国际力量对比发生革命性变化，西方力量优势受到非西方群体性崛起的系统冲击，中美贸易战越演越烈，这种竞争背后的核心是科技和人才的竞争。从国际大势看，全球科技创新进入空前密集活跃的时期，新一轮科技革命和产业变革正在重构全球创新版图、重塑全球经济结构，呈现出"竞合、融合、快合"等特征。从新中国改革开放40余年的发展成就，以及2020年全球抗击疫情的实践和成效看，中国的表现更加彰显大国治理、大国话语、大国担当。中国走向世界舞台中央的历史进程，必定是全球人才向中国源源不断高度集聚的过程。

2021年9月27日至28日，中央人才工作会议在北京召开。这是我国第一次以中央名义高规格举办人才主题工作会议。

这次会议的召开，彰显出以习近平同志为核心的党中央对新时代人才资源战略价值的深刻认识，展现出中国共产党坚定实施新时代人才强国战略的坚定决心，也释放出中国聚焦实现高水平科技自立自强，走出一条人才引领、创新驱动的中华民族伟大复兴之路的强烈信号。

与党的十九届五中全会强调"激发人才创新活力"紧密呼应，这次会议把握新发展阶段、贯彻新发展理念、构建新发展格局，聚焦实现高水平科技自立自强，加快确立人才引领发展战略布局，聚天下英才而用之，为实施新时代人才强国战略进行了一系列战略谋划和系统布局，构建了未来一段时期国家推动人才事业发展的工作框架，为形成具有中国特色的人才发展理论体系和工作体系做出了历史性贡献，在我国推动人才事业发展历程中具有标志性意义和里程碑价值。

从战略导向到工作举措，从目标定位到检验标准，习近平总书记在这次会议上围绕深入实施新时代人才强国新战略做出一系列重要论述，深刻回答了新时代人才事业发展的重大理论和实践问题，形成了一个思想深刻、逻辑清晰、体系完整、互为支撑的国家人才强国战略有机体系，在党和国家事业发展全局中进一步夯实了人才引领发展的战略地位和顶层设计。

世界一流人才强国，需要具备与之相匹配的一流人才队伍，尤其是科技人才队伍。大国之间科技实力的较量比拼，首先是最高水平人才间实力的较量。

这次会议上，习近平总书记指出了新时代人才强国建设聚焦的重点人才群体：战略科学家、科技领军人才和创新团队、青年科技人才以及卓越工程师。因此，要有意识地发现和培养更多具有战略科学家潜质的高层次复合型人才，形成战略科学家成长梯队。大力实行"揭榜挂帅""赛马"制度，发挥国家实验室、国家科研机构、高水平研究型大学、科技领军企业的国家队作用，打造大批一流科技领军人才和创新团队。建立人才本位、科学家本位的科研管理体系，对领军人才实行人才梯队配套、科研条件配套、管理机制配套的特殊政策。造就规模宏大的青年科技人才队伍，培养大批卓越工程师。

同时，习近平总书记强调，要走好人才自主培养之路，我们"完全能够培养出大师"；要制定实施基础研究人才专项，长期稳定支持一批在自然科学领域取得突出成绩且具有明显创新潜力的青年人才；要培养造就大批哲学家、社会科学家、文学艺术家等各方面人才。实施新时代人才强国战略，要求我们充分发挥党管人才体制优势、人才队伍积累优势和人才工作基础优势，聚焦战略科学家、高水平工程师、专业化技术技能人才等重点人才群体，充分发挥国际科创中心、区域中心城市、国家实验室、高校院所、新型研发机构、头部行业企业等国家战略区域、战略平台、战略力量和科研高地的引领突破作用，进一步深化人才引进、评价、使用、激励、保障等关键工作环节制度改革创新，以点上突破带动产生全局人才聚变、裂变和链式反应，为建设世界重要人才中心和创新高地，赢得全球科技竞争和产业竞争主动权、领导权奠定基础。

2022年10月16日习近平总书记在中国共产党第二十次全国代表大会上的报告中明确指出，教育、科技、人才是全面建设社会主义现代化国家的基础性、战略性支撑。必须坚持科技是第一生产力、人才是第一资源、创新是第一动力，深入实施科教兴国战略、人才强国战略、创新驱动发展战略，开辟发展新领域新赛道，不断塑造发展新动能新优势。我们要坚持教育优先发展、科技自立自强、人才引领驱动，加快建设教育强国、科技强国、人才强国，坚持为党育人、为国育才，全面提高人才自主培养质量，着力造就拔尖创新人才，聚天下英才而用之。

# 第二节　我国人才计划的分类

由于发展阶段与制度环境差异，中国现阶段的人才计划以项目资助为主，但在几十年的发展过程中也衍生出一些其他特点，并形成了几种代表性的人才计划类型。

## 一、奖励荣誉型

从20世纪80年代开始，各级政府和组织开始重视人才和人才工作，通过设立人才奖励计划，营造尊重人才的社会氛围，调动科技人才的积极性。随着人才工作的逐步深入，一些人才奖励计划开始有针对性地聚焦国家与社会发展需求，针对特定领域人才进行定向奖励，发挥了引导人才培养方向的作用，如《长江学者奖励计划》就明确"长江学者"和"青年长江学者"是学术性、荣誉性称号。随着人才争夺白热化，一些项目资助型的人才计划也逐渐衍生出奖励或荣誉的特性，如一些重点或重大项目的主持人、首席科学家等就从项目职务变成了具有荣誉性的头衔。例如，中国科学院院士、中国工程院院士、何梁何利基金奖、创新争先奖、长江学者等。

## 二、项目资助型

项目资助型的人才计划与发达国家的项目导向型相似，是一种系统性较强的人才项目，以满足社会发展需求的项目为依托，通过资助活动的稀缺性和竞争性来筛选人才，通过资助项目、监督项目实施、考核项目结果等手段促进人才成长和发展。近年来，中国提供了充足的项目资助，吸引了大批科技人才投身科技工作，扩大了科技人才规模，提升了科技成果数量与质量，有效增强了科技实力与综合竞争力。项目资助型人才计划是中国近30年来培育科技人才的重要手段。例如，国家杰出青年科学基金、国家优秀青年科学基金等。

## 三、综合评价型

综合评价型人才计划综合了上述项目资助型、奖励荣誉型以及发达国家的人才导向型等多种人才计划的特点，既重视人才的经历、成果与发展潜力，也重视人才的研究项目与国家和社会发展需求的契合度，还注重对人才的工作过程与成果的监督和评价。入选此类项目的影响"溢出效应"非常明显，会给入选者带来很高的荣誉和奖励。综合评价型的人才计划中，不同项目的侧重点会有所差别，项目的原创性、探索性与自由性程度更高，更接近人才导向型的计划，例如，国家高层次人才特殊支持计划（"万人计划"）杰出人才等。而国家"万人计划"青年拔尖人才项目（简称"万人青拔"）则对项目的约束更强，更接近项目资助型的计划。

相比而言，由于制度环境与社会发展阶段不同，中国的人才计划工作起步较晚，在发展过程中逐渐形成了有别于发达国家的一些特点。首先，中国人才计划的实施主体多样，包括各级政府部门、高校、事业单位与科研院所，以及一般社会团体、基金会和企业，多样的实施主体构成了层次等级分明的结构，对应的人才计划则构成了一个体系庞大且结构复杂的项目系统。其次，大部分人才计划都是以"财政资源+政策资源"为手段，通过高强度的资助力度和全方位支持要素来吸引和培养人才。此外，大多数人才计划都是以公共政策的形式展现和进行管理，项目的独立性较低，项目的设计、运营、管理、退出、监督与评价机制较为复杂。

在高校的人才计划项目管理过程中，通常按照三个类型进行管理。一是按照项目类型分类，分为人才支持计划、科研基金项目及人才奖项；二是将人才项目按照培养阶段分类，主要分为杰出人才、领军人才和青年人才；三是从项目管理的角度，也可以将人才计划按照组织单位分类，如表6.1所示。

表6.1 国家级人才项目一览表

| 序号 | 组织单位 | 项目名称 | 项目类型 | | 适合申报群体 | 申报时间 |
|---|---|---|---|---|---|---|
| 1 | 中国科学院 | 两院院士 | 中国科学院 | 中国科学院院士 | 国内在科学技术领域做出系统的、创造性的成就和重大贡献的专家 | 每两年一次，1月启动 |
| | 中国工程院 | | 中国工程院 | 中国工程院院士 | | |
| 2 | 中组部 | 海外引进计划 | 教育部评选平台 | 讲席学者 | 海外高层次人才 | 2—4月/年 |
| | | | 科技部评选平台 | 火炬计划 | | |
| | | | 基金委评选平台 | 优青（海外） | 海外高层次青年人才 | |
| 3 | 中组部 | 国内高层次人才特殊支持计划（万人计划） | 科技部评选平台 | 杰出人才 | 国内顶尖专家 | 各子项目每年开展一次，具体申报时间以各部委通知为准 |
| | | | | 科技创新领军人才 | 国内高层次人才 | |
| | | | 中宣部评选平台 | 哲学社会科学领军人才 | | |
| | | | 教育部评选平台 | 教学名师 | | |
| | | | 中组部评选平台 | 青年拔尖人才 | 国内优秀青年人才 | |
| 4 | 教育部 | 长江学者奖励计划 | 特聘教授 | | 海内外高层次人才 | 2—4月/年 |
| | | | 特设岗位 | | | |
| | | | 青年学者 | | 海内外优秀青年人才 | |

续 表

| 序号 | 组织单位 | 项目名称 | 项目类型 | 适合申报群体 | 申报时间 |
|---|---|---|---|---|---|
| 5 | 科技部 | 创新人才推进计划 | 中青年科技创新领军人才 | 国内中青年科技创新人才 | 7—9月/年 |
| | | | 重点领域创新团队 | 高水平科技创新团队 | |
| | | | 创新人才培养示范基地 | 具有鲜明特色和示范带动意义的内设机构或非法人机构 | |
| 6 | 人社部 | 百千万人才工程国家级人选 | | 国内关键学术技术领域中青年人才 | 3月左右/年 |
| 7 | 何梁何利基金评选委员会 | 何梁何利基金科学与技术奖 | | 对取得杰出成就的我国科技工作者进行奖励 | 2月/年 |
| 8 | 国家自然基金委 | 国家优秀自然基金 | | 国内高层次人才 | 1—3月/年 |
| | | 国家杰出自然基金 | | 国内优秀青年人才 | 1—3月/年 |

# 第三节　院士与学术领军人才

## 一、院士制度

### （一）出台背景

中国的国家级科学院于1928年由国民政府建立，称为"中央研究院"，著名学者蔡元培出任第一任院长。20年后，中央研究院经过评议和选举，产生了中国的第一批共81名院士。这些院士分为数理、生物、人文三组，每组院士人数大致相等，其中数理组有陈省身、华罗庚、苏步青、吴大猷、吴有训、叶企孙、严济慈、李四光、竺可桢、侯德榜、茅以升等学术大师，生物组有贝时璋、童第周、胡先骕、戴芳澜、汤佩松、俞大绂等著名科学家，而人文组则更是群星璀璨，有胡适、陈寅恪、顾颉刚、赵元任、金岳霖、冯友兰、郭沫若、梁思成等一流学者。因此，中国的第一批院士可以说是一时之选，深孚众望。现在看来，当时中国的院士，人文组达到世界一流水平，数理组接近世界一流水平，而生物组与世界水平的距离也不是很远（当时的生物科学本身就不很发达），这些院士幼年几乎都是经过私塾教育，经过读经训练的。

随着人类社会进步和科学技术活动的社会化，各个门类的工程技术极其成功，促进了社会生产力的大幅度提高和经济的飞速发展。在此背景下，一些国家成立了以工程师为主体的国家工程与技术学院（或工程院），1919年瑞典率先成立皇家工程学院，至今，已有二三十个科技发达国家相继建立了国家工程院。从历史上看，早期的院士团体不仅要通过学术交流和科学研究不断丰富和发展科学事业，还要承担发现和推广科学社会价值的重任。当时，科学院组织被置于近代科学的体制结构中的关键位置，而院士及其院士制度在为争取科学发展的权利与空间、促进科学家之间的学术交流与合作、形成科学活动的规范等方面发挥了极其重要的作用。随着科学体制化进程的不断深入，院士制度也经历着一个自我演进的过程。各国院士团体的定位逐步趋同，由早期的学术和荣誉机构，逐步增加和强化了咨询功能。当前，院士团体的定位通常是授予荣誉、促进学术交流、开展咨询。从两院建立起，院士制度就在随着时代的发展变化不断完善。

院士代表一个国家最高水平和世界领先水平的科技顶尖人物和最高学术权威，多为具有崇高学术的机构通过内部评选而出任的荣誉终身职务。在中国，院士通常是指中国科学院院士或中国工程院院士。中国科学院院士是国家设立的科学技术方面的最高学术称号，中国工程院院士是中国工程技术领域最高学术称号。

### （二）遴选工作

根据《中国科学院院士章程》和《中国科学院院士增选工作实施细则》，院士增选的要求为在科学技术领域做出系统的、创造性的成就和重大贡献，热爱祖国，学风正派，具有中国国籍的研究员、教授或同等职称的学者、专家（含居住在香港、澳门特别行政区和台湾省以及侨居他国的中国籍学者、专家），可被推荐并当选为中国科学院院士。流程为增选院士每两年进行一次。增选名额及其分配在保持基本稳定的前提下，由学部主席团根据学科布局和学科发展趋势确定。院士候选人由院士和有关学术团体推荐，学部主席团可根据学科发展需要设立候选人特别推荐小组，不受理本人申请。有效候选人由学部主席团审定。各学部常务委员会组织院士对有效候选人进行评审和初选，产生初步候选人和终选候选人建议人选。评审和初选必须坚持标准，遵循公正、客观的原则，对候选人进行全面、科学的评价。各学部初选实行差额无记名投票，差额比例为20%。各学部参加投票选举的院士人数，应超过本学部有投票权院士人数的2/3。获得赞同票不少于投票人数2/3的候选人，按学部主席团确定的名额，根据得票数依次产生本学部终选候选人建议人选，经各学部常务委员会审查确认后，由学部主席团确定终选候选人。新当选院士由具有投票权的全体院士投票产生。选举实行等额无记名投票，获得赞同票数超过有效票数1/2的候选人当选，具体遴选流程大致如图6.1所示。

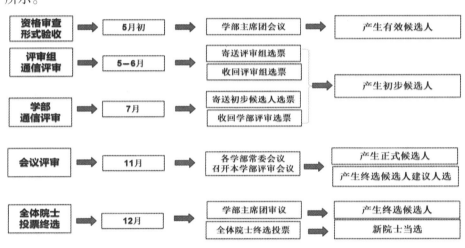

**图6.1　中国科学院院士遴选流程**

根据《中国工程院院士增选工作实施办法》，在工程科学技术方面做出重大的、创造性的成就和贡献，热爱祖国，学风正派，品行端正，具有中国国籍的正高级工程师、研究员、教授或具有同等职称的专家，可被提名为院士候选人（以下简称"候选人"）并当选为院士。根据流程，增选中国工程院院士需要经过提名、资格审查和形式验收、公布有效候选人名单、两轮评审会议以及公示、公布终选候选人名单、全体院士投票终选、公布当选院士名单等程序。具体增选流程大致如图6.2所示。

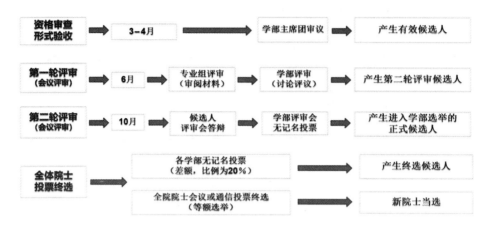

图6.2　中国工程院院士遴选流程

从2015年以来，中国科学院和中国工程院每年新增的院士数如表6.2所示。

表6.2　2015年以来新增两院院士数量

| 年份 | 中国科学院 | | 中国工程院 | |
|---|---|---|---|---|
| | 院士 | 外籍院士 | 院士 | 外籍院士 |
| 2015 | 61 | 12 | 70 | 8 |
| 2017 | 61 | 16 | 67 | 18 |
| 2019 | 64 | 20 | 75 | 28 |
| 2021 | 73 | 25 | 88 | 20 |

## （三）推动作用

两院院士代表了我国科学家的最高学术水平，他们为国家和社会的发展发挥了重要作用，享有很高的社会声望。中国科学院、中国工程院学部作为院士团体，在50多年的发展历程中，为国家的经济建设、国防安全、科技进步做出了不可替代的重要贡献。两院是国家科学技术界和工程科技界的最高学术机构，是国家战略科技力量。要发挥两院作为国家队的引领作用、关键核心技术攻关作用、创新人才培养作用，解决重大原创的科学问题，突破制约发展的关键核心技术；强调要强化两院的国家高端职能、发挥好战略科学家作用，积极开展咨询评议，服务国家决策。

改革开放以来，我国经济得到了飞速发展，但这种"要素驱动"模式目前正面临着不可持续的巨大困难。院士代表了我国科学家的最高学术水平，实施"创新驱动"发展，转变经济发展模式需要依靠科技创新，科技创新离不开院士的引领。各单位、各地方以产业发展和科技创新需求为导向，以产学研合作项目为纽带，以院士科技成果就地转化为抓手，充分发挥院士专家的技术引领作用，集聚创新资源，培育科技创新团队，突破关键技术制约，促进自主创新和产业优化升级。

## 二、领军人才分类

按照推出时间先后顺序排列，我国人才市场上有以下领军人才计划：国务院政府特殊津贴（简称"特殊津贴"，1990年）、国家杰出青年科学基金（简称"国家杰青"，1994年）、教育部"长江学者奖励计划"（简称"长江学者"，1998年）、教育部"新世纪优秀人才支持计划"（简称"新世纪人才"，2004年设立，2014年终止）、国家海外高层次人才引进计划（简称"千人计划"，2009年）、国家高层次人才特殊支持计划（简称"万人计划"，2012年设立，2013年第一届）等，以下重点介绍目前关注度较高的四大领军人才项目。

### （一）长江学者奖励计划

"长江学者奖励计划"是中国国家重大人才工程的重要组成部分，与"海外高层次人才引进计划""青年英才开发计划"等共同构成中国国家高层次人才培养支持体系。1998年8月，中华人民共和国教育部和李嘉诚基金会共同启动实施了"长江学者奖励计划"。每年评选一次，旨在对在自然科学领域取得国际公认领先水平的重大科研成果或者突破性进展的杰出华人学者进行奖励，分设数理化科学、生命科学、信息科学、工程科学、地球科学与环境科学5个单项学科奖，是目前国内极具影响力的自然科学学者奖项之一。

1998年8月，教育部和李嘉诚基金会共同启动实施了"长江学者奖励计划"，首批长江学者名单在1999年公布。2005年6月，奖励范围由内地高等学校扩大到港澳地区高等学校和中国科学院所属研究机构。2012年3月，教育部启动实施新的"长江学者奖励计划"。2015年，"长江学者奖励计划"新增长江学者青年学者。

## （二）国家杰出青年科学基金

国家杰出青年科学基金是国务院于1994年批准设立的专项基金，由国家自然科学基金委员会负责管理。该基金资助取得突出成绩的45周岁以下的青年学者自主选择研究方向开展创新研究，旨在促进青年科学技术人才的成长，吸引海外人才，培养造就一批世界科技前沿的优秀学术带头人。人们习惯将国家杰出青年科学基金获得者称为"杰青"，他们是比较有潜力和竞争力的中青年科研工作者，代表着科研的希望。

国家杰出青年科学基金，支持在基础研究方面已取得突出成绩的青年学者自主选择研究方向开展创新研究，资助全职在中国内地工作的优秀华人青年学者从事自然科学基础研究工作。基金所指的中国内地，系指中国除港、澳、台地区之外的各省、自治区和直辖市。国家杰出青年科学基金每年受理一次。国家自然科学基金委负责组织同行专家对受理的项目申请进行评审。项目评审程序包括通讯评审和会议评审。

## （三）国家高层次人才特殊支持计划

2012年，中央组织部、人力资源和社会保障部等11部门启动实施国家高层次人才特殊支持计划。目标是用10年时间，遴选1万名左右自然科学、工程技术和哲学社会科学领域的杰出人才、领军人才和青年拔尖人才，给予特殊支持。国家高层次人才特殊支持计划体系由三个层次构成。第一层次为100名杰出人才；第二层次为8000名领军人才，包括科技创新领军人才、科技创业领军人才、哲学社会科学领军人才、教学名师；第三层次为2000名青年拔尖人才。根据国家经济社会发展和人才队伍建设需要，经中央人才工作协调小组批准，可调整计划项目设置。

国家高层次人才特殊支持计划遴选程序为：国家高层次特殊支持计划专项办公室部署年度遴选总体安排；平台部门对所负责项目遴选工作做出具体部署；各地各部门组织申报；平台部门开展形式审查、组织同行专家评审；国家高层次特殊支持计划专项办公室会同平台部门组织咨询顾问组对建议人选进行审核，对拟入选名单进行社会公示；国家高层次人才特殊支持计划领导小组批准入选名单。

### （四）"海外高层次人才引进计划"创新人才

人才资源是第一资源，在当今科技进步日新月异，站在世界科技前沿和产业高端的海外高层次人才越来越成为我国参与国际竞争、实现经济社会全面协调可持续发展的特需资源。大力引进海外高层次人才，是进一步扩大对外开放、提高国际竞争力的迫切需要。目前我国从中央到地方都逐步把引进海外高层次创新创业人才作为一项重要战略任务。全国各地纷纷通过各种举措引进海外高层次人才、海归人才，对地方科技与经济发展做出了很大贡献。

从全国来看，改革开放以来，特别是2008年中共中央办公厅转发《中央人才工作协调小组关于实施海外高层次人才引进计划的意见》，制定了海外高层次人才引进方向和重点，从制度和政策上为我国海外人才引进提供有力保障。根据《中央人才工作协调小组关于实施海外高层次人才引进计划的意见》，从中央、国家有关部门到地方，分层次组织实施海外高层次人才引进计划，围绕国家发展战略目标，从2008年开始，用5~10年，在国家重点创新项目、重点学科和重点实验室、中央企业和国有商业金融机构，以高新技术产业开发区为主的各类园区等，引进并有重点地支持一批能够突破关键技术、发展高新产业、带动新兴学科的战略科学家和领军人才回国（来华）创新创业。在符合条件的中央企业、大学和科研机构以及部分国家级高新技术产业开发区，建立海外高层次人才创新创业基地，推进产学研紧密结合，探索实行国际通行的科学研究和科技开发、创业机制，集聚一批海外高层次创新创业人才和团队。根据这一目标，中组部会同有关部门，抓住引才机遇，加大力度、加快实施，有力推动了各地海外人才引进工作，取得了显著成效。除新疆、西藏外，其他省区市均已制订并实施了本地区海外人才引进计划。北京有"海外人才聚集工程"，上海有"上海千人计划"等；从工作地分布看，引进数量处于前6位的省市是北京、上海、江苏、湖北、广东、浙江。

### 三、相关公开数据分析

### （一）长江学者奖励计划

由于2018年以后无公开数据，对于1999年到2017年入选的长江学者进行分析如下：

### 1. 年度入选人数统计

从统计结果来看，其间共有2298人入选长江学者特聘教授。各年度长江学者特聘教授的入选人数如图6.3所示：

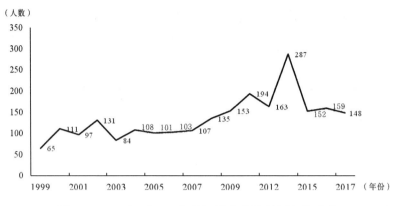

**图6.3　1999年到2017年长江学者特聘教授入选人数**

### 2. 本科院校统计

从1999年到2017年入选长江学者特聘教授的本科毕业院校统计数据上看（被合并的高校纳入合并后的高校统计），长江学者特聘教授的本科院校共来自306所高校，另有部分专科院校、职业技术学院不纳入统计。

统计数据表明，本科毕业于一流大学建设高校的人数共有1311人，占比达到57.05%。本科毕业于一流学科建设高校的人数共有412人，占比达到17.93%。此外，本科毕业于非"双一流"高校、国外高校以及没读过本科和无法查询本科毕业院校的数量达到575人，占比约为25%。从中可以看出，大多数长江学者特聘教授本科都来自"双一流"高校，毕业于"双一流"（一流大学或一流学科）高校的占75%。部分非"双一流"高校表现也相当不错，例如安徽师范大学、湘潭大学、西北师范大学、扬州大学、南京工业大学等，本科毕业于这些高校的长江特聘教授超过不少重点名校。但总体来看，来自非"双一流"高校本科校友当选数量占比较小。

本科毕业于北京大学的长江学者特聘教授人数最多，达到105人，遥遥领先其他高校。本科毕业于浙江大学的长江学者特聘教授人数共有84人，位居第二，表现非常出色。本科毕业于吉林大学的共有83人，位居第三。清华大学、南京大学、武汉大学、复旦大学、山东大学、四川大学、华中科技大学长江学者本科校友均有50人以上，位居前十位。具体情况如下表所示。

表6.3 1999—2017年度长江学者特聘教授本科校友数据统计（单位：人）

| 序号 | 学校名称 | 本科校友数量 | 序号 | 学校名称 | 本科校友数量 |
|------|----------|------------|------|----------|------------|
| 1 | 北京大学 | 105 | 11 | 中国科学技术大学 | 49 |
| 2 | 浙江大学 | 84 | 12 | 西安交通大学 | 46 |
| 3 | 吉林大学 | 83 | 13 | 哈尔滨工业大学 | 41 |
| 4 | 清华大学 | 78 | 14 | 中南大学 | 36 |
| 5 | 南京大学 | 76 | 15 | 南开大学 | 35 |
| 6 | 武汉大学 | 70 | 16 | 兰州大学 | 31 |
| 7 | 复旦大学 | 58 | 17 | 西北工业大学 | 27 |
| 8 | 山东大学 | 54 | 18 | 国防科技大学 | 27 |
| 9 | 四川大学 | 51 | 19 | 天津大学 | 27 |
| 10 | 华中科技大学 | 50 | 20 | 中山大学 | 25 |

## （二）国家杰出青年基金获得者

国家杰出青年基金获得者实行至今，取得较大成就，具体如下：

### 1. 培育一批高水平科技领军人才和战略人才

25年来，"杰青"基金资助的青年科技人才大多已成长为各自领域的学术带头人，成为建设创新型国家的主力军。1995—2017年间增选的12批中国科学院院士（不含外籍院士）中，228人曾获"杰青"基金资助，占总数的36.36%；现年60岁（含）以下的中国科学院院士中，86.41%曾获"杰青"基金资助；50岁以下的中国科学院院士全部曾获"杰青"基金资助。每届增选的科学院院士中，"获杰青基金资助者"占比逐年提高，2017年增选的中国科学院院士中，"获杰青基金资助者"占比达到72.13%。

1995—2017年间增选的13批中国工程院院士（不含外籍院士）中，88人曾获"杰青"基金资助；现年60岁（含）以下的中国工程院院士中，38.62%曾获"杰青"基金资助。每届增选的中国工程院院士中，"获杰青基金资助者"占比亦呈现明显增长趋势，2017年增选的中国工程院院士中，"获杰青基金资助者"占比达到26.87%。

不仅如此，"获杰青基金资助者"申报院士中的代表性成果大多来自资助期间或是"杰青"基金研究工作的深化。"杰青"基金还助力了基础研究领域高温超导、拓扑绝缘量子态、脑科学、分子影像、灵长类动物模型等一批高水平研究团队的不断涌现。

以上数据充分表明，"杰青"基金所选拔和培养的科技人才已成为我国高端人才的主要资源，为百年科技强国建设提供了人才储备和重要支撑。

同时，"杰青"基金不仅培养了科学研究前沿领域的领军人才，打造了我国基础研究高端人才储备库，也培养了一批科技界的管理人才，引领中国科学发展的战略性专家。

### 2. 引领中国基础研究和技术创新发展

2000—2018年，国家自然科学奖共授奖636项。其中，"获杰青基金资助者"参与完成511项，占获奖总数的80.35%；"获杰青基金资助者"作为第一完成人获奖388项，占获奖总数的61.01%。2013—2018年，共颁发国家自然科学奖一等奖7项，全部有"获杰青基金资助者"作为核心成员参与，其中"获杰青基金资助者"作为第一完成人获奖4项。此外，还有一大批"获杰青基金资助者"获颁如"世界杰出女科学家奖"等重要国际学术奖励。

以上数据表明，"获杰青基金资助者"引领了中国前瞻性基础科学发展，不断为科学前沿提供新思路、新方法，作为科研领军人才及学术带头人的作用日益凸显，是推动我国基础研究原始创新的重要力量。

2000—2018年间，国家技术进步奖共授奖3196项，其大多由企业作为主体完成。在213项特等奖和一等奖中，"获杰青基金资助者"参与完成61项。特等奖中，"获杰青基金资助者"参与完成占比38%；一等奖中，"获杰青基金资助者"参与完成占比28%。2000—2018年，国家技术发明奖共授奖717项。"获杰青基金资助者"参与完成292项，占获奖总数的40.73%；作为第一完成人获奖217项，占获奖总数的30.26%；特别是2000—2018年颁发的16项国家技术发明奖一等奖中，"获杰青基金资助者"作为第一完成人有8项。

以上数据说明，"获杰青基金资助者"通过自主技术创新，实现多个国内或国际首创，有效解决了经济社会发展中的重要科学问题，在一些成果转化过程中产生了显著的经济和社会效益。

### 3.提升中国基础研究的国际影响力

立足基础研究国际前沿，聚焦国家经济社会发展战略需求，"获杰青基金资助者"有效利用国际（地区）科技资源开展实质性国际合作研究，不断提高我国科学研究水平和国际影响力。25年来，"获杰青基金资助者"积极参与国际大科学计划和大科学工程，并在基础理论研究、重大关键技术突破等方面逐步实现了由学习跟踪向并行发展的转变，其中大型强子对撞机、国际大陆科学钻探计划、综合大洋钻探计划、平方公里阵列射电望远镜等国际大科学计划和大科学工程的中方参与人均以"获杰青基金资助者"为主体，不断为解决世界性重大科学难题贡献中国智慧。

"获杰青基金资助者"在国际学术界的影响力不断提高，在数学、化学、物理等多个学科领域提升了中国在国际学术界的作用和地位。在国际学术出版集团爱思唯尔2016—2018年发布的中国高被引学者名单中，1971名科学家先后入选，其中"获杰青基金资助者"719名，占总数的36.48%，640名"获杰青基金资助者"连续三年入选，显示出他们引领中国基础研究发展的持续影响力。2014—2018年，529名中国大陆科学家入选科睿唯安"全球高被引科学家"名单，其中"获杰青基金资助者"193名，占总数的36.48%，表明他们已经成为各领域高影响力的学者和卓越研究的引领者。

而当选外国科学院/工程院的青年学者，多数为"获杰青基金资助者"。如美国国家科学院/工程院现有70岁（含）以下中国大陆地区外籍院士15人，全部为"获杰青基金资助者"。1994—2019年，我国大陆地区共计210人入选发展中国家科学院院士，其中"获杰青基金资助者"91人，占比43.33%，并呈逐年上升趋势，其中2014年和2016年占比高达90%以上，彰显出他们持续攀升的国际认可度。

对2016—2019年的国家杰青项目进行统计，100多所高校获批660项国家杰出青年基金项目。各大高校中，北京大学共获批68项国家杰青项目，位居各大高校之首；清华大学以56项仅次于北京大学；中国科学技术大学和浙江大学分别获批35项和33项，位居第三和第四名；复旦大学、上海交通大学、南京大学、华中科技大学和同济大学均获批国家杰青项目在14项以上，这些高校是一流高校中的佼佼者。各个高校获批国家杰出青年基金项目数量统计如下：

表6.4 2016—2019年高校国家杰青项目获得者统计（单位：人）

| 序号 | 学校名称 | 2016年 | 2017年 | 2018年 | 2019年 | 总计 |
|------|----------|--------|--------|--------|--------|------|
| 1 | 北京大学 | 13 | 17 | 16 | 22 | 68 |
| 2 | 清华大学 | 11 | 13 | 18 | 14 | 56 |
| 3 | 中国科学技术大学 | 11 | 8 | 5 | 11 | 35 |
| 4 | 浙江大学 | 10 | 9 | 4 | 10 | 33 |
| 5 | 复旦大学 | 5 | 11 | 1 | 11 | 28 |
| 6 | 上海交通大学 | 6 | 4 | 5 | 5 | 20 |
| 7 | 南京大学 | 4 | 3 | 4 | 8 | 19 |
| 8 | 华中科技大学 | 5 | 4 | 4 | 4 | 17 |
| 9 | 同济大学 | 4 | 3 | 2 | 5 | 14 |
| 10 | 北京航空航天大学 | 2 | 4 | 1 | 6 | 13 |
| 11 | 南开大学 | 4 | 3 | 1 | 5 | 13 |
| 12 | 武汉大学 | 1 | 5 | 4 | 3 | 13 |
| 13 | 四川大学 | 4 | 1 | 2 | 5 | 12 |
| 14 | 中山大学 | 2 | 2 | 2 | 4 | 10 |
| 15 | 北京师范大学 | 2 | 3 |  | 4 | 9 |
| 16 | 哈尔滨工业大学 | 2 | 2 | 4 | 1 | 9 |
| 17 | 吉林大学 | 2 | 1 | 2 | 4 | 9 |
| 18 | 厦门大学 | 2 | 1 |  | 6 | 9 |
| 19 | 天津大学 | 1 |  | 3 | 5 | 9 |
| 20 | 北京理工大学 | 3 | 1 | 2 | 2 | 8 |
| 21 | 湖南大学 | 2 | 3 | 1 | 2 | 8 |
| 22 | 华南理工大学 | 2 | 2 | 2 | 2 | 8 |
| 23 | 大连理工大学 | 1 | 1 | 1 | 4 | 7 |

| 序号 | 学校名称 | 2016年 | 2017年 | 2018年 | 2019年 | 总计 |
|------|----------|--------|--------|--------|--------|------|
| 24 | 东南大学 | 2 | | 1 | 4 | 7 |
| 25 | 华东理工大学 | | 3 | 2 | 2 | 7 |
| 26 | 中国人民解放军陆军军医大学 | 2 | 1 | 1 | 3 | 7 |
| 27 | 华东师范大学 | 1 | 4 | | 1 | 6 |
| 28 | 西安交通大学 | 2 | | 2 | 2 | 6 |
| 29 | 中南大学 | 1 | 1 | 1 | 3 | 6 |
| 30 | 重庆大学 | 2 | 1 | 2 | 1 | 6 |

经过20多年的发展，一大批国家杰青获得者当选为两院院士，同时国家杰青已经成为我国风向标式的高端科技人才资助项目，几乎成为每一个中青年学者的奋斗目标。

## 四、问题及改革方向

### （一）主要问题

中央人才会议中，习近平指出，要大力培养使用战略科学家，坚持实践标准，在国家重大科技任务担纲领衔者中发现具有深厚科学素养、长期奋战在科研第一线，视野开阔，前瞻性判断力、跨学科理解能力、大兵团作战组织领导能力强的科学家。要坚持长远眼光，有意识地发现和培养更多具有战略科学家潜质的高层次复合型人才，形成战略科学家成长梯队。

目前，我国领军人才队伍建设工作中还存在不少困难和问题，其中，"高层次创新人才匮乏，基层专业技术人才队伍建设亟待加强，人才培养结构与社会需求不相适应，吸引、培养、使用人才的体制机制还需要创新和完善"等问题日益凸显。管理体制的建设需要具备全局性、长期性和战略性，只有稳定高效的人才管理体制和机制，才能真正营造人才辈出、人尽其才、才尽其用的环境氛围，充分激发专业技术人才的创造活力和工作热情。

## （二）改革方向

根据中央人才会议精神，针对领军人才，要优化领军人才发现机制和项目团队遴选机制，对领军人才实行人才梯队配套、科研条件配套、管理机制配套的特殊政策。

一是加大高精尖缺关键领域支持工作。要深入研究如何瞄准服务国家战略，加大基础研究支持力度，力争在一些战略必争和重要领域"站稳脚跟"，促进技术创新、产业发展站得住、站得稳、有根基，并激励青年科技人才沉下心来做基础研究。加大高层次人才引育数量，不拘一格降人才，对于急需人才，随报随批，柔性引进，多模式引进。

二是要充分发挥人才项目的试验田作用，持续推进人才项目资助管理改革，积极实施经费使用"包干制"，推动改革集成，形成合力；探索建立领军人才自主合理使用经费承诺制，充分信任科学家，为他们心无旁骛开展研究、脚踏实地持续奋斗和义无反顾攀登科学高峰创造条件。建立引得进、留得住、用得好的各类人才机制。人才引进是一个长效机制，必须把这项工作当成一项战略性、长期性的工程来抓，因此要建立引得进、留得住、用得好的人才激励机制、育才机制和用才机制。在引才上，要利用政策引才、环境引才、感情引才和待遇引才，并不断改善引才、育才、用才的"小环境"，使人才引得进、留得住、用得好，通过"尊重知识、尊重人才、鼓励创业"氛围的营造，形成拔尖人才脱颖而出、高层次人才蜂拥而至、人才充分发挥效能，促进人才可持续发展。

三是大力弘扬科学家精神。要认真总结和发扬人才项目入选者这支队伍的优良传统，充分发挥其引领和示范作用。要在科学基金资助管理中尊重科学规律和科研规律，鼓励科学家脚踏实地、苦干实干，勇于探索，不怕失败。要引导科学家严格遵守科研诚信和道德伦理规范。

四是提高服务水平，解决好重引进、轻管理、弱服务现象。要从实际出发，切实关心和帮助人才解决创业和生活中碰到的实际困难，如能否为领军人才提供一条龙服务、能否为人才的出入境问题、住房、子女入学、保险等开设绿色通道，使他们有强烈的归属感，帮助他们解决政策困惑或落地烦恼，从感情和事业上留人，促使人才安心创新或立业；对引进人才承担的教学、科研、学科建设等工作除进行协议约束外，要加强监督和管理，由学校和

院系组织中期考察以及聘期考核等方式进行检查，发生问题及时处理。学校和院系要为引进人才提供一定工作环境，为部分高层次人才配备助手，以学科带头人为核心组建团队，确保他们工作的顺利开展。同时，学校和院系还要对引进人才生活上的困难妥善处理，及时听取他们的意见和建议，关心他们的生活条件，消除后顾之忧，创造人才生活的良好环境。

# 第四节　国家级优秀青年人才

习近平总书记在2021年9月召开的中央人才工作会议上特别强调，要造就规模宏大的青年科技人才队伍，把培育国家战略人才力量的政策重心放在青年科技人才上，支持青年人才挑大梁、当主角。青年科技人才是支撑我国跻身创新型国家前列、建成世界科技强国的中坚力量。青年人才计划是培养、支持和凝聚人才的重要抓手，在培养和支持青年科技人才的过程中发挥了积极的作用。

青年人才计划以培养和引进高层次创新人才为目标，尊重创新规律和人才成长规律，培养了一批锐意进取的青年科技人才。各部门、各地方积极推动人才计划改革，优化整合、有效布局，完善评价和激励导向，进一步健全青年人才培养使用机制，建立了多层次支持青年人才成长的人才计划体系。

## 一、青年人才分类

目前国家级优秀青年人才主要是指四青人才（如图6.4所示），包括海外高层次人才引进计划青年项目（以下简称"海外青年人才"，2010）、国家优秀青年科学基金获得者（以下简称"国家优青"，2012）、国家"万人计划"青年拔尖人才（以下简称"万人青拔"，2012）和长江学者奖励计划青年学者项目（以下简称"青年长江"，2015）。四个青年人才项目的定位和侧重点不同，申请难度也有区别。海外青年人才面向的主要为海外优秀人才，海外经历和背景较重要；国家优青主要面向自然科学领域，侧重高影响的论文及未来研究的创新性；万人青拔面向国内各机构、各领域，主要看综合科研业绩，科研成果全面的候选人有优势，若自然科学领域，论文、专利、奖项、标准及推广应用等综合表现均突出才有更大胜算；青年长江主要是面向高校，申请者教学业绩丰富，科研也要优秀。海外青年人才启动时间最早，青年长江相对晚一些。其他几个项目每年均能申请，而万人青拔实施以来年份有间隔，再加上涵盖领域及申请者单位来源均较广，每批高校入选人数偏少。

**图6.4　四青人才类型及基本要求**

海外青年人才和国家优青均属于自由申报，直接到国家层面选拔，只要符合基本要求，都可以尝试。万人青拔和青年长江属于限项申报，在申请材料到国家相关部门之前要经过推荐和筛选。四个项目的条件区分如下：

## （一）海外青年人才

为进一步完善科学基金人才资助体系，充分发挥科学基金引进和培养人才的功能，吸引海外优秀青年人才回国（来华）工作，国家自然科学基金委员会（以下简称"自然科学基金委"）自2021年起，设立国家自然科学基金优秀青年科学基金项目（海外）。优秀青年科学基金项目（海外）旨在吸引和鼓励在自然科学、工程技术等方面已取得较好成绩的海外优秀青年学者（含非华裔外籍人才）回国（来华）工作，自主选择研究方向开展创新性研究，促进青年科学技术人才的快速成长，培养一批有望进入世界科技前沿的优秀学术骨干，为科技强国建设贡献力量。

## （二）国家优青

国家优青即国家优秀青年科学基金获得者，是为了贯彻国家中长期人才发展规划，加强对创新型青年人才的培养，完善国家自然科学基金人才资助体系，自然科学基金委才建立的优秀青年科学基金项目。国家优青项目评审时应重点考察如下几个方面：

1.考察申请人近年取得的科研成就。科研成果的评价归根到底要靠专家，要经得起时间的考验。科研成果的评价很复杂，不能简单地看文章发表的刊物和引用数量，要充分考虑研究领域的差异。

2.考察申请人提出创新思路和开展创新研究的潜力。

3.考察拟开展研究工作的科学意义和创新性。

4.考察研究方案的可行性，重点考察研究方案的逻辑合理性。

5.考察申请人遵守学术道德规范的情况。优秀青年科学基金项目获得者应该具有良好的科学道德，遵守学术规范。

## （三）万人青拔

国家"万人计划"青年拔尖人才是国家"万人计划"子项之一。计划支持2000名，每年遴选一批，每批200名左右。申报人在自然科学、工程技术、哲学社会科学和文化艺术重点领域崭露头角，获得较高学术成就，具有创新发展潜力，有一定社会影响。年龄不超过40岁，一般应当取得博士学位。

## （四）青年长江

青年长江是长江学者奖励计划的新增项目青年学者项目的简称，2015年由中华人民共和国教育部设立。遴选一批在学术上崭露头角、创新能力强、发展潜力大，恪守学术道德和教师职业道德的优秀青年学术带头人。重点支持高校面向海内外培养引进在学术上崭露头角、创新能力强、发展潜力大，恪守学术道德和教师职业道德的优秀青年学术带头人，为他们"坐得住、钻得进、研得深"创造条件，把他们培养成为综合素质全面的优秀学科带头人。青年学者项目实行岗位聘任制，面向全国高校实施。每年遴选200名左右，聘期3年。在聘期内，青年学者须全职在受聘高校工作，享受每人每年10万元奖金。青年学者项目的聘任程序和考核管理，参照特聘教授进行。高校应为青年学者项目入选者提供必要的科研条件，支持他们牵头组建学术团队，推动学科发展和学术梯队建设。青年学者聘期内不得申报长江学者特聘教授。自然科学、工程技术领域人选年龄不超过38周岁（1976年1月1日后出生），人文社会科学领域不超过45周岁（1969年1月1日后出生）①。一般具有博士学位，在教学科研一线工作；国内应聘者一般应担任副高级及以上专业技术职务。

## 二、相关公开数据分析

据统计，"双一流"高校的四青人才占全国比例超过75%，也就是说绝大部分的四青人才都集聚在"双一流"高校。能否把这批最有潜力和活力的年轻人用好，让他们潜心教学科研，成长为人才培养和科技创新的中流砥柱，成长为国家未来发展的栋梁之材，既关系到各"双一流"高校自身的发展，甚至也影响到创新型国家的建设，影响到国家和民族的未来。"双一流"高校应遵循人才成长和发展规律，破除论资排辈、求全责备观念，加大对优秀青年科技人才的发现、培养、使用和资助力度，改革管理体制机制，完善人事人才制度，创造适合青年人才成长的制度环境，让青年人才引得来、留得住，更要用得好、能发展。

截至2018年1月，各高校四青人才入选情况如表6.5所示。

表6.5 40所"双一流"高校四青人才排名

| 排序 | 学校 | 入选类型 | 学科数 | 海外青年人才 | 国家优青 | 万人青拔 | 青年长江 | 合计 |
|---|---|---|---|---|---|---|---|---|
| 1 | 清华大学 | A类 | 34 | 221 | 132 | 37 | 52 | 442 |
| 2 | 北京大学 | A类 | 41 | 196 | 132 | 37 | 43 | 408 |
| 3 | 浙江大学 | A类 | 18 | 200 | 108 | 29 | 33 | 370 |
| 4 | 中国科学技术大学 | A类 | 11 | 183 | 91 | 15 | 11 | 300 |
| 5 | 上海交通大学 | A类 | 17 | 157 | 71 | 20 | 29 | 277 |
| 6 | 复旦大学 | A类 | 17 | 136 | 68 | 22 | 27 | 253 |
| 7 | 南京大学 | A类 | 15 | 124 | 60 | 10 | 15 | 209 |
| 8 | 中山大学 | A类 | 11 | 114 | 44 | 17 | 22 | 197 |
| 9 | 华中科技大学 | A类 | 8 | 114 | 43 | 19 | 15 | 191 |
| 10 | 武汉大学 | A类 | 10 | 90 | 35 | 19 | 21 | 165 |
| 11 | 同济大学 | A类 | 7 | 72 | 27 | 8 | 11 | 118 |
| 12 | 四川大学 | A类 | 6 | 61 | 35 | 5 | 13 | 114 |

① 以2014年的要求为例。

| 排序 | 学校 | 入选类型 | 学科数 | 海外青年人才 | 国家优青 | 万人青拔 | 青年长江 | 合计 |
|---|---|---|---|---|---|---|---|---|
| 13 | 西安交通大学 | A类 | 8 | 59 | 26 | 9 | 11 | 105 |
| 14 | 天津大学 | A类 | 4 | 51 | 38 | 6 | 10 | 105 |
| 15 | 北京航空航天大学 | A类 | 7 | 54 | 33 | 5 | 11 | 103 |
| 16 | 厦门大学 | A类 | 5 | 53 | 27 | 9 | 6 | 95 |
| 17 | 哈尔滨工业大学 | A类 | 7 | 28 | 37 | 12 | 10 | 87 |
| 18 | 南开大学 | A类 | 5 | 38 | 25 | 10 | 12 | 85 |
| 19 | 电子科技大学 | A类 | 2 | 63 | 11 | 5 | 4 | 83 |
| 20 | 苏州大学 | 一流学科 | 1 | 39 | 33 | 2 | 6 | 80 |
| 21 | 北京师范大学 | A类 | 11 | 31 | 26 | 11 | 10 | 78 |
| 22 | 东南大学 | A类 | 11 | 33 | 22 | 7 | 15 | 77 |
| 23 | 山东大学 | A类 | 2 | 35 | 22 | 9 | 6 | 72 |
| 24 | 华南理工大学 | A类 | 4 | 30 | 18 | 7 | 7 | 62 |
| 25 | 华东师范大学 | A类 | 3 | 23 | 18 | 7 | 11 | 59 |
| 26 | 大连理工大学 | A类 | 2 | 19 | 22 | 2 | 12 | 55 |
| 27 | 吉林大学 | A类 | 5 | 15 | 26 | 4 | 9 | 54 |
| 28 | 湖南大学 | A类 | 2 | 31 | 12 | 4 | 5 | 52 |
| 29 | 中国农业大学 | A类 | 9 | 15 | 25 | 5 | 7 | 52 |
| 30 | 西北工业大学 | A类 | 2 | 25 | 14 | 9 | 2 | 50 |
| 31 | 中南大学 | A类 | 4 | 21 | 22 | 2 | 4 | 49 |
| 32 | 华中农业大学 | 一流学科 | 5 | 18 | 12 | 8 | 6 | 44 |
| 33 | 北京理工大学 | A类 | 3 | 22 | 15 | 2 | 4 | 43 |
| 34 | 中国人民大学 | A类 | 14 | 6 | 10 | 8 | 19 | 43 |
| 35 | 华东理工大学 | 一流学科 | 3 | 9 | 19 | 5 | 4 | 37 |
| 36 | 兰州大学 | A类 | 4 | 7 | 21 | 5 | 4 | 37 |
| 37 | 中国地质大学（武汉） | 一流学科 | 2 | 15 | 13 | 3 | 4 | 35 |
| 38 | 北京协和医学院 | 一流学科 | 4 | 17 | 13 | 1 | 2 | 33 |
| 39 | 东北大学 | B类 | 1 | 16 | 14 | 2 | 1 | 33 |
| 40 | 暨南大学 | 一流学科 | 1 | 12 | 11 | 4 | 6 | 33 |

　　根据统计，清华大学、北京大学四青人才总数超过400人，分别为442人、408人，雄踞四青人才排行榜榜首。浙江大学、中国科学技术大学四青人才分别为370人、300人，超过300人，位居四青人才排行榜第3、第4。上海交通大学、复旦大学、南京大学四青人才分别为277人、253人、209人，超过200人，位居四青人才排行榜第5～7名。中山大学、华中科技大学、武汉大学四青人才分别为197人、191人、165人，超过150人，位居四青人才排行榜8～10名。同济大学、四川大学、西安交通大学、天津大学、北京航空航天大学5所高校四青人才超过100人。

　　两所高校在四青人才排行榜表现亮眼：电子科技大学入选双一流学科数仅2个，在36所A类一流大学中位列31位；但其四青人才入选人数达到83人，位居A类一流高校19位，在青年人才队伍建设方面取得重要突破。苏州大学仅入选1个一流学科，在一流学科建设高校中排名末位；但其在四青人才排行榜表现优异，四青人才达到80人，为所有一流学科建设高校最高，也超过了23所一流大学建设高校。

　　值得注意的是，中国传媒大学、东北农业大学、大连海事大学17所双一流高校2018年之前无人入选四青人才，尚未实现零的突破。

　　同时，对2015—2018年的优秀青年人才做了统计分析，排名前30位的高校入选人数如表6.6所示：

表6.6　30所一流大学建设高校2015—2018年青年人才当选数据统计

| 序号 | 学校名称 | 一流类型 | 海外青年人才 | 国家优青 | 青年长江 | 万人青拔 | 总人次 |
|---|---|---|---|---|---|---|---|
| 1 | 清华大学 | A类 | 91 | 62 | 52 | 27 | 232 |
| 2 | 浙江大学 | A类 | 111 | 54 | 33 | 17 | 215 |
| 3 | 北京大学 | A类 | 84 | 43 | 43 | 26 | 196 |
| 4 | 上海交通大学 | A类 | 80 | 28 | 29 | 13 | 150 |
| 5 | 中山大学 | A类 | 76 | 32 | 22 | 12 | 142 |
| 6 | 复旦大学 | A类 | 67 | 31 | 27 | 15 | 140 |
| 7 | 中国科学技术大学 | A类 | 64 | 51 | 11 | 10 | 136 |
| 8 | 华中科技大学 | A类 | 68 | 22 | 15 | 16 | 121 |
| 9 | 武汉大学 | A类 | 61 | 19 | 21 | 14 | 115 |
| 10 | 南京大学 | A类 | 47 | 27 | 15 | 7 | 96 |
| 11 | 北京航空航天大学 | A类 | 29 | 29 | 11 | 4 | 73 |

续　表

| 序号 | 学校名称 | 一流类型 | 海外青年人才 | 国家优青 | 青年长江 | 万人青拔 | 总人次 |
|---|---|---|---|---|---|---|---|
| 12 | 四川大学 | A类 | 31 | 20 | 13 | 5 | 69 |
| 13 | 西安交通大学 | A类 | 34 | 11 | 11 | 6 | 62 |
| 14 | 天津大学 | A类 | 27 | 19 | 10 | 3 | 59 |
| 15 | 同济大学 | A类 | 30 | 18 | 11 | 6 | 65 |
| 16 | 南开大学 | A类 | 26 | 12 | 12 | 6 | 56 |
| 17 | 电子科技大学 | A类 | 40 | 6 | 4 | 2 | 52 |
| 18 | 哈尔滨工业大学 | A类 | 17 | 17 | 10 | 8 | 52 |
| 19 | 东南大学 | A类 | 17 | 11 | 15 | 6 | 49 |
| 20 | 华南理工大学 | A类 | 23 | 13 | 7 | 5 | 48 |
| 21 | 厦门大学 | A类 | 24 | 11 | 6 | 7 | 48 |
| 22 | 山东大学 | A类 | 20 | 14 | 6 | 7 | 47 |
| 23 | 北京师范大学 | A类 | 12 | 11 | 10 | 8 | 41 |
| 24 | 华东师范大学 | A类 | 15 | 8 | 11 | 6 | 40 |
| 25 | 大连理工大学 | A类 | 11 | 11 | 12 | 2 | 36 |
| 26 | 吉林大学 | A类 | 8 | 15 | 9 | 4 | 36 |
| 27 | 西北工业大学 | A类 | 18 | 6 | 2 | 7 | 33 |
| 28 | 中国农业大学 | A类 | 7 | 11 | 7 | 4 | 29 |
| 29 | 中国人民大学 | A类 |  | 6 | 19 | 4 | 29 |
| 30 | 北京理工大学 | A类 | 15 | 10 | 4 | 2 | 31 |

综观过去几年的高校青年人才队伍建设，部分高校抢抓机遇，大力引进和培育青年人才，个别高校在青年人才队伍建设上甚至完成"弯道超车"，实现了跨越式追赶。这也充分表明，高校发展要顺势而为，要前瞻布局，充分利用国家的政策红利，助推学校发展。

## 三、存在问题及改革方向

### （一）主要问题

青年科技人才是支撑我国跻身创新型国家前列、建成世界科技强国的中坚力量。党中央、国务院高度重视青年人才工作，不断强化顶层设计和系统部署。近年来，各部门、地方、单位积极落实中央决策部署，陆续推出了一系列改革力度较大、含金量较高的政策措施，不断优化青年科技人才成长环境，加大对优秀青年科技人才的发现、培养、激励、引进和使用力度，对激发青年科技人才创新创造活力起到了积极促进作用。我国青年科技人才成长已经形成以国家科技计划项目在使用中培养、以创新基地为平台集聚和培养、以各类青年人才计划多层次支持的培养使用体系。目前，各类科技计划任务实施和重要基地建设极大促进了青年人才的成长，培养和集聚了一大批富有朝气的青年领军人才和创新团队。但在培养和使用青年科技人才全周期培养、个性化支持等方面仍存在一些差距。

一是现有的青年科技人才培养使用机制缺少全链条系统设计和统筹协调。现阶段，对青年科技人才的支持缺乏顶层设计，缺乏让青年人才快速成长的系统支持，青年人才在国家重大科技研发任务中发挥作用不够。青年人才培养没有反映出各类科研活动规律的特点。例如，对于基础研究类，应重在长期稳定支持经费使其潜心研究；对于工程应用类研究，则应重在采用让其承担重要任务形式促进其融合团队快速成长。专门支持青年科技人才的项目覆盖面偏小，由此导致高质量科技人才队伍的储备不足。欧洲研究理事会（ERC）早在2007年就设立了多项资助基金，专门支持处于研究初期的青年学者。这样的措施确实行之有效，欧洲研究理事会最新评估结果显示，参与评估的199项青年项目中，43项被认为有"科学突破性"，99项被认为有"重大进展"。

二是青年科技人才面临较大的工作和生活压力，科技创新活力不够。受到科技评价、激励机制的影响，评价导向过多，青年科技人才忙于追"帽子"、申项目，难于心无旁骛地进行研究，不利于青年人才的成长。青年科技人才处于职业发展起步阶段，同时也是经济压力较大的时期，收入较低等问题很大程度上制约了青年人才全身心投入研究工作。一些用人单位对青年科技人才采取"非升即走、末位淘汰"的聘用考核方式，造成了"上位者劳累、后进者忧虑"，身不由己"追热点、傍大树"。据2014年上海市科技两委调研发现，入职10年左右的青年科技人才主要面临的压力是住房（53%）、户籍社保（22%）、配偶工作及子女入学（17.8%）等生活问题。一项问卷调查结果显示，对于心无旁骛潜心科研最需要强化条件保障，80%左右的青年人才表示需要稳定的基本科研经费支持，近50%的青年人才表示生活压力大，急需必要的生活保障。

三是对青年科技人才缺乏专门的支持。近年来，我国虽然强调国家科技计划、自然科学基金等项目的实施向青年科技人员倾斜，但是国家重点研发计划、自然科学基金等本身承担着完成国家使命和任务的目标，人才培养并不是其主要目标，而且在这些计划或基金中设置青年项目，使两者目标相互混淆，加剧了青年项目的人才帽子倾向，比如"杰青""优青"，本身是遴选一批青年科技人员进行培养，但是实际上成为对这些青年人员的评价，成为"帽子"，违背了培养的初衷。而实际上针对青年科技人才需要的培养却难以得到持续支持。为了进一步支持青年研究人员，前美国国家科学院院长Bruce Alberts建议广泛推行创新基金资助机制、"自上而下"立项设立"专区"，减小竞争压力，从而提高申请成功率。

## （二）改革方向

青年人才是实现国家下一个百年战略目标的主力军，我国实现到2035年跻身创新型国家前列的目标，迫切需要一大批优秀青年科技人才。要认真落实习近平总书记关于青年人才的重要论述，在"发现、培养、激励"青年科技人才上下功夫，不断深化改革，创新人才发展体制机制，要下大气力全方位培养、引进、用好人才，优化青年科技人才成长环境，激发创新活力，支持引导青年科技人才紧紧围绕"四个面向"，潜心研究，攻坚克难，勇攀高峰，为取得重大科技原创、支撑高质量发展做出贡献。

一是要敢于给优秀青年科技人才压担子。全面推行青年科学家项目，"按方向选人，按人定项目"，同时建立职业早期青年科技人才培养专项。克服论资排辈倾向，对本土人才和海归人才一视同仁。敢于选用优秀青年科技人才承担国家重大科技创新任务，明确青年参与的比例要求，支持青年人才勇闯"从0到1的无人区"，在科研一线发现新问题、解决新问题，产生原创性、前沿性、变革性的科技创新成果，催生更多科技"奇果异香"。

二是要让青年人才回归科研初心。首先要树立正确的评价"风向标"，进一步清理"五唯"。建立分类评价标准，推动用人主体建立完善评价制度，让从事不同类型科研工作的青年科技人才有获得感和认同感。其次要激发青年人才内生动力，健全全周期的同行评议机制，摒弃与论文、获奖等过度挂钩的激励做法，完善以知识价值为导向的收入分配机制，引导青年科技人才潜心科研。最后要进一步为青年科技人才"松绑减负"，突破政策限制，加强生活保障，让青年把更多精力投入科研中。

三是要将青年人才的自主权下放到高校。以用人单位为主体，高校根据学科发展匹配，引育符合国家战略和急需的青年人才。根据用人单位引人育人成效，对优秀的青年人才进行持续支持，滚动支持，建立完善的淘汰机制，确保青年人才远离无序流动。

四是要为青年人才成长拓展发展空间。首先是支持我国青年人才"走出去"。加大公派留学访学或定向交流培养的支持规模和力度，支持优秀青年人才到海外高水平研究机构进行学术交流与研究、参加国际会议、到国际学术组织任职等。其次是面向全球吸引优秀青年科技人才。加大对基础学科、国家重点建设领域的人才引进力度。鼓励国内外知名高校的外国优秀毕业生在华就业创业，畅通外国人才来华工作渠道。


# 第五节　高校各类自设人才计划


## 一、高校自设人才计划的背景

高校作为人才集聚的基地，人才资源对高校可持续性发展起到关键性作用。随着高等教育事业不断发展，高校面临的人才竞争日益激烈，为此很多高校都在实施人才强校战略，以学科建设为依托，以提高学术水平和创新能力为核心，以杰出人才的培养和学术梯队建设为重点，打开校门，拓宽招才渠道。制定出高校人才引进工作的新思路、新举措。高校引进人才工作的现状体现在以下几个方面：

1.高校人事制度改革为引进人才创造政策环境。2002年7月3日，人事部出台了《关于在事业单位试行人员聘用制度的意见》明确要求，为规范用人行为，防止用人上的随意性和不正之风，事业单位凡出现空缺岗位一般都要试行公开招聘。通过压缩非教学人员编制，扩大教师占全校教职工比例，为引进优秀人才提供了更多发展空间及良好条件。目前，各高校正在推进的人员聘用制、分配制度改革也都突出了对高校教师、优秀人才倾斜的政策，鼓励优秀人才脱颖而出。

2.新型人事管理模式为引进人才提供全新途径。随着人事代理制及人才派遣制等新型人事管理模式的不断完善，为引进人才提供了灵活的渠道。对流动性较大的部分引进人才学校可通过人事代理制，采取引进智力的形式，制定相对独立的年薪制等薪酬机制，用聘用合同加以约束，鼓励人才合理流动，保证人才进出渠道的通畅，一定程度上可以缓解高校编制压力。

3.人才竞争日趋激烈，引进人才成本加大。人才资源作为高校学科建设及各项事业发展的支柱，各高校都十分重视，通过各种途径加大人才特别是高层次人才引进的力度，出台了一系列鼓励人才来校工作的优惠政策。由于高层次人才的紧缺，势必造成引进人才成本的大幅增长。引进人才附带的科研启动费、安家费、住房、子女入学、薪酬待遇、配偶工作等问题给高校带来了很多现实困难。部分高校缺乏规划、盲目引进、优惠政策过高，带来了很多负面效应，影响了现有教职工队伍的稳定。

4.引进人才由高学历、高职务向高素质转变。高校人才队伍建设不仅要求人才具有高职称、高学历，还要求他们具备高尚的学术道德水平、学科带头人作用、良好的团队精神。在引进人才过程中，除了从学历、职务、工作经历等方面进行考察，还应对其知识结构、工作能力、科研水平、团队精神、政治思想素质等加以综合考评，使其潜能在新的工作岗位上尽快发挥出来，带领中青年教师形成团队合力，短期内融入学校学科建设中，为学校发展服务。

## 二、人才计划的项目类型

笔者搜集分析了多个主流高校设立的校级人才支持计划，校内人才支持计划主要对接国家级各类人才计划，发现和培育优秀青年人才，由于地区经济不平衡，政策差异性很大，并且部分学校设立时间较早，可能已经更新或停止实施，仅供参考，按照地域分布整理信息如下。

"双一流"A类高校校内人才支持计划（29所）

北京地区（8所）：

表6.7　各高校自行设立的校级人才支持计划

| 名称 | 时间 | 岗位 | 条件 | 待遇 | | | | |
|---|---|---|---|---|---|---|---|---|
| | | | | 年薪 | 补贴 | 科研启动经费 | 住房 | 其他 |
| 北京大学"博雅青年学者" | 2016年 | | 校内预聘职位人员 | 基本年薪 | 10万元/年 | | | |
| 清华大学"水木学者" | 2019年 | | （1）≤35周岁<br>（2）将获得博士学位，或取得博士学位不超过三年<br>（3）进校后须全职工作 | 30万元 | ≥13万元/年 | | 周转公寓或租房补贴4.2万元/年 | 本人及家属的户籍迁移，子女入园入学，升学，提供医疗待遇 |
| 中国人民大学"杰出学者" | 2017年 | 青年学者A岗 | 1.直接受聘<br>（1）≤45周岁，特别优秀≤48周岁<br>（2）万人、青长、海外优秀人才、优青、思想文化英才、本校长聘制副教授等<br>2.竞争聘任<br>（1）人文社科≤40周岁，特别优秀≤35周岁；自然科学工程≤35周岁，特别优秀≤38周岁<br>（2）主持省部级课题<br>（3）独立、第一或通讯作者发表5篇权威刊物论文 | 20万元 | 10万元/年 | | | |

续 表

| 名称 | 时间 | 岗位 | 条件 | 待遇 | | | | | |
|------|------|------|------|------|------|------|------|------|------|
| | | | | 年薪 | 补贴 | 科研启动经费 | 住房 | 其他 | |
| 中国人民大学"杰出学者" | 2017年 | 青年学者B岗 | 1.直接受聘<br>（1）人文社科≤35周岁，特别优秀≤40周岁；自然科学工程≤30周岁，特别优秀≤35周岁<br>（2）本校"长聘制"准聘副教授/助理教授，港澳台/国外高校长聘职务，国际一流大学学科教职，本校"十大教学标兵"/科研标兵/优秀科研，吴玉章人文社会科学青年奖及以上<br>（3）进入青长海外优秀人才入万人15万元<br>2.竞争聘任<br>（1）人文社科≤35周岁，特别优秀≤40周岁；自然科学工程≤30周岁，特别优秀≤35周岁<br>（2）国内双一流高校博士、海外一流大学学科博士，应届毕业生有优秀工作论文并具备发表基础，非应届毕业生已产出优秀科研成果并具备教学能力潜力 | 15万元 | 5万元/年 | | | | |

续 表

| 名称 | 时间 | 岗位 | 条件 | 待遇 | | | | |
|------|------|------|------|------|------|------|------|------|
| | | | | 年薪 | 补贴 | 科研启动经费 | 住房 | 其他 |
| 北京航空航天大学"卓越百人计划" | 2012年 | 岗聘教授 | （1）自然科学类≤40周岁，人文社会科学类≤45周岁 （2）海外著名大学博士，国内博士应具有2年以上在海外著名大学或科研机构工作的经历，回国（来华）前在海外知名高校、科研机构或知名企业研发机构有正式教学或科研职位 （3）入选后全职到校工作 | 20万～30万元 | | 理工类30万～100万元； 人文类30万～50万元 | | |
| | | 岗聘副教授 | （1）自然科学类≤35周岁，人文社会科学类≤40周岁 （2）海外著名大学博士，国内博士应具有1年以上在海外著名大学或科研机构工作的经历，回国（来华）前在海外知名高校、科研机构或知名企业研发机构有正式教学或科研职位 （3）入选后能够全职到校工作 | 15万～20万元 | | 理工类20万～30万元； 人文类10万～20万元 | | |

续表

| 名称 | 时间 | 岗位 | 条件 | 待遇 | | | | |
|------|------|------|------|------|------|------|------|------|
| | | | | 年薪 | 补贴 | 科研启动经费 | 住房 | 其他 |
| 北京理工大学"特立青年学者" | 2018年 | 准聘教授B岗 | （1）自然科学类≤40周岁，优秀者放宽<br>（2）博士学位，具有海外知名大学博士学位或具有名校、知名企业研发机构、科研机构等工作经历<br>（3）全职在学校工作 | 35万元+≤7万元 | | 100万元 | 30万元安居补贴（优秀海外引进人才） | |
| 中国农业大学"2115人才培育发展支持计划" | 2019年 | 青年新星A类 | （1）年龄≤40周岁类≤45周岁；人文社科<br>（2）国家人才计划或国家青年人才计划有力竞争者，或具有入选潜力<br>（3）依托校内团队进行申报<br>（4）校内事业编制在岗专业技术人员 | | | | | |
| 中国农业大学"2115人才培育发展支持计划" | 2019年 | 青年新星B类 | （1）年龄≤35周岁类≤40周岁；人文社科<br>（2）国家人才计划或国家青年人才计划有力竞争者，或具有入选潜力<br>（3）依托校内团队进行申报<br>（4）校内事业编制在岗专业技术人员 | | | | | |

续　表

| 名称 | 时间 | 岗位 | 条件 | 待遇 | | | | | 其他 |
|---|---|---|---|---|---|---|---|---|---|
| | | | | 年薪 | 补贴 | 科研启动经费 | 住房 | | |
| 北京师范大学"京师英才"奖励支持计划 | 2012年 | 理工科100名、文科100名 | （1）博士（2）在学校教学科研第一线工作一年以上（3）年龄不超过40岁（以当年12月31日为准）（4）副教授（含）以下教学科研人员 | | 一次性：一等奖励额度3万元；二等奖励额度2万元 | | | | 优先选派赴国外高水平大学从事合作研究；优先推荐参评国家和省部级人才专项 |
| 中央民族大学"高层次人才管理办法" | 2016年 | 杰出人才 | （1）离退休时间1年以上（2）京内引进≤55周岁，京外引进≤50周岁（3）千人、万人、长江、杰青等 | | 20万元/年 | | 12000元/月 | | |
| | | 优秀人才60人以内 | （1）离退休时间1年以上（2）理工类≤45周岁，艺术体育类≤50周岁，人文社科、艺术体育类等（3）四青人才等 | | 10万元/年 | | 9000元/月 | | |
| | | 优秀青年人才60人以内 | 理工类≤40周岁，人文社科、艺术体育类≤45周岁 | | 6万元/年 | | 6000元/月 | | |

华北地区（2所）：

| 名称 | 时间 | 岗位 | 条件 | 待遇 | | | | |
|---|---|---|---|---|---|---|---|---|
| | | | | 年薪 | 补贴 | 科研启动经费 | 住房 | 其他 |
| 南开大学"百名青年学科带头人培养计划" | 2013年 | | （1）自然科学≤40周岁，人文社科≤45周岁；（2）海外优秀人才、青拔、优青等优先考虑；（3）全职到岗 | | | | | 解决子女入学和协助解决配偶工作 |
| 天津大学"北洋青年学者" | 2012年 | 英才计划A档长聘教授 | （1）年龄≤40周岁（2）博士（3）海外应聘者原则上需在海外工作不少于2年（4）海外优秀人才、青拔、青长、优青 | 65万~70万元 | | 理工科150万元；人文社科30万元（特殊要求面议） | 50万元安家费；海外优秀人才另有100万元安家费 | |
| | | 英才计划B档长聘教授 | | 55万~60万元 | | 理工科80万元；人文社科20万元 | 20万元安家费；天津市海外优秀人才有50万元安家费 | 解决子女入学 |
| | | 英才计划B档长聘副教授 | （1）年龄≤40周岁（2）博士（3）海外应聘者原则上需在海外工作不少于2年 | 40万~45万元 | | 理工科50万元；人文社科10万元 | 10万元安家费；天津市海外优秀人才有50万元安家费 | 解决子女入学 |
| | | 英才计划B档准聘副教授 | | 30万元 | | | 2万~50万元安家费（含天津市资助部分） | |

东北地区（5所）：

| 名称 | 时间 | 岗位 | 条件 | 待遇 | | | | |
|---|---|---|---|---|---|---|---|---|
| | | | | 年薪 | 补贴 | 科研启动经费 | 住房 | 其他 |
| 大连理工大学"星海人才培育计划" | 2013年 | 星海杰青A档 | （1）理工科≤44周岁，人文社科≤50周岁 （2）长江、杰青、万人、教学名师等后备人才 | | 领军人才D类D档基础性绩效 | 理工类100万~200万元；人文社科科研经费类50万~100万元 | | |
| | | 星海杰青B档 | 备人才 | | 领军人才C类C档基础性绩效 | | | |
| | | 星海优青 | （1）青长、青拔、优青后备人才 （2）理工科：教授≤34周岁，副教授≤36周岁 （3）人文社科：教授≤38周岁，副教授≤36周岁 | | 教授享受1级A+基础性绩效；副教授享受1级基础性绩效 | 理工类50万~100万元；人文社科科管类25万~50万元 | | |
| | | 星海骨干 | （1）具有较大发展潜力的后备学科（术）带头人和青年骨干教师 （2）理工科：副教授≤32周岁，讲师≤30周岁 （3）人文社科：副教授≤34周岁，讲师≤32周岁 | | 副教授享受2级基础性绩效；讲师享受3级基础性绩效 | 理工类10万~20万元；人文社科和经管类5万~10万元 | | |

续　表

| 名称 | 时间 | 岗位 | 条件 | 待遇 | | | | |
|---|---|---|---|---|---|---|---|---|
| | | | | 年薪 | 补贴 | 科研启动经费 | 住房 | 其他 |
| | | 青年科学家工作室学术带头人 | （1）年龄≤45周岁 （2）在相关研究领域已取得突出成绩，具有一定的学术影响力和引领学科发展的潜质，具有较强的凝聚力和组织协调能力 （3）海外申报人原则上应具有世界一流大学或科研机构的博士学位，并具有一定海外工作经历 | | 不低于四青人才的薪酬待遇 | | | 累计最高可达1000万元的科研配套经费 |
| 哈尔滨工业大学 | 2013年 | 引进人才"青年项目" | （1）属自然科学和工程技术领域，年龄≤40周岁 （2）博士学位 （3）在海外知名高校、科研机构或者知名企业研发机构有正式教学或科研职位，取得博士学位后在海外全职连续工作36个月以上；申报时未全职在国内工作，或者在国内工作不超过1年 | | 55万元 | | 200万~600万元（含国家配套） | |
| | | 青年拔尖人才及准聘岗教师 | （1）为所从事领域同龄人中的拔尖人才，有成为该领域领军人物的潜质 （2）博士，申报青年拔尖人才岗位，年龄≤35周岁 | | 教授35万元；副教授28万元 | | 教授100万元以内；副教授不少于20万元 | |

续　表

| 名称 | 时间 | 岗位 | 条件 | 待遇 | | | | |
|---|---|---|---|---|---|---|---|---|
| | | | | 年薪 | 补贴 | 科研启动经费 | 住房 | 其他 |
| 哈尔滨工业大学 | 2013年 | | （1）申报准聘教授岗位，年龄≤40周岁；申报青年拔尖人才副教授岗位，年龄≤32周岁；申报准聘副教授岗位，年龄≤35周岁（2）满足国家引才计划青年项目申报条件的申报人，可不受上述年龄限制（3）入选半年之内到岗并全职来校工作 | | | | | |
| 山东大学"齐鲁青年学者" | 2015年 | 第一层次 | （1）具有博士学位（2）在申报当年1月1日，校外申请者≤35周岁，本校申请者≤38周岁，人文社会科学领域申请者不超过40周岁（3）国内应聘者（一、二层次）应在教学科研一线工作，具有高水平大学或科研机构副教授及以上专业技术职务 | 海外应聘者一般应具有高水平大学助理教授及以上职位或相应职位的经历，或长期海外学术研修经历（一般不少于3年） | 18万元 | | 自然科学类≥120万元；人文社会科学类≥32万元 | |
| | | 第二层次 | 学科研一线工作，具有高水平大学或科研机构副教授及以上专业技术职务 | 海外应聘者一般应具有高水平大学或科研水平大学术研修经历（一般不少于1年） | 15万元 | | 自然科学类≥100万元；人文社会科学类≥30万元 | |

续　表

| 名称 | 时间 | 岗位 | 条件 | 待遇 | | | | |
| --- | --- | --- | --- | --- | --- | --- | --- | --- |
| | | | | 年薪 | 补贴 | 科研启动经费 | 住房 | 其他 |
| 中国海洋大学"青年英才工程" | 2017年 | 第一层次 | （1）年龄≤40周岁<br>（2）国内应聘者应担任副高级以上专业技术职务3年以上，具有主持国家级科研项目的经历<br>（3）海外应聘者取得博士学位后，应具有在海外知名高校或研究机构从事3年以上科学研究的经历<br>（4）海外优秀人才、青拔、青长、优青、省部级高层次人才计划（理工农医类不含青年项目）入选者，或具备相当水平的优秀青年人才 | | 35万元 | | 理工农医类80万元；人文社科类40万元 | |
| | | 第二层次 | （1）年龄≤35周岁<br>（2）国内应聘者应获得博士学位满3年并具有副高级以上专业技术职务，具有主持国家级科研项目的经历<br>（3）理工农医类海外应聘者应具有在海外知名高校或研究机构从事博士后研究经历<br>（4）人文社科类海外应聘者应具有知名高校或研究机构博士学位 | | 30万元 | | 理工农医类60万元；人文社科类30万元 | |

续表

| 名称 | 时间 | 岗位 | 条件 | 待遇 | | | | 其他 |
|---|---|---|---|---|---|---|---|---|
| | | | | 年薪 | 补贴 | 科研启动经费 | 住房 | |
| 中国海洋大学"青年英才工程" | 2017年 | 第三层次 | （1）年龄≤35周岁<br>（2）理工农医类具有海内外知名高校或研究机构从事博士后研究的经历；国内应聘者具有主持国家级科研项目的经历<br>（3）人文社科类具有海内外知名高校或研究机构博士学位；国内应聘者具有主持国家级项目或教育部人文社科项目的经历 | | 25万元 | | 理工农医类30万元；人文社科类15万元 | |
| 吉林大学"鼎新学者" | 2020年 | | （1）国（境）外世界大学排名前300的高校博士，SI全球排名前1‰的学科博士，诺贝尔奖、图灵奖、菲尔兹奖等获得者及院士等国际顶尖学术大师的科研团队获得博士学位或从事博士后研究工作，国内一流大学建设高校、"双一流"建设学科博士<br>（2）年龄≤35周岁<br>（3）获博士学位一般不超过3年，应届博士毕业生优先<br>（4）具备较强的科研能力和创新精神，已取得一定影响力的研究成果<br>（5）已初步选定科研团队或课题组，研究方向处于科技前沿，符合国家战略需求 | | ≥30万元 | | | |

华东地区（7所）：

| 名称 | 时间 | 岗位 | 条件 | 待遇 | | | | |
| --- | --- | --- | --- | --- | --- | --- | --- | --- |
| | | | | 年薪 | 补贴 | 科研启动经费 | 住房 | 其他 |
| 同济大学"青年百人计划" | | A岗 | （1）年龄≤40周岁<br>（2）海外优秀人才、青拔、优青、青长 | 40万～50万元 | | 100万～300万元 | 50万元住房补贴 | |
| | | B岗 | （1）年龄≤35周岁<br>（2）海外一流大学或科研机构的博士<br>（3）优先考虑具有海外知名高校或科研机构正式教职 | 27万～35万元 | | 50万～200万元 | 40万元住房补贴 | |
| 复旦大学"卓越人才计划" | 2011年 | 卓识计划 | （1）年龄≤45岁<br>（2）具有正高级专业技术职务 | | 人才计划津贴 | 个性化科研经费支持额度，院系与学校共同分担 | | 符合条件的人选者可申请冠名教授席位并享有相关待遇 |
| | | 卓学计划 | （1）理科医科年龄≤35岁、文科≤40岁<br>（2）具有中级或副高级专业技术职务 | | | | | |

续表

| 名称 | 时间 | 岗位 | 条件 | 待遇 | | | | |
| --- | --- | --- | --- | --- | --- | --- | --- | --- |
| | | | | 年薪 | 补贴 | 科研启动经费 | 住房 | 其他 |
| 华东师范大学 | | 紫江优秀青年学者 | （1）年龄≤45周岁<br>（2）海内外高水平大学或研究机构获得博士学位或从事过博士后研究<br>（3）国家高水平人才计划或达到同等水平或进入我校特聘教授序列后备人才 | 协议年薪 | 学校卓越激励 | 科研启动经费 | 住房补贴、安家补贴 | |
| | | 紫江青年学者 | （1）年龄≤40周岁<br>（2）海内外高水平大学或研究机构获得博士学位或从事过博士后研究<br>（3）国家级青年人才计划项目或达到同等水平，或晋升为正高级专业技术职务后备人才 | | | | | |
| | | 明园晨晖学者 | （1）应届毕业博士≤30周岁，有博士后经历者≤33周岁<br>（2）在海内外高水平大学或研究机构获得博士学位或从事过博士后研究 | | | | | |

续 表

| 名称 | 时间 | 岗位 | 条件 | 待遇 | | | | |
|------|------|------|------|------|------|------|------|------|
| | | | | 年薪 | 补贴 | 科研启动经费 | 住房 | 其他 |
| 南京大学 | | 学科领军人才"擎天计划"海外高层次人才 | （1）海外知名院所终身教授或相当职务、资历的海外学者<br>（2）研究处于世界一流水平 | （1）海外人才要求在海外知名院所终身教授或相当学术资历<br>（2）国内人才要求获得杰青、长江或相当学术资历 | 70万元起 | | 一人一议，不少于500万元 | 优惠购房（完整产权、配套双学区、金陵小学、金陵中学仙林分校）；住房补贴 | 提供团队建设、研究生招生、办公和实验用房 |
| | | 学科领军人才"登峰人才支持计划"A层次 | 具有深厚学术造诣、良好学术声誉的海内外知名学者 | | 65万元起 | | 自然科学类300万元起 | | |

175

续 表

| 名称 | 时间 | 岗位 | 条件 | 待遇 | | | | |
|------|------|------|------|------|------|------|------|------|
| | | | | 年薪 | 补贴 | 科研启动经费 | 住房 | 其他 |
| 南京大学 | | 优秀青年人才"登峰人才支持计划"B层次 | （1）在海内外高校、科研机构、企业研发机构获得正式教学或科研岗位的优秀青年人才（2）海外人才要求有相当于海外高层次青年项目入选者相当资历（3）国内人才要求具有获得国家优秀青年基金入选者/入选中组部青年拔尖人才/教育部青年长江学者/相当实力 | 35万元起；国家级人才项目称号获得者，40万起 | | 自然科学类100万元起；人文科学类30万元起 | | 专职医疗保健团队专人对接，VIP医疗保健服务 |
| 东南大学"至善青年学者" | 2017年 | "至善青年学者"（A层次） | （1）具有博士学位，在申报当年度的1月1日，年龄≤35周岁（2）海内外引进的优秀青年教师，业绩成果特别突出且经校评审通过的具有副高级专业技术职务者（3）校内成果特别突出的青年教师，且具有教师系列副高级专业技术职务 | 30万元 | | 理、工、医科类20万~30万；文科、管理学科类10万~20万 | | |

续 表

| 名称 | 时间 | 岗位 | 条件 | 待遇 | | | | |
|---|---|---|---|---|---|---|---|---|
| | | | | 年薪 | 补贴 | 科研启动经费 | 住房 | 其他 |
| 东南大学"至善青年学者" | 2017年 | "至善青年学者"（B层次） | （1）具有博士学位，在申报当年度的1月1日，年龄≤35周岁 （2）海内外引进的优秀青年教师，业绩成果突出且经学校评审通过的具有中级专业技术职务者 （3）校内成果突出的青年教师，且具有教师系列中级专业技术职务 | 25万元 | | 理、工、医科类20万～30万元；文科、管理学科类10万～20万元 | | |
| 浙江大学"新百人计划" | 2020年 | 第一类 | （1）海内外高水平大学教职经历或成为四类（含聘在第一类）的海外聘者 （2）专业技术岗位等级确定为浙江大学五级 ／ （1）年龄≤35周岁，人文社科≤40周岁 （2）国内外高水平大学博士学位 （3）全职在浙江大学工作 | 差异性年薪 | | 差异性科研支持经费 | 教师公寓，不申请可提高年薪；通过长聘教职评审的参加住房申购 | 前三年平均每年不少于一个博士研究生名额 |

续 表

| 名称 | 时间 | 岗位 | 条件 | 待遇 | | | | | |
|------|------|------|------|------|------|------|------|------|------|
| | | | | 年薪 | 补贴 | 科研启动经费 | 住房 | 其他 | |

| 名称 | 时间 | 岗位 | 条件 | 年薪 | 补贴 | 科研启动经费 | 住房 | 其他 |
|------|------|------|------|------|------|------|------|------|
| 浙江大学"新百人计划" | 2020年 | 第二类 | （1）其他人员可聘任在第二类<br>（2）专业技术岗位等级确定为六级 | | | | | 入选国家级青年人才计划或项目的，薪酬和博士研究生名额待遇可按照第一类人员执行 |
| 中国科学技术大学"率先行动百人计划" | | A类<br>正高四级 | （1）年龄≤50岁<br>（2）达到用人单位正高级优秀学术带头人水平 | 协议年薪 | | 学校≥300万元<br>中科院1:1配套，不超过800万元 | 校内周转房；学校人才房，服务10年即享产权（和周转房不能同时享受）；中科院200万元安居补助 | |
| | | B类<br>以特任研究员岗位聘用 | （1）年龄≤40岁<br>（2）取得博士学位后在知名高校及科研机构拥有3年（含）以上工作经历，或副教授及相当岗位任职经历 | 41万元；53万元（择优提升） | | 学校≥100万元<br>中科院1:1配套，不超过400万元 | 周转房；中科院100万元安居补助 | 终期评估优秀者中科院追加200万元经费，分两年拨付 |

华南地区（1所）：

| 名称 | 时间 | 岗位 | 条件 | 待遇 | | | | |
|---|---|---|---|---|---|---|---|---|
| | | | | 年薪 | 补贴 | 科研启动经费 | 住房 | 其他 |
| 厦门大学"南强青年拔尖人才" | 2016年 | A类人才 | （1）具有博士学位<br>（2）截至2021年1月1日，自然科学、工程技术≤38周岁，人文社会科学≤43周岁<br>（3）近5年获批的国家四青人才或人文社科领域具备相当水平的青年人 | 50万元 | | 人文学科30万～50万元；社会科学、数学学科50万～100万元；其他自然科学、工程术学科200万～300万元 | 150万元（免税）；校内新装修周转房+租房补贴，申请厦门市高层次及青年人才保障性住房 | 单列博士招生指标1人；幼儿园至初中优质教育服务 |
| | | B类人才 | （1）具有博士学位<br>（2）截至2021年1月1日，自然科学、工程技术≤33周岁，人文社会科学≤38周岁<br>（3）教学科研教授职务任职条件，各学科研业绩符合学校具备在支持期内入选A类人才的实力 | 35万元 | | 人文学科20万～30万元；社会科学、数学学科30万～50万元；其他自然科学、工程技术学科100万～200万元 | 100万元（免税）；校内新装修周转房+租房补贴，申请厦门市高层次及青年人才保障性住房 | 幼儿园至初中优质教育服务 |

华中地区（1所）：

| 名称 | 时间 | 岗位 | 条件 | 待遇 | | | | | |
| --- | --- | --- | --- | --- | --- | --- | --- | --- | --- |
| | | | | 年薪 | 补贴 | 科研启动经费 | 住房 | 其他 | |
| 武汉大学"351人才计划" | 2010年 | 珞珈特聘教授 | （1）理工医科≤42周岁，人文社会科学≤47周岁<br>（2）国外候选人一般应具有高水平大学助理教授及以上职位或研究机构相应职位的经历<br>（3）国内候选人应具有教授或相应职位的经历<br>（4）取得具有重要学术影响的标志性研究成果 | | 10万元/年岗位津贴 | 科研启动经费 | 安家费 | | |
| | | 珞珈青年学者 | （1）具有博士学位<br>（2）年龄≤35周岁<br>（3）主讲本科生或研究生专业主干课程1门以上，近3年的所有课程教学在学生课程评价体系中得分高于本单位平均水平<br>（4）积极参加所在学科或相关学科学术团队的科学研究工作，并取得良好成绩 | | 6万元/年岗位津贴 | 理工医科20万~30万元；人文社会科学6万~10万元 | | | |

华西地区（3所）：

| 名称 | 时间 | 岗位 | 条件 | 待遇 | | | | |
|---|---|---|---|---|---|---|---|---|
| | | | | 年薪 | 补贴 | 科研启动经费 | 住房 | 其他 |
| 四川大学"双百人才工程" | 2019年 | 双百人A | （1）理工医科≤42岁，文科≤52岁，（2）主持国家或省部级重大重点项目，或完成重要科技成果转化，取得高水平科学研究成果（3）具备冲击国家级人才工程项目潜力 | | | | | |
| | | 双百人B | （1）理工医科≤35岁，文科≤40岁，（2）具有较好发展潜力的青年学术骨干，独立从事国家或省部级项目，发表高水平学术论文研究，发表高水平学术论文（3）具备冲击国家级人才工程项目潜力 | | | | | |
| 重庆大学 | | 弘深卓越学者 | 学科建设领军人物，大师级学者 | 120万元 | | 一事一议 | | |

续 表

| 名称 | 时间 | 岗位 | 条件 | 待遇 | | | | |
|---|---|---|---|---|---|---|---|---|
| | | | | 年薪 | 补贴 | 科研启动经费 | 住房 | 其他 |
| 重庆大学 | | 弘深杰出学者 | （1）年龄≤55周岁 （2）学术带头人，国内外知名教授 | 80万元 | | 人文社科80万元；理工科100万~300万元 | 安家费200万元（含国家和地方） | |
| | | 弘深优秀学者 | （1）理工科年龄≤45周岁，人文社科≤50周岁 （2）具备发展成为相关领域学科带头人的潜力 | 60万元 | 高额教学科研奖励 | 人文社科60万元；理工科100万~300万元 | 安家费210万元（含国家和地方） | |
| | | 弘深青年学者 | （1）博士学位 （2）理工科年龄≤35周岁，人文社科≤40周岁 （3）有不少于2年的学术工作经历，海外高校、科研院所的助理教授或具有相似经历和相当水平的优秀青年人才 | 65万~45万元 | | 人文社科30万~50万元；理工科100万~200万元 | 安家费50万~60万元（含国家和地方） | 协助解决配偶工作及子女入学入托 |

续　表

| 名称 | 时间 | 岗位 | 条件 | 待遇 | | | | |
| --- | --- | --- | --- | --- | --- | --- | --- | --- |
| | | | | 年薪 | 补贴 | 科研启动经费 | 住房 | 其他 |
| 重庆大学 | | 弘深青年教师 | （1）获取博士学位时间一般不超过3年（2）年龄≤35周岁 | 特别资助：37万～45万元；重点资助：27万～30万元 | | 入选国家博士后创新人才支持计划，配套生活待遇20万元，科研经费20万元；入选国家博士后国际交流计划引进项目，配套生活待遇20万元 | | 1.5万元会议费；子女可入读我校附属幼儿园和中小学；出站后留渝工作重庆市资助15万元 |
| 电子科技大学"百人计划" | 2010年 | 培育项目 | （1）博士学位（2）自然科学类、工程技术类年龄≤40周岁，人文社科类年龄≤50周岁（3）长江、杰青等入选 | | 10万元岗位津贴 | 工科30万～50万元；其他学科10万～30万元 | 15万元安家费；25万～35万元购房补贴 | |
| | | 青年项目 | （1）博士学位（2）年龄≤35周岁（3）海外优秀人才、青拔、优青等后备人选 | 协议年薪 | | | | |

西北地区（2所）：

| 名称 | 时间 | 岗位 | 条件 | 待遇 | | | | | |
|---|---|---|---|---|---|---|---|---|---|
| | | | | 年薪 | 补贴 | 科研启动经费 | 住房 | 其他 | |
| 西安交通大学"青年拔尖人才" | | 教授 | （1）博士学位<br>（2）年龄≤40周岁<br>（3）具备成为领军人才的潜质者 | 45万元 | 部分学科优秀者可另获25万元/年特别资助 | 自然科学类≥200万元；人文社会科学类≥50万元 | 一次性安家费35万元（税后）；入住人才公寓或购买人才住房 | 子女享受优质的附属中小幼教育资源 | |
| | | 特聘研究员 | | 30万元 | | | | | |
| 西北工业大学"翱翔人才计划" | 2020年 | 翱翔青年学者 | （1）申报当年1月1日，自然科学和工程技术年龄≤40周岁，哲学社会科学≤45周岁<br>（2）教授或相当专业技术职务<br>（3）国家级青年人才项目入选者，进入国家级领军人才项目终审答辩但未通过者且仍符合国家级领军人才项目相关要求的，经审核推荐后可纳入本项目支持 | | 8万元校内津贴 | 自然科学和工程技术类100万～200万元；哲学社会科学30万～50万元 | | | |

续 表

| 名称 | 时间 | 岗位 | 条件 | 待遇 | | | | | |
|---|---|---|---|---|---|---|---|---|---|
| | | | | 年薪 | 补贴 | 科研启动经费 | 住房 | 其他 |
| 西北工业大学"翱翔人才计划" | 2020年 | 翱翔新星 | （1）申报当年1月1日，自然科学和工程技术年龄35周岁，哲学社会科学≤38周岁<br>（2）副教授及以上专业技术职务，原则上在校工作满2年<br>（3）进入国家青年人才项目终审答辩但未通过且仍符合国家级青年人才项目相关要求的，经审核推荐后可纳入本项目支持 | | 5万元校内津贴 | 自然科学和工程技术20万元；哲学社会科学5万元 | | |
| | | 翱翔海外学者 | （1）博士学位<br>（2）年龄≤40周岁<br>（3）有3年以上连续海外科研工作经历，申报时应全职回国工作，或回国工作满1年<br>（4）进入国家级青年人才项目终审答辩但未通过者，经审核推荐后可纳入本项目支持<br>（5）为项目入选者保留资格一年（自发文之日算起）。若入选者超过一年未来校报到，需再申报一次"翱翔海外学者"项目 | | 5万元校内津贴 | 自然科学和工程技术100万元；哲学社会科学30万元 | 20万元安家费 | |

### 三、人才计划的实施成效

各高校人才计划作为学校后备人才力量和人才"蓄水池",均取得较大成效,很多入选校级人才计划的人才已成长为国家级青年人才。主要措施为:

#### (一)制订人才队伍发展规划,明确引进方向

高校应根据自身发展需要,制订人才队伍发展规划。对优势学科有明确发展方向及定位,扶持部分弱势学科,对这些学科要分门别类制定引进人才的层次和标准,通过分析现有教职工队伍的学历结构、职称结构、年龄结构,找出问题和不足,避免人才资源的浪费及重复建设,集中力量引进教学、科研、学科建设急需人才,保证人才队伍的梯队层次。

#### (二)营造汇聚人才的环境和氛围

人才强校战略成效明显,学校发展孕育人才,人才支撑学校发展。大力倡导教师是学校办学主体的思想,努力营造民主、开放、公平、良好竞争和团结协作的富有活力的学术环境。树立科学的选人观、育人观、用人观和待人观。坚持制度创新与充分发挥思想教育优势、组织优势相结合,形成比学、帮学、互进的良好学术风气,增强学校以及各学科、专业对优秀人才的吸引力和凝聚力。

#### (三)推进人员聘用(聘任)制度改革,面向海内外招聘人才

以合理配置教育人才资源,优化人员结构,提高队伍整体素质。坚持学校管理重心下移至学院的原则,人事制度改革与院系目标管理改革同步推进,变全面管理为宏观管理,变过程管理为目标管理。在人才引聘方面,面向校内外、海内外公开招聘。不断完善人才引育激励机制,推进重心下移。鼓励院系主动联系、引进急需高层次人才,学校通过目标考核方式对表现突出院系予以奖励。

#### (四)拓宽引进聚才渠道,引才引智相结合

要以前瞻的视角和宽广的胸怀,积极主动,多管齐下,延揽优秀人才。面向海内外公开招聘,建立"刚性引进"与"柔性引进"相结合的引才机

制，在竞争中吸引人才，在流动中集聚人才。除了聘请海内外知名专家学者来高校授课，还要加强和科研院所合作，聘请有丰富经验的企业家、科研带头人为兼职教授。

目前，我们正处在"两个一百年"奋斗目标的历史交汇期，高等教育界也处在引智热度最高，成效最好的时期，比历史上任何时期都更加渴求人才，面对日益激烈的科技竞争和综合国力竞争，加快建设创新型国家，需要持续强化创新发展的动能供应，需要快速培养青年创新拔尖人才群体，需要采取更有效的措施，促进优秀人才向中国流动，为国家服务。中国经济社会不断转型升级，国家对关键核心技术自主可控的需求空前迫切，中国正处于引进人才的窗口期，应抓住天时地利人和的机会，在危机中育新机，于变局中开新局，共筑"中国梦"。

# 第七章

# 博士后队伍的发展与建设

实践证明，博士后制度已成为各地区各部门培养、吸引高层次人才的重要渠道，成为开放合作和人才吸引的重要窗口。博士后人员已成为高校科研院所补充师资和科研人员的重要来源，成为国家重点科研平台和重大科技项目团队中科研创新的主力军。博士后在推动科技创新，服务经济社会发展，助力脱贫攻坚中发挥了重要作用。

我国博士后制度和博士后事业也面临着新的形势和挑战。从国际上看，当今世界正处在大发展、大变革、大调整时期。世界格局呈现多极化，经济全球化深入发展，科学技术日新月异，人才竞争日趋激烈。从国内看，我国正处于改革发展的关键阶段，经济建设、政治建设、文化建设、社会建设以及生态文明建设全面推进，工业化、信息化、城镇化、市场化、国际化深入发展，人口、资源、环境压力日益增大，经济发展方式加快转变，到21世纪中叶中华人民共和国成立100年时，我国要基本实现现代化，建成富强民主文明的社会主义国家。目标的实现依赖于科技创新，依赖于人才特别是高科技人才，这对我国博士后制度和博士后事业提出了更高的要求和更新的挑战。

# 第一节　概念界定

## 一、博士后概念 ①

博士后、博士后人员、博士后研究人员是同一概念，指同一类人。无论是国内还是国外，对博士后概念都没有非常明确的界定，但通过对文献中相关内容的理解，基本可以领会它的内涵。博士后（Postdoctoral fellow）是个舶来品，英文中不存在与之对应的"Postdoctor"这个词，广为使用的是"Postdoctoral""博士之后"，是形容词。在非正式场合和文献中也称"Postdoc"。随着使用的频繁，"Postdoctoral"名词化倾向日益显著。在中国，博士后从一开始就是一个名词。随着博士后事业的发展，博士后已逐渐演变成有一定身份和准学历性质的特定内涵的概念。

国外博士后以美国为代表，其历史悠久，特征鲜明，规模宏大，成就斐然。各国尽管对博士后理解不甚相同，但对其基本特征大体认同。美国没有全国统一的博士后政策文件，也没有统一的管理机构，社会主体遵循市场机制，按照社会需要和自身逻辑自然发展。追寻缘由，与美国特定的政治文化很有关联。在国家结构形式上，美国是联邦制国家，奉行"主权在民""地方自治"的原则，地方没有让与中央的权力属于地方所有，有"自治"传统，没有特别的需要，联邦政府不会干涉地方和个人事务；在法律体系上，美国法律属于不成文法系，实行判例法，参照先例，在博士后政策形成中，也是一个自然而然的自发生长过程。在美国，民间基金会自始至终是博士后事业的主要推动者，政府不是作为规范者，而是作为参与者的角色出现。在大学实验室和研究机构，硕士生、博士后虽然也承担部分研究任务，但是研究主体由博士后承担。一些研究性强的专业（如生命科学、理工、医学），做博士后已成为做专职教授和研究员的必经之路。

对博士后做深入研究是以美国大学联合会博士后教育委员会（Committee

---

① 刘宝存，袁利平. 博士后制度的国际比较［M］. 北京：党建读物出版社，2016.

of Postdoc Education of the Association of American Universities，简称CPE）与科学、工程和公共政策委员会〔Committee on Science, Engineering, and Public Policy，简称COSEPUP〕为代表的非官方组织，它们对博士后相关概念的界定获得社会广泛认同。

1998年年末，CPE提出了一个关于博士后研究岗位（Postdoctoral appointment）的概念：（1）该岗位受聘者是近期博士学位获得者；（2）该岗位是临时性的；（3）该岗位具有专职研究性和学术性；（4）受聘该岗位是为以后的专职学术研究做准备；（5）该岗位不属于实践培训性质；（6）受聘者在大学或者研究机构的高级学者监督下开展研究工作；（7）在受聘期间，受聘者有权同时也应当公开发表其研究成果。CPE认为，博士后是指在获得某个专业领域的博士学位后不久，在科研机构合作导师的指导下，全职从事临时性的科研学术工作，并自由地发表自身科研成果的研究者。根据COSEPUP的调查，对博士后人员的称谓多种多样，大体可分为以下10种：研究人员（fellow）、雇员（employee）、受培训者（trainee）、助理（associate）、教员（faculty）、学生（student）、员工（staff）、受训的雇员（employee-in-training）、学者（scholar）、博士后访问学者（visiting postdoctoral scholar）。在大多数情况下，博士后人员是一类既非学生也非正式教研人员或者职员的人群。博士后这种模糊的地位让校方在处理博士后人员经济报酬和福利待遇问题上随意性非常大。

在国内，官方政策文件中，对博士后概念内涵在具体博士后资格要求和身份确认中有明确阐述。《全国博士后管委会关于进一步明确博士后研究人员身份等问题的通知》（〔1987〕博管发字044号）、《人事部、全国博士后管委会关于博士后招收对象问题的通知》（人专发〔1992〕23号）、《博士后管理工作规定》（国人部发〔2006〕149号）、《国务院办公厅关于改革完善博士后制度的意见》（国办发〔2015〕87号）等文件规定，年龄在35周岁以下、获得博士学位一般不超过3年的人员，可申请从事博士后研究工作。作为具有流动性质的科研人员，博士后人员在站期间享受设站单位职工待遇，计算工作年限。进站前无工作经历的博士后人员参加工作时间从进站之日起计算。事业单位性质的设站单位所招收的博士后人员，实行岗位绩效工资制度，执行专业技术人员基本工资标准。对进站前未进行过职称评定的博士后人员，设站单位应予以认定中级职称，在博士后人员期满出站前，可对其进行职称评定或提出评定意见。博士后人员在站期间的科研成果应作为在站或出站后评定职称的依据。设站单位应按有关规定为博士后人员缴纳社会保险。

根据《博士后管理工作规定》（国人部发〔2006〕149号），对博士后相关概念有一组相对比较清晰的界定。博士后制度是指在高等院校、科研院所和企业等单位设立博士后科研流动站（以下简称"流动站"）或博士后科研工作站（以下简称"工作站"），招收获得博士学位的优秀青年，在站内从事一定时期科学研究工作的制度。博士后科研流动站是指在高等院校或科研院所具有博士授予权的一级学科内，经批准可以招收博士后研究人员的组织。博士后科研工作站是指在具备独立法人资格的企业等机构内，经批准可以招收博士后研究人员的组织。在博士后科研流动站和博士后科研工作站从事研究工作的人员称为博士后研究人员。

## 二、博士后制度

博士后制度首创于美国。1976年，约翰斯·霍普金斯大学成立之初就对博士学位获得者进行科研津贴资助，为新近博士毕业的年轻学者提供进一步开展学术研究的机会和条件，这是博士后制度的雏形。后来哈佛大学、哥伦比亚大学、耶鲁大学、普林斯顿大学、加州理工学院等先后提供博士后基金，美国的人才培养逐渐制度化，并在国际上产生影响。1949年，加拿大为了吸引世界各地优秀科研人才，招收了第一位博士后研究人员，在国家科学研究理事会的实验室从事博士后研究工作。1981年，中国台湾地区对高等院校和重点实验室等相关学术机构、政府部门的研发和管理单位延聘博士后研究人员进行补助，开启了台湾地区博士后制度的历史。1983年法国颁布国家总理83-1260令，规定在法国公共科学技术机构设置公务员身份的研究人员岗位。聘用博士毕业生开展学术研究，是为法国博士后制度的开端。1985年，日本学术振兴会响应学术审议会和文部省的要求，正式确立"特别研究员制度"，即在博士学位获得者中遴选部分优秀科研人员，为其提供一定研究奖励金，从而开启了日本博士后制度的先河。

我国大陆的博士后制度始于1985年。该年5月，国家科委、教育部和中国科学院为了贯彻落实邓小平同志对李政道教授有关在中国设立博士后科研流动站、实行博士后制度的建议的批示精神，向国务院报送了《关于试办博士后科研流动站的报告》，提出了在我国实行博士后制度的意义、宗旨、目标和方法。同年7月，国务院正式发文《国务院批转国家科委、教育部、中国科学院关于试办博士后科研流动站报告的通知》（国发〔1985〕88号），构筑了我国博士后制度的基本框架，标志着博士后制度在我国正式确立。

近40年来，我国博士后制度事业取得长足发展，博士后的设站规模和覆盖面不断扩大，博士后日常经费资助标准和基金资助强度不断提高，博士后科研流动站和工作站评估制度日益完善。截至2020年年末，我国共设立3318个博士后科研流动站、3850个博士后科研工作站；全国累计招收博士后28万多人，期满出站博士后近15万人，已有150人成为两院院士；近5年全国在站博士后研究人员共承担国家级项目9万个，省部级项目8万个，其他各类项目12万个，平均每位博士后人员承担2个以上研究项目。

随着博士后制度不断取得令人瞩目的成果，博士后所取得的良好成果和其在学科交流、政府企业和学校的交流、地域交流和国际交流方面发挥的重要作用，世界各国纷纷效仿这种做法。博士后现象作为制度的发展可以分为两个阶段，一个是萌芽期，另一个是规范化期。目前，这一阶段仍然处在规范化的过程当中，离成为一项法律制度还很远。总体来说，还处于自然发展过程中。

按照制度经济学的概念，基本社会秩序可分为自发秩序和计划秩序。计划秩序是指直接凭借外部权威、靠指示和指令来规划和建立秩序以实现一个共同目标；自发秩序则是指各个主体间接地以自发自愿方式进行的，服从于共同承认的规范和制度的秩序，客观上使某个或者某些目标得以实现的秩序。这两者的根本区别就在于是否有共同意志、是否采取具有强制性质的手段。依据这一理论可将博士后现象按其规范、组织结构和运作方式分为计划秩序、自发秩序以及计划和自发秩序相结合的三种模式。这三种模式的表现形态有这样一些基本特征：（1）在自发秩序模式中，政府是该制度的平等参与者。（2）在计划和自发结合模式中，政府只提供用以支持该制度的部分条件和部分管制，其他的条件由社会中的其他主体提供。（3）在计划秩序模式中，政府提供全部的管制并提供大部分的财政资金支持。根据这种分析方法，美国的博士后现象属于自发秩序模式，德国的博士后现象属于自发和计划结合模式，而中国和日本则属于计划秩序模式。

接下来几节，将通过介绍美国、德国、日本以及我国博士后制度的发展沿革及相关制度，分析中外博士后制度的异同点，来探索关于未来中国博士后制度发展道路的思考与建议。

# 第二节　国外博士后制度的发展

## 一、美国博士后制度

### （一）发展阶段

博士后制度最早起源于美国，至今已有100多年的历史，形成了相对独立和完善的人才培养和使用机制。美国博士后制度的形成和发展，大致可划分为两大阶段：一是以单位自主发展为主的自然成长阶段，二是政府介入并提供积极支持的阶段。

### 1. 博士后制度的兴起和早期发展

1876年，美国的约翰斯·霍普金斯大学设立了一项研究基金，用以资助优秀的青年学者在较好的研究条件下从事科学研究工作。这就是美国博士后制度最早的起源。当初的目的有两个方面，主要就是培训青年学者和推进科研。在当时的环境和条件下，许多其他的大学间接地奖励或适当地鼓励科研工作，有一些是主动的，但大部分都是被动的。约翰斯·霍普金斯大学的校长吉尔曼认为，大学对于传播知识贡献很大，但是扩展的深度相对有限……如果将用于教学方面的经费的1/10用于研究，美国不久就会在世界科技界伟人中占据适当位置。1922年，美国洛克菲勒基金会和洛克菲勒教育捐赠部合作，提供50万美元设立医学研究基金，重点鼓励在临床医学方面开展研究。1923年，又提供了32.5万美元在生物科学方面开展研究。1924年，另外一个洛克菲勒组织国际教育部创立了一项国际交流基金，支持一些经过挑选的学生，进行国际流动。这些人是定向培养，主要包括物理、化学和生物学方面。当他们完成学业后，被明确要求回国服务，同时要求全美研究协会从美国的申请者中筛选。

毫无疑问，各种研究基金项目的蓬勃兴起，对20世纪20—30年代的美国科学的发展起到了至关重要的作用。在20年代，近1/3的国家研究基金申请者获得了基金。在1919—1932年中，有1/10的自然科学博士成为国家研究员，一半的人获得各类基金，其他人得到了国家研究基金。正是这些基金项目的推动，美国的博士后制度开始逐步萌芽并发展起来。

### 2. 政府的介入与积极支持阶段

在第二次世界大战及其后的一段时间里，美国联邦政府的积极支持成为博士后事业迅速壮大的重要力量。在政府的支持下，美国的博士后制度得到了更为迅速的发展，并进入一个新的阶段。

20世纪70年代以来美国博士后制度的发展趋势：

从事博士后研究的人数明显增加，在站时间逐步变长。自20世纪60年代晚期开始，国家科学基金会开始每年抽样统计大学中博士后的总数。在1974年的统计中显示，在美国大学中的博士后数量，包括美国人和外国人，都有了显著的增加。一些研究型大学的教授几乎都做过博士后，做博士后已成为进入学术界的必经阶段。同时，从事博士后研究工作的时间也越来越长，1993年做博士后直到1995年仍继续博士后工作的人员在工程领域占43%、生物学占49%、物理学占50%。

做博士后的目的或动机呈多样化趋势。在20世纪70年代以前，申请做博士后的目的，主要还是寻求一种工作经验，提高科研能力；从20世纪70年代开始，缓冲就业困难、转换专业等动机已经开始成为不少人做博士后的原因。在许多情况下，没有找到适合的工作这个原因主导着博士后申请者的思想，驱使一些人去取得精英型大学博士后职位，以便以后获得在研究型大学中工作的机会。

招收博士后的单位逐渐扩大，到企业做博士后的人员越来越多。现在，美国300多所能够授予博士学位的大学，几乎都招收博士后人员，一些较低水平的大学纷纷增加博士后的招收数量。许多大型企业也设立了博士后位置，例如IBM公司、杜邦公司等。企业博士后大体上与学校里的博士后类似，博士后工作与高级科学家有很密切的联系，博士后项目大多是有应用背景的基础性研究。2～3年的博士后工作结束后，博士后可以选择回到学校或留在企业工作，在好的公司中做过博士后会比来自学院的博士后在公司中有更好的机会，因为后者缺乏经验。博士后给企业带来了勃勃生机，因为博士后还不是企业中的人，所以他们不被维持现状、按传统办事等问题约束，为企业带来了新能量和新思想，保证了企业不会落伍。

跨学科从事研究工作的博士后人数不断增加。在20世纪70年代，有10%左右的博士转换到其他领域里做博士后；在20世纪80年代，在物理学领域有29%的人、化学领域有38%的人、动物学领域有78%的人申请到其他领域做博士后。申请到其他领域做博士后的人数增多的原因：一是现代交叉学科的发展，使得学科分界逐渐模糊，研究领域不再独立；二是这种现象反映了部分专业的就业市场恶化，部分博士后希望通过变换专业，以得到更好的工作职位。

## （二）管理制度

美国没有全国性博士后管理机构，政府不介入直接管理，主要在经费投向、科技政策等方面对博士后事业发挥导向性作用，并主要依靠非官方组织通过协调方式达到管理的效果。总的来说，美国博士后管理主要分两个层面，即高等院校层面的微观管理和国家层面的宏观管理。

美国博士后的发展不存在严格意义上的宏观管理，只是在社会范围内成立针对博士后管理的民间组织机构，最有影响力的当数成立于2003年的国家博士后协会，其根本目的是在国家层面上同地方性的博士后协会和博士后办公室、各政府团体、专业协会和基金组织合作协调，建立一种相对规范和有效的监管系统，促进博士后制度的发展。

美国博士后的管理制度在创建之始就体现为一种内在制度。约翰斯·霍普金斯大学把自己的发展定位于研究型大学，开创博士后制度也正是基于此办学理念。作为研究人员类型之一的博士后，其研究的共性远远大于个性。因此，它没有对博士后制定什么特殊的规则进行管理。其后，招收博士后的其他大学也采取了约翰斯·霍普金斯大学的类似做法，大多没有成立专门的机构和制定特殊的规则，体现了对博士后管理的松散性。

据统计，在招收博士后的美国大学中，目前只有56%的大学有管理博士后教育的校级办公室；50%的大学有正式的博士后教育管理政策的制定及审议程序。87%的大学向博士后提供执教的机会，其中79%有正式的博士后执教管理制度。就大学对博士后的管理而言，各校在管理机构、管理政策、管理制度等方面很不统一，显示了大学之间的巨大差异。除大学外，美国联邦政府也没有相应的博士后的管理机构。从当前博士后经费资助来源来看，虽然美国的国家卫生研究院和国家科学基金会是参与博士后教育活动最多的两大联邦机构，但它们既没有提出任何明确的指导性意见和规定，也没有建立博士后人员的跟踪与反馈机制，它们的参与仅仅是一种科研拨款行为。政府对博士后的管理采取了"无形之手"的方式，通过经费资助来引导博士后的专业、规模等的发展。

### （三）资助与评价

博士后的质量评价，既是博士后制度可持续发展的需要，也是博士后个人工作水平的证明以及寻求工作的重要依据。由于美国没有全国性博士后管理机构，它对博士后的质量评价主要根据经费来源的不同而有所不同。概括起来，美国对博士后的资助模式主要有三种。

第一种为"教授项目"。这是当前大多数博士后获得资助的方式，也是资助增长最快的一种。大学教授在获得政府或企业的研究项目后，根据项目需要招聘博士后作为自己的研究助手，或让博士后承担子项目的研究。由于教授对博士后的任务规定不同，评估标准也会不一样，教授有相当的自主权。

第二种为"联邦政府培训项目"。联邦政府资助某些研究型大学挑选博士后作为大学发展的人才进行培养，它或是由资深教授带领博士后实施一些课程或课题的研究计划，或是由博士后自己选择研究课题。这类资助中，大学对博士后的招收、任务计划等方面有很强的自主权。

第三种为"博士后奖学金"。这类资助由政府研究机构或大学提供奖学金，通过对刚毕业博士提交的研究计划和学术背景等信息进行价值、需求、能力分析后筛选招生。

以上三种资助模式，虽然资助的主体和重点不一样，但在评价博士后质量上保持着一致性。那就是导师、大学或研究机构在招收博士后时，对要招收的博士后在任务、要求、时间以及待遇等方面都有明确规定。一旦招收，双方就如同签署了聘用或合作协议。对博士后的质量评价，则根据协议执行。

（四）主要问题

美国博士后制度已逐渐被其他国家所认知和借鉴，但其制度也存在明显的缺陷，也已影响到美国博士后制度的发展。

### 1. 身份不明确，博士后权益难保障

博士后身份不明确，这是美国博士后制度存在的首要问题。大学、研究机构、企业等招收博士后，它们各自为政，政策与措施大不一样，博士后权益也不相同。直到现在，博士后称谓都没完全统一。博士后称谓不同，不仅存在于大学、研究机构和企业之间，也存在于不同的大学之间，还存在于同一所大学之内不同专业之间。不同的称谓，反映的是博士后身份的不同以及相应权益的不同。由于博士后称谓不统一、身份不明确等问题的存在，很难有效地保障博士后的权益。

### 2. 规模起伏不定，博士后制度声誉受到影响

博士后的发展规模，除了与经济发展状况、科技政策有关外，也与高等教育中博士生的教育发展规模联系紧密。一方面，在高等教育发展中，本科、硕士、博士和博士后的发展比例呈金字塔形，如果博士后招收太多，不仅对博士后的质量发展不利，而且对博士生不利，使金字塔不稳。另一方面，博士后就业主要被大学接收，一旦高等教育规模紧缩，博士后就业就成了问题。例如，从20世纪70年代末开始，美国博士后人员的规模不断扩大，呈现出一种过度的倾向。1975—1998年，美国博士后人员从17000人升至39000人。1992—1999年，博士后人员的规模在全美范围内平均增长了20%，有的学校增长幅度更高，达到了30%。而同时期内，博士学位授予数量增长相对缓慢，有些甚至出现负增长。1992—1999年之间，在工程技术和自然科学领域中，获得博士学位的人数呈下降趋势，而此期间，申请做博士后的人

员数量反而以较大幅度增长。结果是大量博士后出站找不到工作，很多留在站内继续做博士后，博士后被戏称为就业困难者，博士后制度的声誉受到很大影响。

美国博士后制度存在的问题的根源在于政府作为不够，现在到了由政府出面的时候了。但由于受到宪法、教育制度等方面的限制，加之政府、大学、企业、导师的利益不尽相同，博士后制度要通过外在制度建设来补充内在制度的不足，还有很长的路要走。

## 二、德国博士后制度

### （一）概念定义

德国有关博士后的讨论主要是在后备人才培养等概念下进行的，所包括的人员类别要比我国的更广一些。若以我国作为参照，德国的博士后类别不仅包括我国的博士后类别，而且包括许多"后博士后"人员，如教授资格申请人、青年教授以及科研后备人才团队带头人，他们实质上已经相当于我国的副教授。这和德国独特的高校教师聘任制度有关。在德国高校教师中，没有副教授这一类别，除了教授和少数获得长期工作合同的教学科研人员之外，绝大多数的学术工作者都是被短期聘用的"临时工"。在一定的期限内（通常来说在博士毕业前6年+博士毕业后6年），如果他们没有被聘为教授或获得其他形式的长期聘用，那么这些人将不能继续受聘于大学，即处于一种非升即走的境地。因此德国倾向于将所有那些在博士毕业之后，继续在高校或校外科研机构从事科研工作、谋求但尚未获得长期性工作岗位（终身教授或学术机构领导）的科研后备人才都视为博士后。

### （二）培养制度

德国博士后的培养和管理都具有很大的分散性和非系统性。依据博士后的类别不同，其培养和管理方式也不相同，本节以教授资格申请者、青年教授以及科研后备人才团队带头人这三类博士后为例，分析其培养和管理的情况。这三类博士后的共同之处在于他们的发展目标都是获聘教授。下面以教授资格申请者的培养为例来说明德国博士后的培养制度。

因为教授资格考试旨在考察申请者是否有能力独立承担一个学科的教学和科研工作，即是否可以胜任教授岗位，因此对教授资格申请者的培养既包括其科研能力，也包括其教学能力。

对其科研能力的培养是通过要求申请者完成教授资格专著或者与此相等值的系列论文来实现的。无论是这两者之中的哪一种，申请人的论文均需对所在学科的发展做出重要的贡献。教授资格申请者通常来说是在一个导师（或导师委员会）的指导下独立完成教授资格论文。导师（或导师委员会）负责和教授资格申请者一起商定其需要完成的教学和科研任务，并负责督促其执行。

教授资格申请者教学能力的获得是通过独立开设课程来实现的。教授资格申请者通常来说在大学获得了学术人员的工作岗位（讲师、助教、学术助理等），他们可以开设学术讨论课或练习课等，通过实践锻炼培养自己的教学能力。

要通过教授资格考试，申请人必须还要完成一个公开演讲。这一演讲不同于答辩，因为演讲的题目不能来自所研究的专业领域。在洪堡大学，申请者需要向考试委员会提交3个备选的题目。这3个题目不能与自己的教授资格专著/论文在内容上有密切的关联。这一要求是为了保证申请者具有广博的知识，而不是一个只精通一门学问的"专业白痴"（Fachidiot）。此外在报告题目选定之后，申请者通常只有短短几周的时间来准备这个报告，这一考试安排的目的是检验申请者是否有能力在短时间内在一个新的领域获取专业知识并向听众进行讲解。如果申请者之前是在另外一所大学工作，为了全面地考察其教学能力，《教授资格考试规章》通常要求他在所申请的大学完成至少一个学期的试讲，并在评价其教学能力时参考学生的教学评价。

只有在申请者的教授资格专著/论文、教学能力以及公开演讲都得到积极评价的情况下，考试委员会才会同意授予申请人教学许可。申请者由此获得受聘为教授的资格。

由此不难看出，教授资格考试对申请者提出的要求很高而且很全面。事实上，对教授资格申请者的培养从准入环节开始直到通过考试为止，都是高标准、严要求。从准入环节来看，在德国，教授资格申请者的博士毕业成绩都很优秀。根据对德国科研协会（DFG）所资助的教授资格申请者的调查，绝大多数的获奖者的博士毕业成绩都是卓越和非常优秀。从准出环节看，教授资格考试既然是一种考试，肯定存在不通过的可能。经过这般严格的自我筛选和外部筛选，最终通过教授资格考试的人无疑都是所在学科的精英了。因此，德国的教授资格考试制度可以被视为一个高度规范化、要求严格和全面的博士后培养制度。

### （三）资助制度

德国是一个依靠高科技立国的创新型国家。为了培养高水平科技人才，促进科技发展，德国政府和民间都投入了大量的财力、物力，支持科研人员的科学研究工作。德国的德意志研究联合会、德意志科学交流中心及洪堡基金会都是德国有名的组织机构，其宗旨都是为培养人才、促进交流、推动科技发展。

德意志研究联合会是一个全国性的独立科研管理机构，其下属成员有53个高等学校、5个科学院、13个专门研究所（院、中心）和3个学术性协会。联合会通过资助所有学科的科研项目（重点为基础研究）、支持和协调研究课题，来服务于德国的科学及艺术领域，其资助方式为资助重点课题研究、特殊研究领域，同时也根据学者的申请资助个人自选课题研究。

德意志研究联合会特别重视科研新生力量的培养，它创立了一系列奖学金项目，专门资助已获得博士学位的德国年轻学者。培训奖学金资助年轻博士到毕业单位以外的其他单位，在专家教授的指导下从事一段时间的研究工作以使接受培训资助的人员熟悉特殊的研究工艺，获得特殊的技艺，也可以利用此项资助到国外的高等学校或科研机构进行为期2年的实际培训。研究奖学金用于某些特定的科研项目，部分博士毕业生没有研究位置但又希望最终完成自己在博士论文阶段已进行的研究课题，就可以申请此项奖学金。其项目的完成方式既可以是被资助者独立进行，也可以是被资助者在资深的大学教授指导下进行。教授资格奖学金用于在基础研究领域，帮助年轻的博士后准备以获取教授资格的论文，以培养出新一代的年轻教授。外国的学者也可以申请此项资助，但申请人必须与德国的大学有长久的签约。

### 三、日本博士后制度

日本博士后制度起步较晚，但发展十分迅速。从1985年日本学术振兴会（日本文部科学省的外围组织，具有特殊法人地位）开始推行"特别研究员制度"以来，通过制定《科学技术基本法》，博士后制度作为"科学技术创造立国"的基本国策之一，得到日本政府的极大重视。在实施"博士后1万人支援计划""21世纪COE计划"等相关项目之后，人数呈逐年增加的趋势。

日本的博士后制度十分注重人才科研能力的培养，通过日本学术振兴会等具有官方背景的基金机构来提供研究经费和进行人员管理，并根据协议对博士后进行质量评价。这样的制度一定程度上解决了青年研究学者的后顾之忧，促进了高级科技人才的形成，产生了大批领先的科研成果，对日本经济和社会发展起到了重要的推动作用。不过伴随着泡沫经济崩溃带来的持续不景气状况，以及大学新增教职的急剧萎缩，许多博士后面临着就业困难、权益无法保障、日益高龄化等危机，从而引发了广为日本社会关注的"博士后问题"。

#### （一）资助培养制度

日本学术振兴会的"特别研究员制度"是基于1984年2月6日在学术审议会发布的咨询报告《关于改善学术研究体制的基本对策》，在1985年创设了博士后制度。该制度创设之初就提出了明确的目标："针对优秀的年轻研究者，在其研究生涯初期，为其提供在自由构思的基础上主动选择研究课题并专心致力于研究的机会，以确保和培养能够担当我国学术研究之未来的富有创造性的研究者。"根据学术振兴会的规定，要取得"特别研究员"这一资格，申请者当年需未满33岁，正在攻读博士学位并已经修完博士课程，具有突出学术研究能力，并且有志于在大学或其他研究机构致力于研究。从类型来看，日本的特别研究员制度大致可分为以下四类：

#### 1. 特别研究员PD（Postdoctoral Fellow）

"特别研究员PD"是"特别研究员制度"资助对象的主要人群。其申请者应是在申请的次年4月1日未满34岁（医学、牙医以及兽医学的四年制博士后毕业生未满35岁），具有日本国籍（或者为获得在日永住权的外国人），且获得博士学位未满5年的博士毕业生。另外在人文社科领域，修满博士课程规定年限，取得所定学分，具有与博士学位获得者相当的科研能力，但并未获得博士学位的毕业生也可成为申请对象。为了促进人才流动和学术交流，学术振兴会要求申请者必须到获得博士学位单位以外的研究机构进行科学研究。在资助年限和额度上，"特别研究员PD"资助年限为3年，研究奖励金为每月36.2万日元（未获得博士学位的"特别研究员"每月为20万日元）。并且，"特别研究员PD"具有向学术振兴会申请科学研究补助金的资格，如果通过学术振兴会研究费委员会的审查，即可获得每年150万日元以内的研究费。同时学术振兴会根据研究上的需要，可以资助特别研究员在一定的时期内，到他自己所希望去的其他研究所（含外国的研究机构）进行研究。

### 2. 特别研究员SPD（Special Postdoctoral Fellow）

学术振兴会每年会在"特别研究员PD"申请者中，选出部分业绩特别优秀的人员，将其特聘为"特别研究员SPD"，期待通过给予其更为优厚的研究经费来保障其科研工作的顺利进行，并以此培养出国家需要的顶尖学术人才。此类研究员的资助年限也是3年，但是每个月的研究奖励金高达44.6万日元，并且他们可以向学术振兴会申请每年300万日元以内的科研补助金。"特别研究员SPD"的遴选条件主要是申请者的个人业绩以及所申报课题的前沿性，每年数量较少。

### 3. 特别研究员RPD（Restart Postdoctoral Fellow）

为了保障女性博士学位获得者能够获得同等条件的培养，日本学术振兴会于2006年创设了主要针对女性研究人员的"特别研究员RPD"资助项目。该项目申请者的申请条件为：（1）具有博士学位，或者修满博士课程规定年限，获得所定学分，具有与博士学位获得者相当的科研能力，但并未获得博士学位的人文社科领域的毕业生；（2）在至申请次年4月1日的过去5年内，由于生产或育儿而被迫中断研究活动3个月以上；（3）具有日本国籍者，或者为获得日本永住权的外国人。这一项主要是为了让女性研究者能够在因为生育而被迫中断研究活动之后，能够尽快回归科研前线，从而保障其成长为优秀研究者的机会。在资助年限和额度上，"特别研究员RPD"资助年限为2年，资助奖励金为每月36.2万日元（未获得博士学位的"特别研究员"每月为

20万日元）。并且，"特别研究员RPD"也具有向学术振兴会申请科学研究补助金的资格，如果通过学术振兴会研究费委员会的审查，即可获得每年150万日元以内的研究费。当然此项目并非只有女性研究者才能够申请，一些因为特殊原因必须中断科研活动而承担养育孩子的男性研究者也可以提出申请。

### 4. 海外特别研究员

日本学术振兴会早在1982年便开始推行"海外研究员"项目，该项目的在于选拔一批优秀的年轻研究人员，给予其一定资金支持，派遣他们到海外特定的大学等学术研究机构从事一定时期的研究，从而培养能担负未来日本学术研究、具有国际视野的富有才华的研究人员。该项目的申请条件与"特别研究员PD"在年龄、国籍方面完全相同，其差别主要在于"海外特别研究员"的申请者在学术方面并未规定毕业为获得博士学位未满5年的博士毕业生。在资助年限和资助额度方面，该项目的资助年限为自派遣之日起2年，研究活动费根据派遣国家不同在每年380万～520万日元之间，并且学术振兴会还为研究员提供国际往返机票。

### 5. 外国人特别研究员

"外国人特别研究员"项目分为一般公募、海外机构推荐、欧美短期和夏季项目4种。

一般公募的外国人特别研究员项目从1988年正式开始推行，主要把法、德、英、美等欧美先进国家刚刚获得博士学位的年轻研究人员招聘到日本的大学或研究机构，在研究指导教授的指导下从事1年左右的研究工作。一方面，通过这项国际合作研究带动日本的学术研究发展，并锻炼本国科学研究人员；另一方面，借此渠道实行日本的科学技术国际化政策。资助时间为12～24个月，每月生活经费为36.2万日元，并提供国际往返机票、海外旅行伤害保险以及20万日元来日补助费。

海外机构推荐项目与一般公募以外国人个人申请、直接由学术振兴会选拔不同，它是由对象国家的推荐机构向学术振兴会推荐，再由学术振兴会考核评定后聘任。这样的海外机构主要是各国权威学术研究组织或学术管理机构，例如中国科协、美国卫生研究院、德国洪堡基金会等。

欧美短期项目是以欧美各主要国家的年轻博士为主要对象，希望以此招纳发达国家的著名大学培养的博士到日本大学内从事一定时间的学术研究，从而加大日本与欧美国家科学技术的交流，促进日本学术实力的提高。该项目提供36.2万日元的生活费（1～12个月），并提供国际往返机票、海外旅行伤害保险以及20万日元来日补助费。

夏季项目创建于2002年，主要针对拥有美、英、法、德、加拿大国籍的年轻博士，利用暑假2个月时间（多为7—8月）参加日本大学研究机构的研究工作。这些短期研究者主要由美国国立科学院研究院、英国文化协会、法国国立科学院、德国学术交流会、加拿大大使馆推荐，然后由日本学术振兴会确认人员。该项目提供53.4万日元的生活费、58.5万日元的研究费，以及上限为10万日元的调查研究费和国际往返机票、海外旅行伤害保险。

### （二）管理机构

日本学术振兴会（The Japan Society for the Promotion of Science），简称JSPS。是文部科学省所管辖的独立行政法人。其前身为昭和七年（1932）通过日本天皇的赞助资金而创立的财团法人日本学术振兴会，于2003年改革成为独立行政法人。是日本唯一的最权威和规模最大的独立科研经费支援机构。日本学术振兴会创立之初就明确自己的两个目标：其一，通过国家和民间的财力，对科学研究进行补助和支持；其二，学术振兴会牵头组织对社会发展和科学发展有意义的课题进行研究，推动日本科学技术的进步与发展。

从创立以来，日本学术振兴会先后成立了170个研究委员会，现在还有53个研究委员会在运作，其中包括钢铁、建材、薄膜、未来加工技术等学科领域，这些研究委员会负责日本学术振兴会的项目评审工作，其委员均从大学或研究所的高层次研究人员中选聘。日本学术振兴会的经费绝大多数由日本政府提供，且呈逐年增长趋势。2021年其总预算为2678亿日元。

日本政府通过推动博士后制度的发展，不仅促进了日本科技人才数量的飞速增长，也在提高日本科研队伍整体科研能力以及科研环境的改善、科学研究的进步方面发挥了重要作用。日本博士后制度许多方面都能给我国博士后制度建设提供有益的参考。

## 第三节 中国博士后制度的发展

### 一、发展历程

1984年5月21日上午11时许，在人民大会堂安徽厅，邓小平亲切会见李政道先生。李政道教授提出的在我国实行博士后制度的建议得到了邓小平的高度赞赏。1984年，邓小平在人民大会堂会见李政道先生并当即表示：这是一个新的方法，成百成千的流动站成为制度，是培养使用科技人才的制度。培养和使用相结合，在使用中培养，在培养和使用中发现更高级的人才。

1985年7月国务院正式下发试办博士后科研流动站的文件（国发〔1985〕88号），该文件构筑了我国博士后制度的基本框架，标志着博士后制度在我国的正式确立。

#### （一）创立时期（1985—1987）

1985年5月，《国务院批转国家科委、教育部、中国科学院关于试办博士后科研流动站报告的通知》（国发〔1985〕88号）正式批准办博士后科研流动站、试行博士后研究制度。由原国家科委牵头，组成了博士后科研流动站管理协调委员会（以下简称"全国博士后管委会"），统一组织和协调全国博士后工作。

对申请设立流动站、博士后研究人员管理和待遇、国家博士后科学基金和博士后经费管理使用做出一系列规定，快速搭建起基本的制度框架。

实行两级管理体制，中央对设站单位直接进行宏观管理。

设站规模比较小，主要集中在理科和少数工科。

招收规模逐年翻番，留学回国人员占相当大的比重。

博士后日常经费主要以国家财政计划拨款为主。

#### （二）探索时期（1988—1997）

1988年，博士后工作划转国家人事部负责。

1989年5月24日，国家博士后科学基金会正式成立；1989年8月26日，国家博士后科学基金会更名为中国博士后科学基金会，并于1990年5月30日成立，邓小平同志亲自为中国博士后科学基金会题写了会名。

进行博士后管理体制改革试点，实行三级管理模式。

博士后设站规模大幅度提高，开始在企业设立博士后科研工作站，博士后站点覆盖了大部分学科专业和国民经济的诸多行业领域。

博士后管理工作逐步规范化，博士后进站、中期考核、出站等各项配套措施逐步完善。

招收规模扩大，招收方式逐步多样化。

经费来源渠道逐渐多样化，博士后科学基金资助逐步科学规范。

## （三）发展时期（1998—2015）

不断加强制度建设，于2001年、2006年两次修订《博士后管理工作规定》，使博士后管理工作适应形势发展的需要，并进一步规范化、制度化。

推进博士后工作分级管理改革试点工作，于2009年印发了《关于推进博士后工作管理体制改革的意见》（人社部发〔2009〕174号），进一步明确管理职责，调整管理权限，调动各地方的积极性，形成工作整体合力。

2005年开展博士后科研流动站/工作站评估工作，博士后进入科学发展的轨道，2008年出台了《博士后科研流动站和工作站评估办法》（人社部发〔2008〕115号），规范了博士后科研流动站/工作站评估工作。

进一步规范博士后科学基金资助工作，加大对基金的申报、评审、经费使用的监督与检查力度。

自2001年起，相继制订了博士后工作"十五"规划、"十一五"规划、"十二五"规划和"十三五"规划，博士后事业的发展与我国经济社会发展整体规划和国家科技人才战略结合得更加紧密，博士后设站工作的开展逐步常态化，博士后招收规模的增长逐步科学化。

加强博士后工作信息网络系统建设，提高博士后工作的信息化水平，实现博士后各项业务工作和服务工作信息化全覆盖。

## （四）新时期博士后工作（2015年至今）

2015年11月30日，中共中央政治局常委、国务院总理李克强在中国博士后制度实施30周年之际，会见中国博士后青年创新人才座谈会代表，并提出三点希望：一要争做创新突破的探索者；二要争做创业创新的践行者；三要争做世界创新潮流的弄潮者。

博士后制度改革开启新篇章。2015年11月30日，国务院办公厅印发《关于改革完善博士后制度的意见》（国办发〔2015〕87号），从总体要求、改革管理制度、完善管理办法、提高培养质量、支持创新创业以及做好保障工作六方面为今后一段时间做好博士后工作提出明确指导意见。2017年，人力资源和社会保障部、全国博士后管理委员会印发《关于贯彻落实〈国务院办公厅关于改革完善博士后制度的意见〉有关问题的通知》（人社部发〔2017〕20号），从优化博士后工作平台建设、严格博士后人员招收管理、提升博士后工作服务水平、发挥博士后设站单位主体作用四方面提出具体要求。

高层次创新型青年人才培养再添新举措。2016年，"博士后创新人才支持计划"开始实施。"博新计划"瞄准国家重大战略领域、战略性高新技术领域、前沿和基础科学领域，专项资助一批优秀博士从事博士后研究工作，争取加速培养一批国际一流的创新型人才。

中国博士后国际化进程再上新台阶。2019年，随着"澳门青年学者计划"开始实施，博士后国境外交流项目已设立了引进项目、派出项目、学术交流项目、"香江学者计划"、中德博士后交流项目、"澳门青年学者计划"6个子项目，开辟了博士后国际化培养新途径。

博士后服务有了新提升。按照中央和人力资源和社会保障部"放管服"工作有关要求，全国博管办印发《关于改进博士后进出站有关工作的通知》（博管办〔2018〕21号），实现了全国博士后人员办理进出站业务由"一次办结"到"零跑路"的跨越。

2021年9月中央人才工作会议在京召开，习近平总书记在会上发表重要讲话，为新时代博士后人才工作指明了方向和重点。

## 二、身份定义和类型

### （一）定位及招收条件

《国务院办公厅关于改革完善博士后制度的意见》（国办发〔2015〕87号）明确博士后研究人员定位："博士后研究人员作为国家有计划、有目的培养的高层次创新型青年人才，在站期间是具有流动性质的科研人员。"《关于贯彻落实〈国务院办公厅关于改革完善博士后制度的意见〉有关问题的通知》（人社部发〔2017〕20号）规定："年龄在35周岁以下、获得博士学位一般不超过3年的人员，可申请从事博士后研究工作。申请进入工作站、人文社会科学领域或人才紧缺的自然科学领域流动站的人员，年龄可适当放宽。严格控制设站单位招收本单位同一一级学科、超龄、在职的博士后人员比例。不得招收党政机关领导干部在职从事博士后研究工作。规范博士后人员挂职锻炼，博士后人员在设站单位全职从事研究工作的时间不得少于两年，减少自然科学领域博士后挂职锻炼数量。"

### （二）培养类型

根据不同的标准，可将博士后划分成不同的类型。例如，根据培养单位的不同，可将我国博士后划分为高校博士后、科研院所博士后和企业博士后；根据培养模式的不同，又可将博士后划分为学科博士后、项目博士后和企业博士后等。目前，比较详细的博士后类型是以博士后招收模式为依据来划分的。博士后制度设立之初，仅有国家资助招收一种。随着博士后制度的发展以及博士后招收人数的增多，目前已发展为7种类型：国家资助招收、自筹经费招收、流动站与工作站联合招收、工作站招收、留学博士计划外招收、留学非设站单位招收、依托项目招收。依据招收类型的不同，博士后资助模式和培养模式相应发生变化。

## 三、管理制度

中国的博士后制度由国家主导，在政府的大力推动下组织实施。从宏观层面上，国家主管部门（现为人力资源和社会保障部）牵头，成立由人事、科技、教育、财政等有关部门领导和专家组成的全国博士后管理委员会，协调解决博士后工作管理的有关问题。从微观层面上，通过专家评审、评议，国家主管部门批准，在部分大学、科研院所和企事业单位设立流动站或工作站，赋予它们招收博士后的资格，组织开展博士后工作。

国家从上到下建立起一整套组织管理网络来保证博士后工作的顺利开展。国家的相关政策文件赋予博士后制度明确的目标定位，对实行博士后制度的基本目标、方针等做出规定，并且随着时代的发展不断为其注入新的内涵和功能，使博士后制度在发展中不断完善。国家逐步建立起由中央、地方和设站单位组成的博士后工作组织管理网络，并根据经济社会发展的要求和博士后管理工作实际，进行博士后工作管理体制改革，注重发挥各方面的积极性，调动社会各界广泛参与，充分发挥博士后制度在我国高层次人才队伍建设中的重要作用。

## （一）全国博士后管理委员会办公室

全国博士后管理委员会办公室设在人力资源和社会保障部专业技术人员管理司，是博士后日常工作的综合管理部门。专业技术人员管理司负责全国博士后综合管理工作，制订博士后工作发展规划和政策措施并组织实施。

另外，人力资源和社会保障部直属事业单位留学人员和专家服务中心负责博士后具体业务。主要职责是：负责中国博士后科学基金规划、筹集、管理工作和资金使用效益的监督和评估工作；负责组织博士后基金资助的评审工作；承担全国优秀博士后的评选工作；组织开展博士后学术交流、科技成果推广和博士后人才引荐工作；负责中国博士后科学基金会理事会日常工作；协调博士后联谊会活动；负责博士后进出站服务窗口日常工作，指导各地博士后进出站服务工作；负责博士后流动站、博士后工作站评估工作的具体组织实施；承担博士后国际交流与合作工作；负责中国博士后网站的建设、运营和管理以及博士后数据库建设工作；承担博士后流动站、博士后工作站设站评审事务；开展博士后管理人员业务培训和交流活动。负责中国博士后科学基金资助经费的年度预算编制、拨款和使用监督；负责博士后日常经费拨款；编辑出版《中国博士后》杂志；负责北京地区博士后公寓的日常管理工作。

## （二）中国博士后科学基金会

1984年10月7日，著名物理学家李政道先生向邓小平同志建议，在中国设立博士后制度的同时，设立博士后科学基金，可由国家一次性拨专款，以每年的存款利息或投资所得收益作为当年博士后科学基金的资助金额。对此，小平同志表示赞同。

1985年《国务院批转国家科委、教育部、中国科学院关于试办博士后科研流动站报告的通知》（国发〔1985〕88号）确立在中国实施博士后制度，并对博士后进行基金资助。文件指出："设立博士后科学基金，主要用以鼓励和支持博士后研究人员中有科研潜力和杰出才能的年轻优秀人才，使他们能够顺利开展科研工作，迅速成长为高水平的研究人才。"为进一步做好对中国博士后科学基金的评审、管理和使用，开辟多种渠道，扩大基金来源，便于同国内外各种基金会组织进行交流与合作，经中国人民银行批准，民政部登记注册，中国博士后科学基金会于1990年5月30日成立。邓小平同志题写了会名。

中国博士后科学基金会的业务主管单位是人力资源和社会保障部。基金会实行理事会领导下的秘书长负责制，秘书长由理事会副理事长兼任，是基金会的法定代表人。

## （三）地方管理机构

在博士后制度实施初期（1985—1990），中国博士后的管理工作是以"二级管理"进行的，即全国博士后管委会办公室为一级、各设站单位为第二级。各设站单位可不经过其上级主管部门，直接向全国博管会办公室汇报工作，并接受各种管理和指导，从而形成了"扁平"式管理结构，有效地提高了管理效率。随着流动站和博士后人员的增加，诸如博士后人员的住房、出站后的工作分配、配偶借调和工作安排以及子女上学等需要地方政府支持和协调解决的问题越来越多。同时，北京以外地区的博士后人员都要到全国博管会办公室所在地办理进、出站手续的方式，在一定程度上影响了工作效率。1990年10月，全国博管会批准在吉林省进行博士后工作管理体制改革试点并逐渐推广。目前，在全国博士后工作组织体系中，大部分省市人事部门作为博士后组织管理系统中的二级机构，管理着当地的博士后工作。它们的主要职责包括地区发展规划和规范、日常管理和服务，财务管理、进出站手续、筹措资金、宣传，以及对设站和优秀博士后奖的申报提出推荐或审核意见等等。

## （四）博士后设站单位

博士后设站单位包括博士后流动站单位和博士后工作站单位，是博士后工作中的基层管理单位。博士后人员的人事、劳资、住房、科研经费、学术科研活动等管理工作都是由设站单位直接负责。设站单位的主要职责是制订本单位的工作规划和年度招收计划，负责博士后人员的招收、在站和出站管理工作，落实研究项目和科研经费，解决工资、住房等福利待遇，负责日常经费的使用和管理，组织申报、管理中国博士后科学基金资助金，组织申报"中国优秀博士后奖"并对申报者提出推荐意见等。

### 四、资助制度

中国博士后的资助主要包括申报科研项目获得资助和博士后进站的补助。作为博士后，既可以申请专门的中国博士后科学基金会的科研资助，也可以像普通在职教师或工作人员一样申请各类科研项目获得资助。

## （一）博士后创新人才支持计划

博士后创新人才支持计划简称"博新计划"，是人力资源和社会保障部、全国博士后管委会于2016年新设立的一项青年拔尖人才支持计划，旨在加速培养造就一批进入世界科技前沿的优秀青年科技创新人才，是我国培养高层次创新型青年拔尖人才的又一重要举措。"博新计划"结合国家实验室等重点科研基地，瞄准国家重大战略、战略性高新技术和基础科学前沿领域，通过个人申报、拟进站单位推荐、专家评审等程序，择优遴选一批应届或新近毕业的优秀博士，专项资助其从事博士后研究工作，争取加速培养一批国际一流的创新型人才。

## （二）中国博士后科学基金

中国博士后科学基金由李政道先生倡议、邓小平同志决策于1985年设立，是国家专门为在站博士后研究人员设立的科研基金，旨在促进具有发展潜力和创新能力的优秀博士后研究人员在站期间开展创新研究，培养造就一支高层次创新型博士后人才队伍。中国博士后科学基金经费主要来源于中央财政拨款。我国实施博士后科学基金资助制度，是一项富有远见的战略决策，对实施人才强国战略、培养博士后创新人才和促进高层次人才队伍建设具有独特的不可替代的重要作用。

中国博士后科学基金会目前主要开展面上资助、特别资助、优秀学术专著出版资助等工作。面上资助是给予博士后研究人员在站期间从事自主创新研究的科研启动或补充经费。由专家通讯评审确定资助对象。资助标准分为自然科学和社会科学两类。特别资助分为特别资助（站前）、特别资助（站中）两种类型。特别资助（站前）是为吸引新近毕业的国内外优秀博士进站，在自然科学前沿领域从事创新研究实施的资助。由专家会议评审确定资助对象。特别资助（站中）是为激励在站博士后研究人员增强创新能力，对表现优秀的博士后研究人员实施的资助。由专家会议评审确定资助对象。优秀学术专著出版资助用于资助博士后研究人员出版在站期间所取得的研究成果。资助领域为自然科学。专著编入《博士后文库》，有独立书号，由科学出版社出版。

## （三）博士后国（境）外交流项目

全国博士后管委会办公室负责开展博士后国（境）外交流项目资助工作，包括博士后国际交流计划（引进项目、派出项目、学术交流项目）、香江学者计划、澳门青年学者计划、中德博士后交流项目。

"引进项目"资助在国（境）外获得博士学位的优秀博士（包括中国籍和外籍）在国内博士后设站单位开展博士后研究工作，为期2年。资助经费由全国博士后管委会办公室、博士后设站单位共同承担。其包括在华从事博士后研究期间个人的生活开支、住房补助、社会保险及来华往返国际旅费等。

"派出项目"资助优秀在站博士后研究人员、应届博士毕业生到国（境）外高水平高校、科研机构、企业的优势学科领域开展博士后研究工作。资助经费主要用于支付其在国（境）外从事博士后研究工作期间的生活开支、住房补助、社会保险及往返旅费等。获选人员在国内派出单位从事博士后研究工作期间的工资待遇等由派出单位按照本单位博士后研究人员工资待遇有关规定执行。

"学术交流项目"资助优秀在站博士后研究人员赴国（境）外参加国际学术会议，开展学术交流活动。资助经费主要用于赴国（境）外开展学术交流活动的交通费、食宿费、会议费等。

"香江学者计划"由全国博士后管委会办公室和香港学者协会联合实施。每年选派内地博士到香港指定的大学，在港方合作导师的指导下，以港方大学合约研究人员的身份开展博士后研究，为期2年。资助经费主要用于支付获选人员在港期间的生活开支、住房补贴、保险及往返旅费等。

"澳门青年学者计划"由全国博士后管委会办公室和澳门科学技术协进会联合实施。每年选派内地博士到澳门指定的高校及科研机构，在合作导师的指导下，在澳门优势专业领域开展博士后研究工作，为期2年。资助经费主要用于获选人员在澳门期间的生活开支、住房补贴、社会保险以及往返旅费等。澳门培养单位协助提供自费的医疗服务计划，视情况提供学校宿舍（住宿费自理）。合作导师负责所有研究工作的其他开支（如消耗品、实验仪器、出差费用、出席国际会议经费等）。

"中德博士后交流项目"由全国博士后管委会办公室与德国亥姆霍兹联合会合作实施，每年选派新近获得博士学位的优秀青年科研人员赴德国亥姆霍兹联合会下属的研究所开展博士后研究工作，为期2年。资助经费可用于获选人员生活津贴、健康和意外伤害保险和差旅费用。

## 五、质量监控与评价 [①]

### （一）流动站和工作站的评估

博士后评估工作对我国博士后事业的健康发展具有重要的作用。通过评估来检查、引导和监督设站单位的博士后管理工作，是改革完善博士后管理制度，提高博士后培养质量的重要手段。评估对象为由人力资源和社会保障部、全国博士后管理委员会批准设立的流动站和工作站。

---

① 全国博士后管理委员会办公室，中国博士后科学基金会编. 博士后工作文件资料汇编：1985—2016［M］. 北京：中国人事出版社，2017.

### 1. 评估目的

评估旨在加强流动站、工作站建设，建立竞争机制，优胜劣汰，以评促建，提高博士后工作质量，推动博士后事业健康发展。评估工作遵循"客观、公正、科学、简便"的原则，依照规范的标准、程序、方法进行考核和评价。

### 2. 评估类型及内容

按照评估范围，评估工作分为综合评估和新设站评估两类，根据流动站、工作站的不同特点，专业和行业的不同特征实行分类评估。

综合评估每5年组织一次，评估对象为所有设立3年以上（含3年）的流动站、工作站；新设站评估每年组织开展一次，评估对象为设站时间满3年的新近设立的流动站、工作站。综合评估和新设站评估可以合并开展。综合评估主要考察流动站、工作站建设情况及博士后招收情况、科研情况、科研成果、产出的经济社会效益等。新设站评估侧重考察流动站、工作站博士后工作的制度建设、工作环境以及博士后招收和科研工作情况。

### 3. 评估程序及结果处理

评估工作分4个步骤进行：工作准备、数据采集与自查、数据汇总与核查、数据统计与评定。综合评估结果分为优秀、良好、合格、不合格4个等级。新设站评估结果分为合格、不合格2个等级。全国博士后工作管理部门对管理工作优秀的流动站和工作站进行表彰，对管理不善、评估不合格、不具备设站条件的流动站和工作站视情况给予警告、责令限期整改直至撤销设站资格，并向社会公布。撤销的流动站和工作站3年后方可重新申请设立。

## （二）博士后的日常管理及考核评价

### 1. 在站时间

博士后在站工作时间一般为2~4年。承担国家重大项目，获得国家自然科学基金、国家社会科学基金等国家基金资助项目或中国博士后科学基金特别资助项目的博士后，如需延长在站时间，经设站单位批准后，可根据项目和课题研究的需要适当延长。博士后总在站时间不超过6年。

### 2. 研究课题

博士后的研究课题和任务方向，应在力求结合设站单位承担的重点科研项目的前提下，由本人与合作导师协商确定。博士后必须按照确定的研究课题和计划专心致志地做好研究工作，如需改变研究项目和计划时，要征得设站单位同意。设站单位要鼓励博士后结合国家经济、科技发展的需要，结合设站单位学科建设和科研发展的重点提出研究方向和内容，支持博士后独立承担研究任务，在科研工作中培养博士后的独立工作、开拓创新、组织协调等综合能力。

### 3. 考核评估

各设站单位负责建立本单位在站博士后的考核指标体系以及博士后中期考核和出站考核制度，制定对博士后目标管理、绩效评价、奖励惩处等具体管理办法，对博士后进行定期学术考核。博士后的人事管理归属设站单位，设站单位应按照有关规定安排博士后参加单位的年度考核，并将考核结果记录在博士后的人事档案中。设站单位应与博士后签订协议，依照国家有关知识产权的法律、法规明确产权成果归属。博士后期满出站前，设站单位可以根据其在站期间的科研能力、学术水平、工作成果，对其提出专业技术职称评定意见或建议。

为了保证与提高博士后科研质量，各流动站和工作站都制定了详细的评价指标和评价程序。由于流动站和工作站的科研性质存在很大不同，甚至不同的流动站，由于学科与专业的不同，包括研究科研课题或项目属于基础性、应用性还是开发性等的不同，评价指标也会有很大的不同。在博士后评价制度中，除了一般性评估，博士后的科研评价是评估核心内容。

## 六、具体实践 [①]

### （一）江苏省：打造博士后集聚"强磁场"

江苏全面贯彻落实习近平总书记对人才工作的重要指示，聚焦卡脖子

---

① 人力资源和社会保障部、全国博士后管理委员会. 中国博士后制度实施35周年座谈会会议资料，2020.

关键领域人才培养，不断完善博士后工作体制机制，大力推进产学研深度融合。博士后工作为产业转型升级提供了强大动能，成为江苏人才工作服务经济社会发展的一张亮丽名片。截至2021年，建成省级以上博士后载体1461个、累计招收2.4万人、在站8003人，站均招收17人，平均在站率高达5.47；2019年江苏新当选两院院士中具有江苏省博士后经历的占比33.33%，创历史新高。博士后工作亮点纷呈，先后60余次登载在中国组织人事报、人民网、新华社、学习强国等主流媒体头版或显要位置。

瞄准关键少数，全力打造博士后人才"高峰"。紧紧围绕关键核心技术突破，聚焦创新型、战略型、国际化人才培养导向，在选才育才用才上精准施策。一是大力实施"万名博士后集聚计划"。江苏省政府办公厅专门出台《关于推动博士后工作高质量发展的意见》，明确提出要聚焦基础研究和高新技术产业、战略性新兴产业发展，实施"万名博士后集聚计划"，5年内再引进培养1万名博士后，并从创新人才集聚机制等四方面提出12条具体举措。二是主动延揽"高精尖缺"博士后。在省博士后招收资助中，对世界百强名校毕业生"不设名额，直接资助"，省财政累计投入3.06亿元择优资助2543名拔尖博士后，有力激发设站单位高端引才积极性。如江苏大学每年引进外籍博士后100人以上；网络通信与安全紫金山实验室刚升格为工作站，现已在9个前瞻性领域提出170个全球博士后引进需求。三是加大优秀科研项目资助力度。省财政累计投入1.65亿元对5862个战略性新兴产业和关键核心领域优秀博士后科研项目进行重点支持，许多已取得关键技术突破。如袁晓明博士后受资助的项目，实现消防变流量炮头国产化，摆脱对国外同类产品的依赖。四是畅通优秀博士后成长通道。建立博士后职称评审绿色通道，博士后可直接申报高级职称。坚持以用为本，指导设站单位用好、用活博士后。各地各设站单位对优秀博士后大多委以重任。如无锡法尔胜集团工作站赵霞博士后在全国首创桥梁工程智能缆索，破解行业重大技术难题，出站后直接出任该集团分公司总经理。

加大政策集成支持力度，有效激发博士后人才创新创业活力。全省上下联动、综合施策，博士后工作治理效能有效提升。一是率先建成省博士后创投中心。2017年新设省博士后创投中心，为博士后科研项目产业化提供服务，打通创新创业"最后一公里"，涌现了一批博士后创新创业典型。如江苏华益科技有限公司徐志红博士后，主持研发的成果使公司成为全球唯一能生产多种氢氧同位素的企业。新产品年销售额近8亿元，其本人是省有突出贡献青年专家、省劳动模范。二是率先开展示范工作站建设。从2015年起，连续5年开展示范工作站评选，建成示范工作站50家，从人才集聚培养、产学研融合等方面引导工作站对标先进，较好发挥了示范引领作用。三是完善政策配套体系。指导各地各设站单位根据地区和单位实际出台政策，基本形成覆盖省、市、县、单位的四级博士后政策服务体系。如南京大学推出"毓秀青年学者"计划，苏州大学优秀博士后年薪高达100万元；南京擎天科技有限公司工作站科研经费上不封顶；苏州给予企业建站资助近亿元。四是努力当好博士后"店小二"。创新建立优秀人才全球招募机制。定期召开新闻发布会组团向全球发布需求，在江苏人社官网、江苏人才信息港开设专栏，在"江苏人社"微信公众号开设"博士后集结号"连载引才信息。积极发挥省博士后协会桥梁纽带作用，组建博士后人才服务团，精简进出站手续，持续优化博士后服务体系。

## （二）上海市：启动"超级博士后"

2018年，上海市根据国家关于博士后制度的改革要求，在市委、市政府的领导下，为进一步加强优秀博士后人才的培养，助其专心、安心从事科研工作，启动了"超级博士后"激励计划资助选拔工作。到2020年，上海组织了三批"超级博士后"计划选拔，2018、2019、2020年分别选拔264名、370名、523名优秀博士后，累计资助3.33亿元。另外，每年还给予100名左右博士后2年16万元的日常经费资助。近三年市级财政投入博士后经费约为3.82亿元。

"超级博士后"计划实施三年以来，从实施成效看，在吸引留住青年科技人才、激发创新创业动力、完善人才发展体系、增强上海全球科技创新中心策源能力等方面取得了初步成效。

聚焦重点领域搭平台，成为博士后事业成长的助推器。在基础学科领域，激励博士后聚焦基础学科、前沿交叉学科取得新的突破，在国内外高水平期刊发表论文，抢占国际学术发展制高点。例如，中科院脑科学与智能技术卓越中心邓娟博士以第一作者身份在国际顶级期刊《神经元》上发表论文。据不完全统计，3年来，通过"超级博士后"资助，已有101人获得国家自然、国社科基金资助、45人获得博士后科学基金特别资助，以第一作者或通讯作者身份发表SCI、EI等高水平期刊论文768篇。在应用研究领域，激励博士后围绕"卡脖子"关键核心技术开展攻关。例如，上海交通大学刘莉博士实现了"华龙一号"核电项目核心部件汽水分离装置自主化研发，为国家项目出口海外做出突出贡献。3年来，获选人申请专利数121项、授权专利54项，制定或修订国家标准、认证2项，省部级领导批示多项，为技术创新、产业升级、城市治理等提供了"青春能量"，成为帮助上海持续增强创新策源能力的"新锐力量"。

打造近悦远来软环境，成为博士后在沪安居乐业的稳定器。修订《上海市博士后管理工作实施办法》，进一步为博士后进出站管理落户、子女就读、博士后公寓入住、人才计划申报等方面提供全方位支持。例如，对博士后及配偶、子女落户额度不设上限，承诺3日内办理完成。开放的落户额度、快速便捷的办理手续对吸引、留住优秀博士、博士后发挥了重要作用；鼓励市区两级的人才公寓向博士后人员开放，对全职进站的博士后人员，依申请提供上海博士后公寓；为本市博士后未成年子女在站期间就近入托入园、就读中小学提供协助；为进站时未将户口迁入本市的博士后在上海缴纳社保提供政策依据。

营造博士后引育良好氛围，成为扩大博士后工作社会效应的放大器。随着"超级博士后"计划的持续推进、获选人科研成果不断凸显，博士后工作的影响力在持续增加，科研环境得到明显改善。一是各单位博士后引育底气增强了。许多单位将该计划作为吸引优秀博士进站的有利条件，博士后在站人数大幅增加。2017年年底，上海市博士后在站4454人，到2020年11月底，增长到了6300人，3年增幅约为40%。不少单位设立了"超级博士后"计划初选机制，对获选人员还额外配套一定的科研经费，在申报各类人才计划、科研项目时对入选人员给予倾斜。二是关心、关注博士后事业发展的声音增多了。近年来，上海12333、12345服务热线接到博士后业务服务咨询事项明显增多，不少单位提出了设立博士后工作站的需求。三是形成了尊重、支持博士后的价值体系。不少单位的院士、首席科学家，主动报名参加"超级博士后"计划评审。部分获选人员出站后单位直接聘为副教授，为其配备科研团队。"超级博士后"计划持续释放的正能量，进一步激发了博士后的创新创造活力，从而为上海打响"四大品牌"、加快推荐"五个中心"建设打造一支千年后备队。

## （三）清华大学：扎实推进博士后工作

清华大学作为我国首批设立博士后科研流动站的单位之一，其博士后制度的建立和发展过程，与国家是同步的。30多年来，清华高度重视博士后工作和管理制度创新，设有50个博士后科研流动站，覆盖了11个学科门类，累计招收博士后13000余人，培养了一批国家急需的高层次创新型人才，在清华大学的科研进步与学科发展中也发挥了重要作用。主要做法如下：

打造人才计划品牌，吸引海内外优秀人才。学校先后实施了清华大学博士后支持计划和清华大学"水木学者"计划，并不断加强人才计划品牌建设。2019年开始实施的"水木学者"计划是清华大学重点打造的青年人才培养计划，依托清华大学顶尖的师资队伍和高水平科研学术平台，致力于培养具有强烈社会责任感和开阔国际视野的未来领军型学者。截至2020年，"水木学者"计划已有200余人入选，其中1/3来自世界知名大学，其中不乏来自哈佛、剑桥、麻省理工等世界顶尖名校的优秀博士毕业生。例如，2019年入选的Sungha Kimlee（金李昇），本科毕业于杜克大学，博士毕业于哈佛大学，毕业后更是得到了竞争激烈的哈佛大学和博古睿研究院的讲师席位，2019年来到清华大学从事博士后研究工作。

加强培养与激励，建立全方位的培养与激励体系。学校开展博士后岗位培训、学术交流、基金讲座等多种形式的活动，为博士后各方面能力与综合素质的提高创造条件，并通过考核、优秀博士后评选、职称评定等措施，激励博士后潜心科研、扎实工作。此外，支持博士后参加高水平国际学术会议，鼓励博士后积极走向国际学术舞台。

充分发挥校友资源优势，形成合力共同发展。2010年清华大学成立了全国首个博士后校友会，极大地提升了博士后队伍的凝聚力，增强了认同感。2010年起，每年校庆期间，如期举办"清华大学博士后创新讲坛"，这已成为清华大学博士后的一个品牌活动。

### （四）北京理工大学：机制创新培引倍增

北京理工大学始终紧随党中央的决策部署，以"科技强国""国防报国"之志，为党和国家的科研事业和人才培养栉风沐雨，砥砺奋进。"十三五"以来，紧密围绕学校"双一流"建设目标，在全面推进人事制度改革，努力造就一支师德高尚、业务精湛、潜心育人的一流师资队伍的过程中，学校始终高度重视青年后备人才的储备，把打造一支学术和科研功力扎实、创新能力卓越的博士后队伍作为一项重要任务。

优化顶层设计，加强制度引领，打造"北理品牌"。学校于1985年首批设立了博士后流动站，历经30多年的建设与发展，目前共建有22个博士后科研流动站。学校受邀参加2018年6月20日在北京举办的"首届中国博士后制度校长论坛"并做专题报告。北京理工大学积极响应和落实国家《关于改革完善博士后制度的意见》，近年来，不断创新博士后人才培养机制体制，始终"以解决制约博士后研究人员发展的重大问题为导向、以提高博士后研究人员培养质量为核心、以增加博士后研究人员'幸福指数'为牵引"，逐步加大科研平台、福利待遇、服务保障等各方面的支持和投入，探索建立一支适应新时代中国特色、敢为科技创新排头兵的博士后研究人员队伍，努力实现博士后人才培养的跨越式发展，全力打造"北理博士后"的人才品牌。流动站始终坚持瞄准国家重大战略需求、世界科技前沿，坚持人才优先，培养了一批活跃在各个领域的领军人才。

2016年以来，学校陆续实施了"博士后倍增计划"和"强基增量"后备人才工程，重点围绕"完善岗位类别""畅通发展通道""宽带薪酬待遇"等关键问题对博士后制度进行优化，先后出台了《北京理工大学关于推进博士后人才队伍建设工作的实施意见》《北京理工大学博士后管理办法》《北京理工大学优秀博士后评选办法》等系列文件，为博士后队伍的快速发展提供了制度保障。

为满足高层次人才及青年骨干教师团队建设、思政队伍建设及思政青年人才培养等不同需求，学校先后设立了"科研岗""团队岗"和"思政岗"等博士后岗位；2019年，面对一流大学建设的迫切需要，学校增设了"特立博士后"岗位，面向世界一流大学的优秀博士毕业生，实行宽带薪酬，进行教职贯通式培养，打通博士后发展晋升的成长通道。通过一系列的岗位设置，充分激发了这支年轻队伍"人尽其才"的内生动力。2016年至今，学校累计招收博士后研究人员近700人，具有1年以上海外高校留学经历者占总人数的比例逐年递增，从5%提高至17%；招收人数实现倍增。

同时，为表彰博士后研究人员在学术研究、科技创新和学校发展中取得的突出业绩，激发在站博士后工作的积极性和创造性，促进优秀人才脱颖而出，学校自2018年起设立"北京理工大学优秀博士后"奖励。该奖励已成为"北理品牌"之一，在广大博士后青年学者中得到了广泛的关注和高度的评价。

2017年，为进一步提供全面的生活保障，增强博士后研究人员在校工作生活的"幸福感"，学校与房山区人民政府推进战略合作，筹集投入1.27亿元，启动建设2栋博士后公寓楼，总建筑面积超过2.4万平方米，共计270间，配备全新家具家电，达到"拎包入住"标准，已在2021年建成并投入使用。与此同时，为给予博士后研究人员更具竞争力的薪酬待遇，学校逐年增加博士后队伍建设的预算保障额度。其中，2019年经费预算增量超45%，而在2020年全面预算紧缩的情况下，学校依然将增量上浮了15%，为吸引优秀青年学者加盟学校提供了坚实的保障。2019年年初，学校还设置了博士后管理办公室，配套专职管理编制，全力保障博士后队伍建设，提升管理服务水平。

依托重大项目，营造一流氛围，打造卓越师资。近年来，学校以院士、长江、杰青、型号总师、重大科研项目负责人等高层次人才为核心，依托学校"双一流"重点建设的"5+3"学科群、国家重点实验室、前沿交叉研究院等平台，在"大师+团队"的培引机制下，助力博士后研究人员快速成长。

学校先进结构技术研究院自2015年建院以来，累计招收博士后研究人员34人。目前研究院共61人，其中博士后人员24人，占比超过1/3。2018年、2019年团队连续获批的重点基础研究项目、重大专项等，总经费超亿元，其中博士后研究人员在各项目的基础研究、技术创新等方面起到了重要的科研攻关支撑作用。2019年，学校增设了北京理工大学特立博士后岗位，主要面向学术业绩成果突出，具有较强发展潜力的一流大学博士学位获得者，实行贯通式培养，取得了明显成效。例如，学校聘用的首位特立博士后在站期间，针对考虑真实几何特征的平纹编织复合材料与结构、增材制造材料与结构的力学性能评价方法展开了大量的研究，获得了2019年"博士后创新人才支持计划"和中国博士后科学基金面上项目（一等）的资助；以第一作者、通讯作者身份发表顶级期刊10余篇，在增材制造过程中，发现了合金原材料的微观结构对热传导行为的影响规律，成果发表在传热领域国际顶级期刊上，提出了三维数字化重构粉末颗粒完整性评价方法，联合起草了首个国家检测标准《增材制造金属粉末的空心粉率评定方法》。北理工博士后正在以跨越式实现量质双提的高速发展，博士后研究人员已成为学校科研队伍的有生力量。

充分利用媒体，创新招聘模式，广泛提升影响力。随着信息技术的不断发展，人力资源部利用新媒体手段，不断开拓宣传平台，推出了"北京理工大学博士后"微信公众号。通过公众号发布博士后研究人员招收简章，普及博士后制度建设最新政策，助推博士后基金及人才项目申报，宣传优秀博士后典型事迹，并为院系、团队、导师量身定制宣传方案，扩大招聘宣传范围、提升影响力。该举措在主题教育期间被"学习强国"平台进行了专项报道。

同时，人力资源部主动走出校园，在全国各高校中首次进行博士后专场招聘宣讲会。例如，2019年累计举办22场宣讲会，吸引了近千名博士生参加，其中清华大学、北京大学专场招聘宣讲会吸引了来自清华大学、北京大学、帝国理工大学、伦敦大学学院等近20所国内外知名高校的200余位优秀青年学者参加。

### （五）鹏城实验室：培养前沿技术领域青年高层次人才

鹏城实验室始建于2018年3月，总部位于广东省深圳市，是我国网络通信领域国家战略科技力量的重要组成部分，主要研究方向是网络通信、网络空间和网络智能。自成立之初，实验室就希望能尽快拥有博士后工作平台，打造一支博士后为重要成员的前沿科技创新生力军。2018年11月，在人社部、广东省人社厅和深圳市人社局的大力支持下，实验室获批设立为深圳企业博士后工作站分站；2019年12月，经全国博管办批准同意，获得独立招收博士后的资格。两年多来，鹏城实验室博士后工作以"深圳速度"实现了跨越式发展，在站博士后初具规模，各项工作取得了一定成效。

筑巢引凤，以重大科研任务攻关和重大科技基础设施建设为牵引，高质量打造博士后人才培养集聚平台。鹏城实验室承担的主要使命是聚焦服务国家宽带通信和新型网络战略，服务国家粤港澳大湾区和中国特色社会主义先行示范区建设。按照这个定位，实验室陆续汇聚了30余位院士，累计安排科研经费预算达60余亿元，先后布局了8个重点项，如"未来区域网络试验与应用环境"项目、"海洋立体通信网络示范验证平台"项目、"人工智能赋能重大应用"项目等；倾力打造了"鹏城云脑""城云网""鹏城靶场""鹏城生"等4个重大科技基础设施，为博士后的引进、培养提供了强有力的平台资源支撑。博士后在实验室可以投身比较前沿和高端的课题项目研究，使用最先进的实验设施，同时接受院士等顶尖科学家的悉心指导，这对于正处在学术成长期的博士后青年人才是非常具有吸引力的。目前，实验室已招收网络通信、网络空间、网络智能等领域博士后75人，他们大都毕业于清华大学、北京大学、香港科技大学、东京大学等海内外一流高校，30%的博士后具有海外留学或访学经历。未来5年，鹏城实验室将充分发挥国家科技战略平台作用，规划每年招收500名左右博士后进站。重大科研任务攻关和重大科技基础设施建设等平台吸引了大批优秀的博士后，这些博士后的加入又提升了科研水平、加快了平台发展，实现了平台建设、博士后培养双促进的良性循环。

合力引才，以管理制度和培养模式创新为抓手，充分发挥部、省、市、实验室四层面博士后政策体系效能。鹏城实验室在吸引集聚博士后青年人才过程中，特别注重发挥人社部、广东省和深圳市的各项政策优势，形成国家、省、市、实验室四个层面的博士后支持链条。部、省、市、实验室四级政策叠加，对博士后人才产生了"1+1+1+14"的强大吸引力。首先是国家层面，为更好地发挥博士后制度对科技创新和高层次青年人才培养的作用，国家人社部相继推出中国博后科学基金制度、香江学者计划、博士后创新人才支持计划、博士后国际交流项目、中德博士后交流项目等一系列重要举措。鹏城实验室目前已有52%的在站博士后获得中国博后科学基金资助，2020年度首次申报就有3人入选国家博士后创新人才支持计划，1人入选国际交流派出计划。上述项目（基金）的支持对促进实验室博士后学术成长起到了至关重要的作用。

强化保障，从博士后青年人才需求最迫切的地方入手，营造潜心科研环境。除大平台、优政策外，鹏城实验室还注重营造良好的学术氛围。如成立了博士后联谊会，定期组织博士后联谊活动，积极举办博士后论坛、博士后下午茶活动等形式多样的学术交流活动，促进博士后之间的交流互动，加强博士后与社会各界的科研界合作，拓宽博士后视野，激发博士后的创新思维。同时，鹏城实验室还不断加强对博士后们的后勤保障，已在位于深圳南山区2039亩的未来园区中启动建设首批1500多套、未来总共规划建设800套50平方米到200平方米的人才公寓，博士后等人才可拎包入住；在园区附近规划建设一所九年一贯制中小学校，全面解决博士后等青年人才子女入学的后顾之忧。

# 第四节　中外博士后制度的共性与差异①

## 一、共性

虽然各国博士后制度的起始时间不同，起因、形式与模式各不相同，但不管是已有100多年博士后发展历史的美国，还是只有20余年"特别研究员"经历的日本；无论是以洪堡基金等形式支持的德国博士后制度，还是以松散形式存在的加拿大博士后制度，与我国的博士后制度相比，都有一些共同之处，主要表现在以下三方面：

### （一）培养目的相似

美国博士后制度建立最初的目的有两个方面：其一，培训青年学者；其二，推进科学研究。因此，许多大学间接地奖励或适当地鼓励科研工作，很多基金会提供巨额的基金和设备来支持科研、训练学生的研究方法和研究精神。日本虽然建立有"特别研究员制度"，但其宗旨十分明确，即强化基础学科研究和推进独创的尖端的学术研究，同时培养具有丰富创造性的年轻研

---

① 刘宝存，袁利平. 博士后制度的国际比较［M］. 北京：党建读物出版社，2016.

究人员，以充实各大学和研究机构的研究力量，培养能担负未来日本学术研究、具有国际视野的富有才华的研究人员。我国实行博士后制度是为了培养和选拔一大批高水平的年轻科技人才和学术带头人，促进人才合理流动和学术交流，避免学术上出现"近亲繁殖"的现象，减少高水平人才外流，争取留学博士回国工作，满足科研、教育和经济发展对人才的需求。

### （二）具有流动性

博士后是具有一定研究能力的博士毕业生临时研究工作的一种职位。其设置目的是使一些取得博士学位的人员在未正式得到固定工作前，继续接受教育并获得科研经验。因此，各国均不允许博士后在站无期限地工作。如美国耶鲁大学规定不允许教授雇佣博士后超过6年。法国博士后在站时间一般为2年。我国博士后政策规定一名博士后正常在站2～4年，最长不超过6年。

### （三）资助经费多样化

博士后资助的投资主体和利益主体的多元化是博士后制度的重要特点。美国经费来源有三大类：一是博士后研究基金；二是联邦政府的培训拨款；三是研究经费，包括政府、工业界、有关基金会、国外有关科研教育机构、私人捐赠等。如第二次世界大战后，美国政府就投入了大量的研究经费，实施博士后训练和研究项目的资助。德国设立了资助博士后的洪堡基金会，其95％的经费来源于政府的各部，社会赞助仅占5％。我国博士后经费来源有多种：一是国家财政拨款；二是教育部等机构的经费投入；三是地方政府投入；四是设站单位自有资金投入等。

## 二、差异

由于各国的社会制度、历史文化传统、国情、管理体制、科技和教育发展状态等方面的不同，各国博士后制度及其发展过程也存在相当大的差异。主要体现在博士后制度层面、经费资助、管理模式和发展基础及未来发展方向等方面。

### （一）制度层面

在美国，博士后制度直接起源于研究型大学的发展。可以说，美国的大学开展科研工作的历史也就是博士后研究的历史。它是自发形成的，社会上没有统一的评价标准、国家也没有制订统一政策文件，也不存在政府的归口管理部门。有人认为美国并不存在有体系的博士后制度。实际上，美国的博士后得到政府、高等学校、研究机构的承认，并颇具规模，也形成了一套为大多数人认可的大同小异的做法，美国国家科学基金会和国家研究理事会对博士后的定义和数据统计有比较严格的概念，但由于没有明文规定，因此其边界模糊、形式较为多样化。各单位对博士后人员的解释也不尽相同。博士后人员往往由于不同的原因而获得博士后资格，他们各自的权利和责任不同，有的得到选择研究课题的自由，有的则作为研究助手，有的授课并指导学生，有的则学习一些课程。博士后的分类和叫法也各不相同。正是由于这些特点，美国国家研究理事会在1969年以"无形大学"来概括和说明博士后的这种情况。德国、法国和日本都没有明确的专门的博士后制度的法规。我国的博士后制度是政府推动的产物，为了顺利推行博士后制度，政府制订了一系列完整的政策法规，建立了相对独立的一套组织机构。政府主导作用促进了我国博士后事业早期的快速发展。但这种管理模式的弊端也是十分明显的：管理过于僵化，不利于设站单位积极性与创造性的发挥。

（二）经费资助

博士后资助的投资主体和利益主体的多元化是美国博士后。以前，博士后人员大多从国家和学校的各种基金中取得经费支持。进入70年代后，经费资助来源趋于多样化，并形成了三大类型的资助来源：博士后研究基金、联邦政府的培训拨款和研究经费。日本的"特别研究员"制度实行的是政府计划模式，博士后可以申请"科学研究补助金""特别研究员奖励金"等。在欧洲，各个国家博士后制度实行的是以政府主导的多元化投入模式，该模式借鉴了美国的多元化博士后经费投入方式，在加大政府经费投入的基础上，不断增加社会投入力度。如法国主要是以法国教育部和法国科学研究中心提供经费，通过在大学里设置明确的博士后岗位并由各大学负责管理。法国科学研究中心与企业签订协议，由企业提供资助和要求，来保障博士后经费投入。德国则是主要通过设立一系列的奖学金为博士后提供经费支持。

自我国实施博士后制度，就产生了国家财政拨款提供博士后经费模式。

国家对博士后经费的投入主要分为：博士后日常经费，主要用于博士后研究人员的生活费用；博士后科学基金，用于博士后研究人员科研资助和科研启动。同时，为了进一步培养博士后创新能力和科研能力，从2007年开始，中国博士后科学基金会对在站期间取得重大科研成果和研究能力突出的博士后研究人员实施特别资助，2016年开始实行博士后创新人才支持计划，目前获资助者每人资助金额63万元。另有博士后基建经费，用于建造博士后公寓。公寓建设采取中国博士后基金会、地方政府和有关单位联合筹资的办法，采取租赁的形式供博士后研究人员使用。

除国家财政投入外，全国博管会还适时制订一些鼓励政策，调动各方面的积极性，使各地区、部门、设站单位、企业都成为投资者，形成各种社会力量共同参与的良好局面。目前，在直接投入博士后事业的经费中，各级地方政府、部门、设站单位与企业的投入已超过50%。在招收方式上，由国家资助招收，发展到自筹经费招收、依托项目招收、企业招收等多种形式。许多地方、部门和单位，也设立了多种形式的博士后科学基金，用于支持本地博士后事业发展。

### （三）管理模式

美国的博士后管理已形成自我约束机制，它在形式上不拘一格，其管理方式和方法也各有千秋。例如，政府部门内的博士后与大学的博士后就有许多的不同。总体上看，美国的博士后在管理上较宽松，注重竞争和自我约束，具有积极性和能动性。美国对博士后没有公认的质量标准，没有复杂的评估和考核体系。大学和研究机构管理层的作用只是审核博士后人员的资格和监督博士后人员的工作期限，防止无限期雇用一个博士后人员，其余的各项管理均由教授负责。招收博士后的数量由市场来调控和约束，博士后积极努力的工作，主要在于期望通过自己的研究成果，获得教授们的良好评价和推荐，以便找到合适的固定工作岗位。法国、德国和日本的博士后管理则表现在基金资助管理上。

在我国，实行从政府到设站单位到流动站的分级管理模式，政府部门定期考评博士后设站单位，具有严格的评估指标，如达不到要求政府可取消设站单位招收博士后资格。博士后是各单位"流动编制"的正式职工，由国家统一管理，虽然享受各设站单位正式职工的待遇，但是必须参加各设站单位的博士后进站、中期、出站考核，由设站单位管理部门制订考核方案，博士后合作导师及所在二级单位对博士后进行考核，政府对博士后的招收、户籍迁移、科研管理和监督、工作分配等制订了一系列的管理规定，但缺乏充分竞争、自我约束的管理机制。

### （四）国际化程度

美国博士后国际化水平是目前所有国家中最高的。出于科研经费充足、有较高水平的课题和优秀指导教授，科研环境宽松和生活条件舒适，美国博士后吸引了许多国外博士人才。据统计，在所有国家中，中国籍博士后是美国外籍博士后人才队伍中人数最多的。

近年来，欧盟特别强调通过推动以培训为目的的跨国人才流动、专门技能开发以及知识转移，支持欧洲形成丰富的、世界一流的人力资源，并强调在欧盟层面推动这项行动的重大影响。一是全面支持大学和研究机构、完善有关人员流动的管理机制、给予支持人才流动的国家和地区以及优秀人才以财政支持和奖励。在欧洲，博士后的资助方式有别于美国，他们是研究机构中的项目聘用人员，其研究经费大都来自政府的研究基金和奖学金。二是让外籍科学家广泛参与科研和管理工作。以德国马普学会为例，目前在马普学会进行学习和研究的博士后有2/3是外籍。外籍科学家广泛参加马普的科研与管理工作，被认为是马普取得高水平科研创新成果最重要因素之一。三是拿出专项资金资助优秀博士到外国从事博士后研究。英国、法国、瑞士等国家都设有专门的资金，用于资助本国博士后和优秀研究人员到美国、日本、德国等国家学习和交流访问。

### （五）未来发展方向

从博士后制度发展方向上来看，近年来世界各国的博士后制度都在不断地发生着改革与调整。美国博士后制度走的是招收机构自行管理、自我约束、自主发展的道路，受科学研究的发展和市场机制的调控较大，但近年来也出现了把博士后制度上升为国家层面的呼声。同时自然科学领域依然是美国博士后研究重点，从中取得的成就也最大，虽然社会科学、行为科学和人文科学领域也取得了一定成就，但受益很小，因此，自然科学领域仍然是美国今后的发展重点。由于日本已经进入老龄化社会，国家对年轻科技人员的培养和使用非常重视，进一步加大了经费投入和博士后国际交流力度，不断吸引和凝聚国外的优秀人才来日本学习、工作。从近年来日本的政策调整来看，这方面的力度在不断加强和扩展，成为日本未来发展的坚实基础和可靠保障。德国、法国、加拿大等国的博士后制度也同样进行着类似的改革与转变。

在中国，博士后制度依然是政府主导的工作，从未来发展的角度讲，更多的依然处于完善制度、优化管理的阶段。从最近几年国家出台的一系列政策、文件中，可以看到，国家正在积极转变思路，从宏观上把握博士后发展本质，力求探索一种适合我国国情的博士后制度。

# 第五节　博士后制度面临的挑战与思考

## 一、我国博士后制度面临的挑战

### （一）不能有效适应市场经济发展的需求

市场经济的快速发展，带来了我国经济社会发展各个方面的深刻变革。而我国的博士后管理模式、规章制度很多仍延续着博士后制度确立之初的做法，政府在博士后管理方面存在着管得过多、管得过死的现象。一是管理权限全部集中在国家人力资源和社会保障部及各试点省（市）的人事部门，基层人事部门和设站单位缺少工作抓手；二是国家对申请入站的博士的年龄、获得学位的年限、进站后的工作形式等做了规定，并且设站单位招收博士后要承担的附带内容太多，每招收一名博士后要解决户口、子女入学、住房、配偶安排等一系列问题，严重束缚了博士后工作的开展。尽管在2006年有过一次较大的变革，但从整体框架上来看仍然没有摆脱计划经济的束缚，成为阻碍博士后事业发展的重要因素。

在1998年中国进行的第三次政府机构改革中，原人事部专家司博士后处的部分属于事务性工作的职能、任务划转到中国博士后科学基金会，并在中国博士后科学基金会内成立"博士后评估与服务处"承担划转的工作。从博士后评估与服务处成立到今天已经10多年的时间，随着国家经济体制改革进程的不断加快，市场主体具有了越来越多自主性与独立性。与此同时，在这些年里，中国博士后设站单位和博士后人员的数量又出现了大幅的增长。与之不相适应的是，符合市场经济体制的博士后工作管理手段迟迟没能建立，政府博士后工作管理部门陷于频繁的设站评审和繁重、琐碎的博士后人员进出站审批事务中。在目前的行政管理工作中，一方面，国家仍不愿彻底放弃传统的行政审批的管理模式；另一方面，市场主体越来越多出现摆脱行政管理的做法。在庞大的市场面前和经济体制改革的趋势下，政府传统的行政审批模式显得苍白无力，行政管理能力逐渐被削弱。照此下去，如不建立起适应市场经济体制的博士后工作管理模式，市场最终将会淘汰政府在博士后事业中的作用。

### （二）经费投入成为可持续发展的瓶颈

要保证我国博士后事业的发展，资金来源是必须进行解决的问题。这种资金来源要求有以下三个基本特点：多元性、稳定性和增长性。其中，增长性是核心属性。不但要保证总体规模的不断增长，还要保证培养一个博士后平均费用的增长，只有这样才能实现博士后事业长期稳定的发展。而从目前情况来看，我国博士后工作经费投入不足已经成为一个亟须解决的问题。

目前，除了国家为数不多的经费投入外，博士后所需经费主要由设站单位来负担，特别是在企业博士后科研工作站中，几乎完全是由企业来承担。企业不但需要负担博士后项目所需的科研经费和日常管理经费，还要负担博士后的工资福利、住房等，同时还需要向合作的流动站单位支付专家指导费、行政管理费和科研设备使用费等。尽管设立博士后科研工作站的企业一般都属于大中型企业，但由于目前都处于快速发展时期，资金本身就非常紧张，能够用于科研的经费比例不高，投入博士后工作的资金则更加有限。

在博士后科研流动站中，高校、科研院所的经费投入也非常少，通常是靠自筹资金来维持，包括以下四个部分：（1）合作人的经费；（2）课题组的科研项目经费；（3）博士后研究人员自带的经费；（4）上级主管部门、地方政府和设站单位的经费。从近几年的调查来看，这四项自筹经费的比例分别为54%、28%、4%和14%，这说明合作人的经费和课题组的经费是自筹经费的主要构成部分。这也造成博士后工资待遇偏低，科研积极性降低。当然，在上海、北京、江苏、广东、山东等经济发达、博士后站发展迅速的地区，一部分博士后站经营状况比较好，例如之江实验室、鹏城实验室，博士后人员的收入能够达到每月2万元至5万元，同时享受正式职工的其他福利待遇，并有住房和相应办公设施、设备，另还配有30万至40万的科研经费，但这部分在整个博士后研究人员中占比还是非常有限。

在当前创新型社会的大背景下，博士后站发挥的作用越来越明显，基础性、前瞻性、战略性研究项目不断增多，很多项目对设站单位甚至国家今后几十年的发展都将起到极大的促进作用，但是因为经费问题，很多企业有心无力，难以抓住竞争制高点，失去了很好的发展机会。

### （三）质量监控与评价机制不够完善

当前，由于缺乏完善的博士后质量监控与评价机制，各个国家都把完善相关机制作为当务之急。

首先，应该建立良好的质量监控机制。质量监控包括对博士后培养单位的质量监控以及对博士后培养的质量监控。国家应建立全国性的博士后监控机构，制订博士后培养单位资质标准，依照此标准对博士后培养单位进行资质审核以及定期考核。此外，监控机构还应对博士后培养质量进行监控，明确博士后进行研究工作时应承担的责任以及不能进行的违规事项。

其次，要建立完善的评价机制。评价包括准入评价、过程评价与结果评价。在准入评价上制订招聘博士后的基本标准，这是各个培养单位招聘博士后的参考底线。培养单位、博士后、资助主体以及第三方评价机构定期对博士后研究工作进行评估，应形成一个明确的博士后出站评价标准，使得对博士后进行评价时有章可循。

最后，应加强对博士后群体的后续跟踪，关注博士后的研究状况以及发展情况，合理分配各个专业与各个地区博士后数量。

评估博士后培养效果一直是个"难题"。全国博士后管理机构、各个设站单位的管理人员一直希望能够找到有效评估博士后培养效果的方法，许多管理人员试图提出一些相当具体的评估量表，以期通过博士后招收、在站管理方面、出站管理方面进行质量控制，但是这种努力一直并不理想。当前，在博士后科研流动站中，大都将博士后申请课题和发表论文数量作为考核评估博士后的重要指标，对博士后站的评估则从招收博士后研究人员人数、承担的课题数量、管理体系建设等方面进行，难以全面反映博士后站建设和培养情况。

从本质上来说，博士后研究人员的研究课题一般来说是相当独立的领域。实际上，行政管理很难深入工作站、流动站的具体实践中。所以，政府博士后管理机构不具备评价博士后研究课题价值的能力。当然，也可能有人提出这样的问题：能否通过必要程序来保证博士后最低限度的培养效果？将国内外比较成熟的学术规范正规化以保证博士后培养质量，是否就能够达到预期目标？这是一个需要深入研究的理论问题。无论如何，这些程序性要求对于博士后培养只有次要价值，它不能保证最优秀科研成果的产生，还需要不断深入地去研究和探索。

### （四）国际化程度不够高

从美国、日本、德国以及中国博士后制度分析可以看到，各个国家都非常重视博士后培养国际化。美国有着全世界最佳的高等教育资源与优良的科研条件，吸引了全球优秀的人才去美国从事博士后研究。美国政府、大学和科研机构以及基金会给予他国赴美的博士后资金资助。日本学术振兴会开展"海外特别研究员制度"，提供丰富的资助鼓励本国优秀研究人员去往国外一流大学或科研机构进行博士后研究工作。此外，日本政府还设立了各种长期和短期项目吸引外国优秀研究人员到日本进行科研工作、与日本科研人员进行交流。德国也推出了相关项目鼓励研究人员出国交流，并推出回归项目，给予回国进行博士后研究的在外本国优秀科研人员以丰厚的资金资助与良好的科研环境。

我国最早招收外籍博士后开始于1988年。1988年全国博士后管委会《关于当前博士后工作若干问题的通知》规定，为促进国际学术交流，提高我国实行博士后研究制度的地位，并扩大其影响，允许少数条件具备的建站单位在原批准的国家资助名额内招收少量外籍博士进站做博士后。根据中国博士后科学基金会进出站的统计资料显示，至2020年，自1985年我国博士后创建的35年间，我国累计招收外籍博士后不到1000人，占博士后招收总人数的0.001%。尽管2000年以来，招收外籍博士的数量每年均有所增加。但是，2000年以来正值我国博士后招收规模扩大的时期，外籍博士后人数占进站总人数的比例，并没有增加，反而偶有下降趋势。招收外籍博士后规模与我国经济社会发展的水平不相适应，与发达国家相比，更是存在很大差距。另外从招收外籍博士后区域分布来看，主要是以巴基斯坦、印度、伊朗等亚非地区的博士为主，来自欧美国家的博士后少之又少，外籍博士后招收的来源和领域受到极大的限制。提升我国博士后国际化水平任重而道远。

## 二、我国博士后制度发展道路的思考

### （一）弱化政府主导，重点从宏观调控着手

我国博士后制度受国情的影响，从初创阶段就体现了浓厚的中国特色，如博士后的迁移户口、家属工作安排、办理子女随迁、落实待遇、确定进站条件、区分国家资助和自筹经费、进出站审批等等。政府在博士后制度的发展过程中，不仅充当着"家长"的角色，还兼着"运动员""裁判员"的角色，这就造成了博士后工作的政府主导地位，影响了设站单位和博士后研究人员的积极性和主动性。从博士后制度实施以来，我国的博士后制度就一直进行着探索和改进工作，坚持"在改革中创新，在创新中发展"的原则，主动适应社会主义市场经济建设的实际需要。但是，相对于国外的博士后制度而言，我国的博士后制度在管理模式上还存在一定的局限性，成为发展过程中的一大羁绊。

国家各级博士后工作管理部门应放开管理权限，只负责制订总体发展规划，负责流动站和工作站的审批、评估和督导等宏观管理，加强服务，为博士后搭建各类平台。博士后科研流动站和工作站是博士后工作的主体，它们最了解博士后工作中的具体问题，应给予各设站单位更大的自主权，充分发挥它们的积极性和主动性，它们才能根据自身的需要解决遇到的各种问题，创造性地开展工作，开辟博士后工作的新局面。

## （二）建立多元投入，保障稳定可持续发展

政府财政支持是我国博士后制度的一个特色。但是，随着设站数量和进站博士后数量的快速增加，博士后经费缺口越来越大，博士后经费供需矛盾已成为制约博士后事业发展的一个重要因素。博士后制度建立以来，虽然国家给予了很大的资金投入，但随着博士后事业的发展，博士后招收规模不断扩大，单靠国家的投入是远远不够的。应充分调动社会各主体的积极性，逐步建立各级政府、设站单位、社会相关利益主体等多元投入的新格局。

从政府和设站单位而言，一方面，各地区的博士后工作主管部门要根据本地区人才培养需求，采取设立专项资金、项目奖励、招收激励的方式，确立与国家投入相匹配、与地方经济社会发展相适应的投入机制；另一方面，设站单位要结合本单位自主创新能力建设、学科建设和人才队伍建设的实际情况，有重点、有针对性地加大对博士后工作的投入，从课题经费、试验设备、后勤保障等方面提供可靠保障。对合作导师及博士后本人而言，可以根据实际情况积极申请科学基金等相关资助项目。最后，采取冠名、联合培养、成果共享的办法，引导各类社会资金和投资主体参与博士后站建设，探索建立以企业和社会投入为主、政府资助为辅的多层次、多元化投入机制，保证博士后事业持续蓬勃发展。

此外，我国还应健全博士后资金评审机制，提高博士后资金的使用效率。进一步完善我国博士后经费财政拨款方式，引入绩效预算机制，对设站单位经费使用的效益、效率、人才培养质量和科研成果质量进行评估，促进财政拨款与绩效挂钩。

## （三）明晰培育目标，强化产学研深度结合

博士后制度必须要为经济建设和社会发展服务，否则博士后制度也就失去了生存的土壤。但当前我国很多博士后科研流动站更注重理论培养的基础研究，很多研究成果无法得到转化或推广。因此，要使我国博士后制度健康、快速地发展，必须根据我国的国情因地制宜探索和发展不同层次、不同水平的科技与生产结合的具体形式。一方面，要积极引导博士后科研流动站调整研究领域，充分发挥流动站的资源和成果优势，主动向经济主战场靠拢，密切关注地方支柱产业和骨干行业发展趋势，不断适应发展需求。另一

方面要发挥企业作为创新主体的作用，主动承接技术和成果的转移，形成产学研结合的整体优势，使博士后制度成为科技创新的孵化器和助推器。

### （四）推动内外联动，变自主发展为"内推外引"

博士后内外联动，包括博士后制度的内部与外部的交流，还包括中国博士后与国外博士后的交流。坚持"推出去"和"引进来"相结合，以开阔的世界眼光和高度的战略思维，主动把我国博士后工作放到全球化的国际格局和视野中去谋划、开展，以更加积极的姿态参加国际人才竞争。

一方面，吸引留学博士、港澳台博士以及外籍博士尤其是欧美发达国家的博士到我国从事博士后研究；另一方面，积极搭建中国博士后国际交流平台，对有潜力的年轻博士后，要支持、鼓励他们走出去，资助他们到一些发达国家和地区做长期、短期访学，支持他们参加高端国际学术会议，就国际科技前沿的重大问题与国外优秀科学家进行交流和对话，让他们在高水平的国际交流中开阔学术视野，掌握科技发展最新前沿动态。

目前全国博士后管委会先后启动了博士后国际交流计划引进项目、派出项目、学术交流项目、引进项目"香江学者计划""澳门青年学者计划""中德博士后交流计划""中韩博士后交流计划""接收非洲国家科研人员来华开展博士后研究项目"等，极大促进了我国博士后的国际交流。我国可以进一步将此类模式扩展到更多的国家和地区，增设更多的博士后国际交流资助项目，尤其是与国际一流研究院所的合作，例如，启动"中美博士后定向交流计划""中法博士后定向交流计划"等。

# 参考文献

## 一、论著类

[1] 李忠民，睢党臣. 人力资源管理概论［M］. 北京：科学出版社，2012.

[2] 董克用. 人力资源管理概论：第2版［M］. 北京：中国人民大学出版社，2007.

[3] 徐谖. 高校人力资源管理［M］. 北京：清华大学出版社，2016.

[4] 李延华. 企业人力资源规划存在的问题与对策［M］. 企业改革与管理，2016（15）.

[5] 韦恩，蒙迪，等. 科学管理译丛：人力资源管理［M］. 葛新权，等，译. 北京：经济科学出版社，1998.

[6] 安鸿章，岳威. 企业人力资源管理师，二级［M］. 北京：中国劳动社会保障出版社，2007.

[7] 刘宝存，袁利平. 博士后制度的国际比较［M］. 北京：党建读物出版社，2016.

[8] 全国博士后管理委员会办公室，中国博士后科学基金会编. 博士后工作文件资料汇编：1985—2016［M］. 北京：中国人事出版社，2017.

[9] 姚云. 中国博士后制度的制度分析与时代变革［M］. 重庆：西南师范大学出版社，2012.

[10] 冯支越. 中国博士后制度沿革及其发展［M］. 北京：经济科学出版社，2003.

## 二、期刊论文类

[1] 王翔.浅谈对人力管理的认识［J］.企业文化·中国刊，2013（07）.

[2] 魏东和.A公司海南项目人力资源规划研究［D］.西安：电子科技大学，2018.

[3] 孙国霞.马尔科夫模型在星级饭店人力资源供给预测中的应用［J］.北京第二外国语学院学报，2015（07）.

[4] 廖特明，李苏苏，张成娟，等.浅析劳动定员和人力资源需求预测［J］.中小企业管理与科技（上旬刊），2015（3）.

[5] 张茜茜，司林波，乔花云.河北沿海地区产业发展人力资源需求预测分析［J］.长春理工大学学报（社会科学版），2014（9）.

[6] 林伟敏，李中斌.福建省现代农业竞争力区域比较与人力资源需求预测［J］.台湾农业探索，2015（6）.

[7] 刘畅，张前雄.高科技企业人力资源需求预测方法研究［J］.人力资源管理，2017（7）.

[8] 李小华，董军.人力资源规划的特征与作用分析［J］.理论界，2006（1）.

[9] 周海涛，闫丽雯.新时期高校内部治理创新的路径［J］.国家教育行政学院学报，2019（10）.

[10] 王金友，蒲诗璐，王慧敏，等.高校教师岗位分类管理刍议——国外一流大学的经验和我国高校的实践［J］.四川大学学报（哲学社会科学版），2014（2）.

[11] 刘之远，沈红.治理视角下英国研究型大学教师评价政策改革与借鉴［J］.国家教育行政学院学报，2017（12）.

[12] 柯尊韬，陈芳.自主化办学背景下新加坡高校人事制度改革的经验与启示——南洋理工大学为例［J］.煤炭高等教育，2020（3）.

[13] 徐雷，高媛.高校教师聘用制的制度逻辑与演进路径［J］.高校教育管理，2018，12（3）.

[14] 梁廷辉.试论如何做好企业的人力资源规划［J］.人力资源管理，2014（6）.

[15] 吴松元，闵建康.高校教师职务分类评审的构思与实践［J］.辽宁高等教育研究，1993（3）.

[16] 管培俊.人事制度改革的必要性和措施——关于新时期高校人事制度改革的思考［J］.教育研究，2014（12）.

[17] 田贤鹏.取消高校教师事业编制管理的理性之思［J］.教师教育研究，2017（1）.

[18] 化振勇.高校非事业编制人员管理探索［J］.北京教育（高教版），2015（9）.

[19] 李真真，李宏.世界一些国家及我国院士制度之比较［J］.科技中国，2006（1）.

[20] 杨超，汪凌勇.美青年科学家培养机制问题及政策建议［J］.科学管理研究，2009（6）.

[21] 李强，王晓娇，段黎萍.国内外促进青年科技人才成长的政策比较及相关启示［J］.中国科技人才，2021（2）.

[22] 芮绍炜，刘倩铃.青年科技人才成长环境的国别比较与启示［J］.中国科技人才，2022（3）.

[23] 百年人才发展历程［J］.中国人才，2021，No.571（7）.

[24] 张建英.论新发展阶段的人才分类评价问题［J］.河北企业，2022.

[25] 孙彦玲，孙锐.新时代人才强国战略背景下人才分类问题研究[J/OL].科学学研.

[26] 法维纳.我国企事业人才资助计划和人才荣誉奖项管理探索［J］.中国科技成果，2016，17（17）.

[27] 李侠.院士制度改革的思路［J］.民主与科学，2021，No.189（2）.

[28] 郑剑虹，梁舒婷，何吴明.长江学者特聘教授群体成长特点及影响因素研究［J］.岭南师范学院学报，2021，42（2）.

[29] 谢敏振.新时代全面深化人才发展体制机制改革［J］.求贤，2022，No.374（10）.

[30] 姜璐，董维春，刘晓光.拔尖创新学术人才的成长规律研究——基于青年"长江学者"群体状况的计量分析［J］.中国大学教学，2018，No.329（1）.

[31] 科技部人才中心中国科技人才状况调查研究小组.科研人员内生动力和创新诉求调研报告［J］.中国科技人才，2020，54（4）.

[32] 刘丹华.中国博士后制度的制度分析［D］.杭州：浙江大学，2004.

[33] 俞家栋.中国博士后制度研究［D］.北京：中国社会科学院，2006.

[34] 姚云.中国博士后制度的发展与创新［J］.教育研究，2006（5）.

[35] 刘丹华，等.我国博士后人才国际化的若干思考——论经济全球化视野下的中国博士后国际交流［J］.中国博士后，2008（2）.

[36] 范德尚.美国博士后调查及其对中国的借鉴意义［J］.首都师范大学学报（社会科学版），2010（1）.

[37] 张明蕊.浅谈人力资源的管理模式［J］.人力资源管理，2017（11）.

## 三、网络资源及其他类

[1] 京领新国际.深度解析哈佛大学师资：128位诺奖得主，教授均薪164万[EB/OL]. [2019-04-15]. https：//www.sohu.com/a/307989723_100169020.

[2] 诺贝尔奖官网. https：//www.nobelprize.org/prizes/.

[3] 图灵奖官网A.M. Turing Award（acm.org）

[4] 中国院士制度的演变.共产党员网：https：//news.12371.cn/2013/06/01/ARTI1370037532413314.shtml?from=groupmessage&isappinstalled=0.

[5] 杨舒.国家杰青获得者：院士人才"摇篮"，引领中国基础研究发展.光明日报，2019.

[6] 自科基金优青杰青评审标准及心得. http：//paper.dxy.cn/article/515931.

[7] 杨家福.双一流手册."国字号人才"公众号.

[8] 李肖璨.厚植高质量发展的青春创新力量——党的十八大以来博士后事业发展综述.中国组织人事报，2022.

[9] 中国博士后网站：https：//www.chinapostdoctor.org.cn/.

[10] 中国博士后科学基金会网站：https：//jj.chinapostdoctor.org.cn/website/index.html.

[11] 人力资源和社会保障部、全国博士后管理委员会.中国博士后制度实施35周年座谈会会议资料，2020.